●袁世凱身敗名裂、憂憤暴卒之後，龐大的北洋軍土崩瓦解，於是中國近代的「軍閥時代」就應運而生。圖為一九一二年三月十日，袁氏就任中華民國臨時大總統後留影。

●北洋三傑：龍，王士珍（上）；虎，段祺瑞（右下）；狗，馮國璋（左下）。

●清末北洋新軍，主要由淮軍舊部及北洋武備學堂畢業生組成。圖上為已裝備德製毛瑟槍，但士兵纏頭以包裹辮子的舊制淮軍。圖下為全新裝束的陸軍第六鎮統制官合影。

●一九一六年六月七日，黎元洪宣誓就任中華民國第二屆正式大總統。

●袁世凱的接班人，論聲望與實力，理應為段祺瑞。但他力拒黃袍加身，決定讓副總統黎元洪繼位。

●敲定「依法承繼」四字訣的北洋派老政客徐世昌。

●一九一六年八月一日，第一屆國會恢復召開，以制定憲法為其最大任務。圖為國會第二次常會在北京眾議院舉行開幕典禮時，全體議員合影。

●民初國會在辯論激烈時，往往筆硯橫飛，墨汁四濺，所以後來國會之中數百只的硯台墨盒，都被釘牢在桌上。圖為北京參議院會場布置。

●國會中擁段的「研究系」領袖梁啓超。

●「政學系」大將黃郛，也是北洋系邊緣政客之一。

●中華民國第一任內閣總理唐紹儀，是袁世凱的老友，國民黨的新黨員，和孫中山的小同鄉、新朋友。

●為了替北洋政府段內閣在美國舉外債一事，駐美公使顧維鈞跟岳父唐紹儀之間曾發生齟齬。

●府院之爭的幕後小鬼：孫洪伊（左上）、丁世嶧（右上）屬黎系；傅良佐（左下）、徐樹錚（右下）屬段系。

●一九一七年四月二十五日，段祺瑞在北京東單四牌樓召集「軍事會議」，有二十餘省區的督軍、都統、代表出席。次日督軍團一致主張對德宣戰。

●一九一七年十月十日，段祺瑞及各國使節在北京南苑檢閱赴歐洲參戰軍。圖為參加大閱兵的部隊開出新華門。

●一心忠於大清皇室的安徽督軍張勳。

●一九一七年七月一日，辮帥張勳率清室遺老，恭請廢帝溥儀於故宮太和殿重行登基，君臨天下。圖為復辟後的溥儀端坐乾清宮寶座。

●在街頭聚賭的「定武軍」辮子兵。

●一九一七年七月四日，段祺瑞誓師馬廠，起兵討張。圖為一場戰事剛結束不久，「討逆軍」正在北京東安門外大街上休息。為了區別敵我，其官兵均在左臂纏以白布。

●清帝復辟失敗後，黎元洪總統重返官邸，立刻通電宣布辭職。遺缺由尚在南京的代總統馮國璋轉正。馮是直系軍閥首腦，段祺瑞的頭號勁敵。

●段祺瑞討逆成功，「再造共和」，北京從此成為皖系的天下。他一不要舊約法，二不要老國會，開始獨斷專行起來。

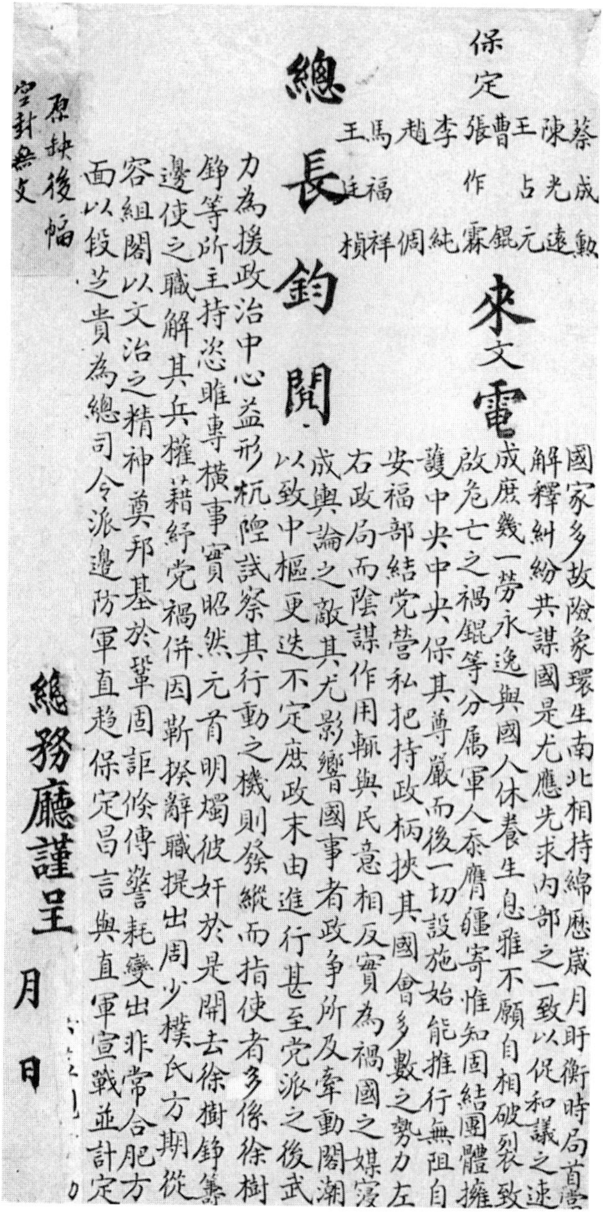
保定
蔡成勳
陳光遠
王占元
曹錕
張作霖
李純
趙倜
馬福祥
王廷楨
來文電
國家多故險象環生南北相持綿歷歲月盱衡時局首當解釋糾紛共謀國是尤應先求內部之一致以促和議之速成庶幾一勞永逸與國人休養生息雅不願自相破裂致啟危亡之禍錕等分屬軍人忝膺疆寄惟知固結團體擁護中央中央保其尊嚴而後一切設施始能推行無阻自安福部結党營私把持政柄挾其國會多數之勢力左右政局而陰謀作用輒與民意相反實為禍國之媒寖成輿論之敵其尤影響國事者政爭所及牽動閣潮以致中樞更迭不定庶政末由進行甚至党派之後武
總長鈞閱
力為援政治中心益形杌隉試察其行動之機則發縱而指使者多係徐樹錚等所主持恣睢專橫事實昭然元首明燭彼奸於是開去徐樹錚籌邊使之職解其兵權藉紓党禍併因靳揆辭職提出周少樸氏方期從容組閣以文治之精神奠邦基於鞏固詎倏傳警耗變出非常合肥方面以段芝貴為總司令派邊防軍直趨保定昌言與直軍宣戰並計定
總務廳謹呈　月　日
原缺後幅
空封無文

●一九二〇年七月，直皖戰爭爆發，皖系戰敗，段祺瑞被逐下野。圖為大戰前夕，直奉兩系軍閥聯合討皖及徐樹錚之通電。

●一九一七年六月九日，原海軍總司令程璧光逕自率領七艦脫離中央，駛往上海，繼而南下護法、討逆、反段。

●一九一七年八月二十五日，國會「非常會議」在廣州正式召開，決定組織護法軍政府，推舉孫中山為大元帥。圖為會後全體出席者合影。

●孫中山驟得德國私贈百萬巨款，遂能號召護法，開府廣州，與北京老段分庭抗禮，搞出「一國兩府」的局面。圖為一九一七年九月十日，孫氏就任中華民國軍政府海陸軍大元帥後留影。

唐德剛作品集

唐德剛作品集

民國史軍閥篇：段祺瑞政權

作　　者——唐德剛
編　　譯——中國近代口述史學會
總監暨總編輯——林馨琴
主　　編——游奇惠
編　　輯——陳穗錚
發 行 人——王榮文
出版發行——遠流出版事業股份有限公司
臺北市10084南昌路2段81號6樓
電話／2392-6899 傳真／2392-6658
郵撥／0189456-1
著作權顧問——蕭雄淋律師
2012年 1 月16日　初版一刷
2019年 6 月 1 日　初版五刷
售價新台幣 350 元（缺頁或破損的書，請寄回更換）

ISBN 978-957-32-6925-0
YLib 遠流博識網
http://www.ylib.com　E-mail:ylib@ylib.com

編者序

譚福輝

唐德剛教授長期鑽研民國史，數十年如一日。他的早期著作和晚期作品的重點頗有不同。早期的著述都是專著，主要是口述傳記，以五十年代後期參與哥倫比亞大學中國口述史學部（Chinese Oral History Project）的訪談為基礎，如《胡適口述自傳》和《李宗仁回憶錄》，都是傳誦一時的經典之作。晚期作品則特別著重撰寫民國通史，氣魄恢宏，觀點獨到；而且極力打破繁瑣、枯燥的學院派傳統，以「唐派新腔」的散文下筆，幽默、流暢，亦莊亦諧，妙趣橫生；毅然走出象牙之塔，提倡「務求其通俗」的主張，以期實現雅俗共賞的目的，為兩岸千千萬萬的讀者所熱烈歡迎。

一九九一年夏唐教授從紐約市立大學退休，剛放下教鞭，便潛心撰寫民國通史。先後出版《晚清七十年》（一九九八）和《袁氏當國》（二〇〇二），前者是晚清導論篇，後者是北京政府篇，二者是互相銜接的。二〇〇〇年修訂了撰述計畫，打算分為五篇，除上述兩篇外，還有國民政府篇（一九二八～一九四九）、人民政府篇（一九四九～二〇〇〇）和國民政府在台北（一九四九～二〇〇〇）等三篇。二〇〇五年《毛澤東專政始末》面世，就是撰述計畫中的人民政府篇；但是這個計畫的主軸——國民政府篇，卻始終沒有出現。

二〇〇一年底唐教授害了一場重病，差點不起，體力恢復很慢。直到二〇〇五年，健康狀況稍有起色，便與吳章銓博士重新審議撰述計畫，再次修訂計畫大綱，分為軍閥篇（一九一六～一九二八）、五四運動篇（一九一九）、北伐篇（一九二七）、國民政府篇（一九二八～一九三七）、抗戰篇（一九三一～一九四五）和中國近代轉型論等六篇，顯然比二〇〇〇年的大綱較為細緻。可惜重病之後，年高體弱，終究心有餘而力不足，很難再振筆直書了。修訂計畫無法落實，董狐之筆從此封塵，民國通史計畫不幸中斷。

但是他對民國通史始終未能忘懷，在閒談時常常流露出無限悵惘。自二〇〇七年起，中國近代口述史學會同仁常常結伴到唐府拜訪，有時七八人，有時兩三人一同前往。除了正式訪談外，也陪兩老閒聊，天南地北，無所不談。他老人家談得高興時，就不斷鼓勵大夥分頭撰寫民國史。二〇〇九年初我們最後一次到唐家探望，他還是苦口婆心，舊事重提，並且一再講述四十年前（一九七一）推卻撰寫蔣總統全傳的往事，感到萬分遺憾。看來民國通史沒有完成，撰寫蔣傳的難得機會悄然溜走，可能是他一生最大的遺憾。

在過去兩年，中國近代口述史學會同仁分頭整理他留在紐約的手稿、論文、詩詞、書信等資料，現在總算有一點頭緒，希望為中斷的民國通史計畫做一些補充，《民國史軍閥篇：段祺瑞政權》正是我們的初次嘗試。他多年前以英文寫成的《中國革命簡史》（*A Short History of the Chinese Revolution*）的翻譯工作也快要完成，希望不久可以付梓。但願能夠按照他的修訂大綱，整理現有資料，逐步編輯成書，以慰良師的期盼於萬一，並聊表無限懷念的微意。

其實《段祺瑞政權》一書，遠流出版公司早在二〇〇四年就差不多編好了，後來把初稿送唐教授過目，不料出了亂子，郵寄回台灣的訂正稿不幸遺失，一去無蹤。直至今年初，游奇惠主編舊事重提，寄上原出版計畫，建議我們把遺稿重新編纂。遠流的建議與我們的構想不謀而合，可謂求之不得，因此立刻表示贊同。我們馬上著手整理資料，除已在《傳記文學》發表的幾篇有關軍閥的文章外，又從他的遺稿中挑出〈談談打打的護法戰爭〉（此文太長，現在拆為兩篇，按原來小題，分出〈再造民國，段閣復起〉一文）和〈論桂系〉兩篇未刊長文，並翻譯了早年在哥大的英文講稿〈民國軍閥概述〉以作補充，終於使本書劫後重生，能夠與讀者諸君見面。

不過，復查修訂大綱，他顯然有意全盤探討軍閥史的種種問題，並非僅以皖系軍閥為限。但是。遍翻遺稿，沒有發現直系的文章，也沒有討論粵、滇軍閥的稿子，所以本書基本上還是以皖系及黎（元洪）、段的府院鬥爭為主軸。

本書分為三部分，第一部分描繪袁後中國的狀況，闡述北洋軍閥和政客的爭奪，實力派段祺瑞脫穎而出，掌握大局的經過，其中〈王綱解紐，軍閥割據，政客縱橫〉一文深入分析了軍閥時代出現的原因，不斷互相砍殺的現象，憲制混亂，黎、段寵臣的纏鬥造成府院之爭的經緯，可以說是全書的綱領。此外，〈民國史軍閥篇四圓四方圖解〉一文，簡明扼要地闡明軍閥時代的分期。民初大小軍閥三千多人，縱橫捭闔，朝秦暮楚，史實紛繁，使人眼花撩亂。唐教授抽絲剝繭，條分縷析，並附上圖表，把軍閥時代（一九一二～一九二八）分為四期，每期四年，井然有序，化繁為簡，一目瞭然，清楚闡述了軍閥割據時代的梗概，難能可貴。

第二部分專論段祺瑞政權，說明黎、段上台後不久，就爆發嚴重衝突，勢成水火，鬥爭極端激烈。袁世凱死後，黎、段兩頭馬車走馬上任，恢復《民元約法》和舊國會，行「虛君實相」的責任內閣制，其實是非牛非馬的混亂制度，既非總統制，也不是真正的內閣制，因此政府運作極度困難；同時人事問題複雜，黎、段的「二爺」（寵臣）孫洪伊和徐樹錚纏鬥不休，結果一九一七年竟藉參戰案而爆發激烈的府院之爭，黎聽信政客胡言，昧於時勢，悍然拉段下馬，引起北洋軍閥群起反對，結果舉國騷然，天下大亂，終於造成統一的中國一分為二，禍延至今，兩岸分裂狀態依然無法解決。

第三部分「餘緒」中，〈論桂系〉是唐教授的未刊遺稿，只有前半經過整理、繕正，後半篇是未經修飾的初稿，然而全篇深入淺出地探討桂系的特徵，綜論其在民國史中所起的作用，觀點獨到，言人所未言，值得細讀。桂系雖有相當獨立的武力、地盤和財力，卻始終不能入主中樞，充分反映其地方軍閥的特性。不過新桂系統一廣西後，能夠認清大局，加入國民黨，成為支持革命軍北伐的最重要力量，而國民政府的確立，桂系的歸附也決不可少。北伐後李、白勢力迅速膨脹，如日中天。但是一九二九年二月武漢事變爆發，竟然不堪一擊，土崩瓦解，不但充分暴露桂系的弱點，而且也加強了蔣介石削藩的決心，引發中原大戰（一九二九～一九三一），同時張學良於一九三〇年秋應召率師入關參戰，翌年日寇便乘機炮製九一八事變，最終造成全面侵華之局。因此武漢事變與西安事變同是近代中國國運的轉捩點，值得進一步深入探究。

〈從北京政變到皇姑屯期間的奉張父子〉一文是唐教授的力作，扼要闡述奉系在第二次直奉戰爭後勢力迅速膨脹的經過。這時張作霖擁有三十七萬雄師，打算以武力統一全國。不到一年便控制黑、吉、奉、熱、冀、魯、蘇、皖八省，天津、北京、上海三市，擁有半壁江山，傲視群雄。稍後老帥更應孫傳芳之邀，出任安國軍總司令，一九二七年又在勸進聲中成立「中華民國軍政府」，儼然以國家元首自居。然而由於抗拒日人無理要求，結果難逃皇姑屯事變的厄運，粉碎了奉系一統中原的宏圖。

從整體而論，軍閥也有賢與不肖，不能一概而論。「張作霖，『軍閥』也，然作霖竟以拒簽『五路』條約而死國。吳佩孚，亦軍閥也，然其『不住租界』，狷介一生。據說，最後亦以誓不事敵而招殺身之禍。張宗昌，軍閥中之最下陳者，然濟南慘案前，亦嘗堅拒日軍化裝直魯軍以抗南軍之要求。大節無虧，均足垂名青史。」（見〈從北京政變到皇姑屯期間的奉張父子〉）

另一方面，段祺瑞掌權之初，根據《民元約法》，實行責任內閣制，基本上還是依法行事的，並非後來無法無天之輩可比；而且「黎、段二人都還算是正人君子，有節操、識大體而清廉可風的、難得的政治軍事領袖」。問題出在民初根本沒有實行現代議會政治的條件，因此「形勢比人強，非兩個老軍閥的二『人』之過也」，可說是持平之論。（見〈皖系政權的發展與「參戰」的糾紛〉）不過，唐教授深信我國最終必將走上民主、法治的道路。他說，「我民族要做到把法律當皇帝的這一步，最樂觀的估計，恐怕最少還要等四十年。」（見〈再造民國，段閣復起〉）只是四十年的推斷，說不定還是有點太樂觀吧。

在中國歷史長河中，改朝換代總不免出現藩鎮割據現象，昔日的所謂藩鎮，就是近代的軍閥。如果我們從西漢算起，藩鎮割據之局先後出現不下三十次。從宏觀史學來看，軍閥割據是我國轉型期中一個偶然現象。「我國史上第二次轉型，從帝制向民治轉去，這個總方向是必然的，不會變動的；但是在各小階段中的變動，則往往是偶然的，不可捉摸的，和反覆無常的。這個偶然出現的軍閥階段，就是個很標準的說明」（見〈王綱解紐，軍閥割據，政客縱橫〉），相信是十分客觀的推斷。

在編輯本書期間，蒙各方友好大力協助和匡正，特此一併申謝。

二〇一一年十二月十二日於加州灣區寓所

【編者簡介】禤福煇，香港中文大學歷史系學士，哈佛大學碩士，劍橋大學研究。紐約文化工作者，近年從事抗戰史研究，現任中國近代口述史學會會長，著有《地獄證言：抗戰時期被強擄赴日中國勞工的血淚口述》（香港：利文出版社，二〇〇五年）。

〈他序〉

人文親切
唐德剛史學著作的獨特魅力

于仁秋

唐德剛教授逝世兩周年之際，遠流出版公司決定出版他的《民國史軍閥篇：段祺瑞政權》。中國近代口述史學會的幾位同仁，協助該公司編輯整理唐教授的書稿，我也藉此機會再次重讀唐教授的這部民國史及其他史學著作。《段祺瑞政權》付梓在即，我們口述史學會的會長禤福煇寫了編者序介紹本書的整理過程，並命我也寫一短文，談談我閱讀唐德剛史學著作的體會。

唐德剛教授生前便文名遠播海內外，他的史學著作和其他著作廣受歡迎，擁有眾多的讀者；他逝世之後，他的著作成為海內外華文世界的寶貴人文財富。這是唐教授的非凡成就，早有識者論之。

如果我們問，為什麼唐德剛教授的史學著作會有那麼大的魅力，在海內外華文世界長盛不衰地擁有眾多熱情的讀者？最簡單的回答，是唐教授寫得好。好書自然有人讀。如果我們接著問，唐德剛教授的史書寫得好，好在什麼地方呢？這就不是三言兩語便講得清楚的。我願在此短文之中，不揣淺陋，談談我對唐德剛教授史學魅力的認識和體會，求教於喜讀唐氏作品的讀者朋友們。

我是專業歷史工作者，喜歡讀唐德剛教授的史學著作，有些著作是一讀再讀。綜合多年的閱讀體會，我最佩服唐教授的是他有非凡的本領，將個人興趣、當代顯學、大眾經驗及心理恰到好處地融合在一起，寫出既有卓越見識、又讓一般讀者讀來倍感親切的歷史著作。

唐德剛教授治史的個人興趣是中國近現代史；他在他的著作中數十年「曲不離口」地討論中國的「轉型」（transformation）問題，本是當代顯學；而唐教授反覆申述的中國「轉型」的長期性、「一轉百轉」的複雜性，經他老人家那枝健筆深入淺出地闡釋描繪，則表現為一百多年來中國人的日常經驗，有具體真實的人物故事可供參證、回味、思考。試問當代中國人，誰沒有生活在「轉型期」酸甜苦辣百味雜陳的體驗和觀感？當代中國，變化之快，真使人有十年已一世，滄海變良田之慨。在此「一轉百轉」，越轉越快的「轉型期」，常被轉得暈頭轉向、有滿肚子委屈、困惑的中國人，抽空坐下來翻一翻唐教授的歷史書，讀他那些對中國轉型特殊經驗獨具卓識的歷史分析和他的具有濃厚中國人情味的文字，自有一種親切。

「轉型」學成為當代顯學，原是人類經驗的自然反映：歐洲、美洲、中國，以至全世界，由「前現代」「轉型」到「現代」，自然有無窮的問題要研究，於是有各種理論應運而生。唐德剛教授生於一九二〇年，在祖國度過青少年，親身經歷過中國的「轉型」，目睹了中國人的奮鬥追求、挫折失望。他在大學、研究所的專業是歷史學，受教於顧頡剛、郭廷以等名師，對中國「舊史學」向「新史學」的「轉型」，也有真切的認識和體會。二十世紀四〇年代末、五〇年代初，唐教授在當時的美國史學重鎮哥倫比亞大學歷史系讀博士學位，更是廣泛研讀當代社會科學的新理論新方法，對各國之「轉型」，有所比較；他將這些新理論、新方法，以比較的方法應用於研究中國之「轉型」，並將自己的親身體驗觀察融入於歷史分析，數十年如一日地以通俗清新的文字呈現自己的研究結果，終於成為獨樹一幟的史學大師。

唐德剛教授沒有創立任何「轉型」理論，但他卻將中國的「轉型」歷史寫得精采萬分，因為他善於博採眾家之長，同時又極清醒地避免各種門戶之見。唐教授是一位虛心而又自信的學者。他在念博士期間，虛心學習現代西方社會科學，由衷讚歎西方現代歷史學引進社會科學理論方法之後所發生的巨大變化。唯其虛心，他也能看到西方理論的局限性。比如說，他很早就指出，西方研究「現代化」及「轉型」的許多理論、方法，注重人類經驗的「通性」是其長處；但忽略各民族文化的「特性」，則是其短處。揚其長避其短，是唐教授很早就得出的結論，也是他多年撰述中國「轉型」歷史的具體寫作實踐，我們讀他老人家的書，時時便會看到他在不同地方對此問題的討論和提示。

唐德剛教授是一個有抱負的史學家。他既有對西方學術界顯學各派識其長亦見其短的眼光，隨之而來的便是他要超越各家各派的自信和雄心。早在一九六二年，正當壯年的唐教授便和一家美國出版公司（Crowell-Collier，一九六五年後改名，通稱麥克米蘭〔MacMillan〕）簽過約，擬以英文寫一部中國現代通史。此書後來因故未能完成，但唐教授撰寫一部有特色的中華民國史的雄心始終未泯。據汪榮祖教授回憶，唐教授於一九八〇年發起組織「北美中華民國史學會」（一九八三年正式成立時改為「北美二十世紀民國史學會」），「唐德剛原意要大家合寫一部『民國史』」，「他有鑒於當時中國大陸與台灣研究民國史都不免受到政治的干擾，所以認為我們得天時、地利、人和之便」，可以「搞一個民國史研究的第三勢力」。（《唐德剛與口述歷史》，遠流版，頁一一七～一二〇。）

現在回頭去看，唐德剛教授當年雄心勃勃，是因為他對這「第三勢力」的諸項優勢（新的眼光、新的方法和新的史料）有清醒的認識和充分的自信。唐教授熟讀中國傳統史學、當代西方顯學，對中西、新舊各派均知其長短，由此而發展起來的比較史學、宏觀史學的眼光和方法，就不是當時遵循官方馬克思主義歷史學教條的大陸學者，或恪守傳統史學清規的台灣學者所能具備的，更不用說那時候兩岸學者都仍受制於政治干擾。至於史料，試問有誰比唐德剛更有優勢呢？他老人家不僅對傳統史料如數家珍，更得天時、地利、人和，對李宗仁、胡適、顧維鈞、張學良等民國期間的黨政要人和文化教育界領袖進行過口述歷史訪問，和他們有過長時間的交往，對他們有近距離的觀察。當然這些口述史資料後來都已公開，並翻譯成中文供研究者及一般讀者參考閱讀，人人都可使用。只是沒有唐德剛教授那種親自長時間地進行口述史訪問並下工夫核對史實的實踐，要達到唐教授對這些口述史資料的領會、消化和恰到好處地使用的那種水平，不是不可能，但是難乎其難。

試舉一例。本書「餘緒」所收〈從北京政變到皇姑屯期間的奉張父子〉一文，將一九二〇年代中期中國軍閥混戰的一團亂麻，作剝繭抽絲的分析，主旨是運用「轉型」理論架構，把「軍閥混戰」作為中國現代轉型的一個階段處理。唐德剛教授寫這段歷史，固然把有關文獻資料翻遍，而他居然見過、訪問過至少兩個當年打得死去活來的軍閥——張學良和張發奎，這種經歷，與唐教授同輩的學者就很少有，更不要說老軍閥死後，年輕一輩的學者連見一見軍閥的可能性都沒有了。當年見過張學良、張發奎的學者也許不止唐德剛教授一人，但張學良只信任唐德剛，只願意跟唐德剛談往事，所以只有唐德剛能在他的歷史著作中將活的史料信手拈來，將往事寫得鮮活生動，也把軍閥寫得惟妙惟肖。唐德剛教授在該文中先敘述了張學良、張發奎一九二七年五月在豫南之駐馬店、郾城、周家口的一場惡鬥：

> 奉軍以其國際馳名的「七十尊重砲」，排轟張發奎。六十餘年過去了，去年（一九九〇）張漢公與筆者談及此役猶眉飛色舞不止；而小子何幸，三十年前亦嘗與張

大王（張發奎在軍中的綽號）詳談駐馬店之戰。

數頁紙之後，唐教授則記述六十年後「談及此役猶眉飛色舞」的張學良的另一面：

> 據張學良將軍近年告我，他在一九二七年夏季自鄭州班師時，便決定力諫老帥，停止內戰。蓋連年殺伐，他耳濡目染，覺得內爭太無意義而老百姓受禍也太深了。尤其是他在鄭州登車返京時，在車站上遇一家破人亡的老者，少帥細詢之下，竟與之相對流涕。張學良那時不過二十七歲，還是個血性青年。這位老人的故事，觸發了他潛在的良心——他自覺不能再做個禍國殃民的青年軍閥。回到北京之後，乃泣諫老父全師出關，內戰是絕對不能再打了。

這種筆法，將人物寫得有立體感，亦將歷史的複雜性層層呈現，到收篇時唐教授對「軍閥」所作的「反思」討論，便有說服力。這時，雖然他不再提張學良，但上引張學良與家破人亡的老者相對流涕的故事，仍是他「反思」討論「軍閥」的依據之一。我們看唐教授寫來，一氣呵成，彷彿全不費力氣，但我相信，沒有他那樣得天獨厚的口述史訪問經驗，縱然有他那種才氣，也寫不出他這種生動的歷史文章。

當年「第三勢力」諸項優勢俱在，卻終於沒有建立起來。我想，這大概是唐德剛教授他老人家在文章中不時提起的，「天朝棄民」海外謀生「滿腹辛酸」的一部分。（順便說一句，這種辛酸亦是「轉型期」種種辛酸之一種。）唐教授了不起的地方，是他能超越辛酸，在七十歲退休之後，烈士暮年，壯心不已，做一個倔強的單幹戶，單打獨鬥地寫晚清、民國史，在八十歲中風生病之前，完成了《晚清七十年》、《袁氏當國》、《毛澤東專政始末》等著作。這些書出版後大受歡迎，居然還有盜版！唐教授當年辛辛苦苦搭了架子要建立的「第三勢力」雖然未能拔地而起，最後無疾而終，但他晚年所寫的史書在普通讀者「民國史閱讀書單」上卻恐怕是排在「第一」！

讀者的愛戴，對晚年的唐德剛教授應該是很大的安慰。我們不知道，這種安慰是否能與唐教授成功地當了一個學術團體的龍頭老大、成為「第三勢力」寨主而有的滿足感相比。我們也不知道，若是「第三勢力」申請經費、建立學術地盤成功，在現代知識生產體系、學術管理體系之下，它會不會被引導誘導或被迫走進學術象牙塔中的一個牛角尖，一小撮人在那裡自說自話，顧影自憐，書也許是一本又一本地出版，但出版之後大多沒人讀。塞翁失馬，焉知非福。唐教授建立學術地盤的努力前功盡棄，付諸東流，但他不自棄，不氣餒，晚年將他的個人園地經營得繁花似錦，觀者如雲，這種成就，試問蝸居於學術牛角尖中的學者多少人能比？

「第三勢力」作為學術團體無疾而終，但它的「魂」，卻由「第三勢力」的倡議者和靈魂人物唐德剛教授帶進了他的作品中——換句話說，「第三勢力」學術取向的諸項優勢都在唐教授的民國史著作裡充分展現了出來，這大概是唐氏作品在華文世界廣受歡迎的原因之一。不怕不識貨，就怕貨比貨。將唐德剛教授的史學著作和其他歷史著作相比，便會看出唐氏作品中處處有「第三勢力」的精、氣、神——那寬闊的視野、宏偉的氣勢，和時時刻刻超越黨派之爭、門戶之見的自覺。

有人會說，海外思想自由、學術自由、言論自由的環境，為唐德剛教授寫出超越黨派之爭與門戶之見、具有獨立見解之歷史著作提供了得天獨厚的條件。這自然不錯。但我們也必須承認，唐教授是少數自覺地運用這一自由優勢並取得巨大成就的學者之一。學術自由、免受政治干擾之優勢本身並不保證學術事業的成功。只有像唐德剛教授那樣自覺善用自由環境，一輩子追求自由的人，才最終達到那超越黨派之爭、超越門戶之見的境界。

唐德剛教授已成一家之言的高超境界，專業的歷史學家欽敬不已自不待言，一般讀者亦能欣賞，這是唐教授自覺追求並已達到的另一境界：寫出雅俗共賞的好書，讓歷史著作幫助盡可能多的人理解過去和前人、認識當下和自己。唐德剛教授的文章享譽海內外華人世界，實在是因為他品味高，知道那雅俗共賞的境界，而且他功夫深，仔細鑽研過古今中外雅俗共賞的經典名著，用他老人家自己的話來說，他認真「啃」過《史記》、《資治通鑑》和吉朋（Edward Gibbon, 1737-1794）的《羅馬帝國衰亡史》（*The History of the Decline and Fall of the Roman Empire*），終於鍛煉出一枝健筆，用精采的文字表達精采的見解，在新的時代將雅俗共賞的人文傳統發揚光大。

人文傳統在當代面臨巨大挑戰和種種危機，唐德剛教授對此有深切的認識。他早就指出，歷史著作如果不繼承「文史不分」的優良傳統，不注重文字的可讀性，則歷史會變成「枯燥無味的東西」，沒有人看的。但他老人家並不悲觀，堅信「真金不怕火煉」，因為歷史中有文學，「史以文傳」，寫得好的歷史書總會有人讀，會流傳下去。什麼樣的歷史記述是寫得好看、寫得巧妙的呢？且看唐教授對邱吉爾文字造詣的點評：

譬如《邱吉爾回憶錄》曾得諾貝爾文學獎，一定有它特別好的地方。我讀這本書有一段是這樣寫的，有一次邱吉爾與希特勒約期見面，由於邱吉爾講話不小心，批評希特勒，希大為生氣，取消了約會，從此以後，丘與希再也沒有見過面。這件事如果由我們來寫，可能秉筆直書「邱吉爾某年某月某日，應與希特勒在某處碰頭，後來希特勒取消約會。所以兩人一直未曾相見。」但《邱吉爾回憶錄》卻是這樣寫的：「希特勒自此以後就失去見到我的機會了！」（He lost his chance to see me !）這個事實和「自此以後我們兩個都沒有見過面」沒有兩樣，但在《邱吉爾回憶錄》中的筆調卻一直強調"He lost his chance to see me !"，比一般人的寫法精采多了。這也就是把歷史作品的文學性加強以後，可讀性增加了。（《史學與紅學》，遠流版，頁五六。）

唐德剛教授對《史記》和《資治通鑑》，也有他自己的見解。他指出《史記》是出色的歷史著作，亦是漢代以後公認的一流的文學作品，是「文史不分」的上品。唐教授將《史記》與《資治通鑑》相比較，認為《史記》筆法是「天馬行空、大而化之」，而《資治通鑑》「遍存諸史之真，廣納百家之言」，是融會貫通的大家手筆。（《史學與紅學》，頁二七四～二七五。）我們若將唐德剛教授這些品評文字和他自己的歷史著作對照著讀，自可稍窺唐教授勤勉聰明的治學軌跡和他精湛深厚的學術功力，以及他見賢思齊的胸襟抱負。他那些廣受讀者歡迎的歷史著作，在人文傳統備受挑戰、有心人將要進行或正在進行反挑戰的今天，起著承前啟後的示範作用。

人文傳統，要有「人」有「文」。書中無「人」，史中無「文」，便是今日危機所在。時下許多專業的歷史著作和文章，不僅文字難讀，連標題也難以卒讀。這種時候，我們讀唐德剛教授既有「人」又有「文」的歷史著作，自然倍感親切。和古今中外的偉大歷史學家一樣，唐教授心中有人、目中有人、筆端有人，而且他有一枝文采斐然的彩筆，將歷史人物描繪得栩栩如生，將歷史事件敍述得萬分精采，為讀者呈現了美不勝收的歷史長卷。

若有讀者在享受閱讀好書的樂趣之餘，掩卷長思，也可體會出，那寫出處處有「人」有「文」的歷史著作的唐德剛教授，亦是一有心之人——他心繫祖國文化、人民命運，去國五十年，初衷未改。唐氏作品中，許多獨特的史識，固然是基於他扎實的史學訓練、精湛的學理研究，然而也反映了他對祖國人民命運前途的關心思考。比如說，這本《民國史軍閥篇：段祺瑞政權》中對現代政治制度中「制衡制」的討論和中國歷朝「內在的制衡制度」的回顧（見「『制衡制』在中國的折磨」一節，頁一八〇～一八二），就有對中國古代文明的持平之論，亦有對「制衡制」在民國初年的部分實踐、終遭失敗的仔細檢討，對這一失敗對後來中國政治的巨大消極影響的中肯分析，以及「制衡制」之建立是中國政治轉型關鍵之一的評論。我們細細品味體會這段文字，既看到一個「秉筆直書」，「無徵不信」的史學高手唐德剛，也看到一個博採眾家之長、善於融會貫通的文章大家唐德剛，還看到一個對民族文化一往情深、對祖國前途無限關懷的有心人唐德剛。

有心人唐德剛，對讀者有尊敬亦有期待。他說過：

> 中國將來之國運原不能專靠少數聖哲的智慧，它要依靠我們絕大多數「中國人」的認知、好惡與取捨。（《史學與紅學》，頁四五。）

這是一段極其平實親切，而又韻味無窮的文字，它表達了唐德剛教授畢生努力撰寫有人有文的歷史著作的終極人文關懷：人類對過去的認知理解、對未來的選擇取捨，還有他從「絕大多數人」的立場出發，為「絕大多數人」寫作的自覺選擇。像他這樣親近大眾的歷史學家，受到眾多讀者的喜愛，原是極其自然的事。讀者不見得會同意他老人家的所有觀點和評論（絕大多數人的認知、好惡與取捨之事，必然是眾說紛紜的），但是捧讀唐德剛教授的書，看他以圓通的智慧、親切的口吻、充滿人情味的文字，評點古今、知人論世，真是人生一大樂事。

二〇一一年十二月二十二日於紐約

【序者簡介】于仁秋，中山大學歷史系畢業，加州大學洛杉磯分校碩士，紐約大學歷史系博士，現為紐約州立大學珀切斯分校歷史系教授、亞洲研究計畫主任。專業是歷史，研究領域包括美國與亞洲關係史、美國華人史，歷史專著《救國自救》（英文）獲美國亞美研究學會「優秀歷史著作獎」。愛好是文學，所寫小說、評論曾在美國《美洲華僑日報》、《世界日報／世界周刊》及上海《小說界》等刊物上發表。長篇小說《請客》二〇〇七年由人民文學出版社出版。從一九九一年起，在紐約華美協進社（由胡適、杜威等於一九二六年創辦）協助培訓中學教師，教授中國通史、中美關係史，現為該社資深講師。

目錄

【段祺瑞政權】

外編：民國史軍閥篇餘緒

民國史軍閥篇

唐德剛／著
中國近代口述史學會／編譯

段祺瑞政權

【袁後中國】

一、王綱解紐，軍閥割據，政客縱橫

——袁後中國政壇掃描

在中國近現代史上最糟亂的一段時期，應該就是民國初年的所謂軍閥時期了，而軍閥時期實在是從袁世凱死亡之後才正式開始的。因為在帝制前，袁氏主政下的北京政府，還是一個可以號令全國的政府。地方軍頭還不能目無國家法紀，隨意橫行的。野心政客雖然也難免結黨營私，但是在大一統的國家之內，縱橫捭闔，多少還有些顧慮。可是到袁氏一死，那才是真正的王綱解紐，全國皆兵，政客縱橫，中國近現代史才正式進入一個所謂「軍閥時期」了。這也就是筆者在拙作裡，不厭其煩的一再解說過，我國史上第二次大轉型，從帝制向民治轉去，這個總方向是必然的，不會變動的；但是在各小階段中的變動，則往往是偶然的，不可捉摸的，和反覆無常的。這個偶然出現的軍閥階段，就是個很標準的說明。

所謂「軍閥」者，便是一個軍人，擁兵自重，甚或割據一方（一區、一省、一縣，乃至一城、一鎮、一鄉、一村），在名義上，他還是國家軍政體制上一個有名分的單位，但在實際的權力運作上，則是個不受政府法令約束，而自作自為的獨立王國。在中國的傳統歷史裡，通稱為藩鎮。在中國近現代史上，這樣的一個軍人就叫做軍閥了。「軍閥」這個現代名詞，似乎是早期日本人從西文Warlord翻譯過來的。所以軍閥有大有小。大的可以統兵數十萬，占地數省，自成派系。有時甚至可以暫時取得國家元首的地位，如曹錕、段祺瑞、張作霖等等皆是也。次一級的，如山西的閻錫山、廣西的陸榮廷、新疆的楊增新，和後來國民黨時代的山東的韓復榘、四川的劉湘、新疆的盛世才等等也都是軍閥。再小的，有的只有槍兵數十人，占領區域不過一兩個小城鎮，但他也可徵夫抽稅，自治自為，不受任何法令的約束，做個最小最小的土皇帝。

李宗仁先生在他的回憶錄中所說的那些廣西地方軍頭劉日福、陸雲高、陸福祥、蒙仁潛、林俊廷、陳天泰、張春如、梁華堂等等，「人槍較多的，自封為『自治軍總司令』，或師長、旅長。人槍較少的，則自稱為司令、幫統、營長不等，各視本身勢力而定。割據一方，派縣長，設關卡，徵錢糧，各行其是。」（見《李宗仁回憶錄》第十三章）這些都是當年在廣西省內，土生土長的小軍閥。筆者回憶幼年時期在安徽家鄉就知道一些割據鄉鎮的小軍閥。記得有個諢名叫魏三鬧的「司令」兼個小鎮的鎮長，他一共只擁有槍兵二三十人。但是他攤夫派稅，「

保護」一鎮的治安竟至數年之久。上級的縣政府中的縣長，在動亂時代，皆存五日京兆之心，多一事不如少一事，因此對他也不聞不問；他對上級也向不買帳。彼此河水不犯井水，相安無事；雖然他們平時也有些禮貌上的往還。上級的縣長來來去去，而魏三鬧卻能在本縣之一角，穩坐釣魚台，不受太多的影響，而一鎮居民的生命財產，卻多賴他的「保護」呢。你能說魏三鬧不是個土皇帝、軍閥？

據張學良將軍，英雄不論出身低的告訴我，張作霖早年當「鬍子」時代，也是個在東北地方上收「保護費」的張三鬧。後來愈鬧愈大，才被招安當了管帶（營長），以後由團長、旅長、師長、軍長，而總司令，而大元帥。割地為王，他在東北所統治的地區，加上後來「入關」所占領的地盤，竟遠大於歐洲史上有名的神聖羅馬帝國；最後主政中樞，竟然變成了全國一人的國家元首，雖然他只能統治「九省三市」。

長話短說，地方軍閥之形成，在一個國家強於社會的帝國之內，中央政府一旦失控，古史上所謂「王綱解紐」，一解到底，全國頓成無政府狀態，「遍地黃花開」（這是太平天国時代地方成無政府狀態，群雄並起時的安徽土語，倒頗能道其實況），就形成大小地方軍閥割據的局面了。所以這些軍閥也不一定全是壞人。農民領袖乘機起義，打天下，固無論矣。有些游離軍隊（像李宗仁在六萬大山中落草）和正常士紳，組織武裝自衛，也未必全是壞事。這樣，「始割據，終兼并」（三字經上的話），野心家或革命政黨，再乘機逐鹿中原，逐漸兼并的結果，終成兩強的劉項之爭，或國共之戰，中國政局就再次從合久必分，到分久必合了。這個循環，在古代中國如此；在近代中國還是如此；在轉型期的中國，尤其如此。我國近現代史上，從袁世凱死後的分裂，到毛澤東生前的統一，就是這個循環很標準的現象。

袁死後各省督軍省長一覽

今且將袁世凱死後各省的督軍省長，製一簡表如下。這個表顯示出中國軍閥時期，全國軍閥分配的基本情況，下圍棋的術語，叫做「布局」。黑白兩方棋手，把整盤棋的「金邊，銀角，屎肚子」，都大體你一子，我一子，作個總體的割據規畫，然後再分區廝殺。每區雙方都要圍繞著可以獨立生存的「眼」，建立根據地，向外發展。先是一縣、一省的各自獨立；然後搞聯省自治，或五省聯軍，或五省、七省、十三省聯盟；最後才逐漸連成黑白兩大陣營，劉邦、項羽，蔣毛國共，來一決雌雄。下列這個袁氏死後，地方各自為政的督軍省長的分配，就是民初軍閥割據的總布局，以後的軍閥混戰，就是根據這個總布局，分區混戰下去的；有些地方軍頭的勢力，竟延長了十餘年至數十年之久。例如由張氏父子所統率的奉系，直至民國二十年（一九三一）的「九一八」，才開始崩潰。山西的閻錫山；廣西的新舊桂系；雲南從唐繼堯到龍雲、盧漢，都一直延長到中共席卷大陸，才真正結束。人民政權初期的高崗，中期的林彪，也都有割據的野心，而出師未捷身先死。後來的鄧小平，口口聲聲不離「穩定」；目前提心吊膽的江澤民，最怕的也是國家分裂，軍閥割據重見於中國。他們對建立法治民主的制度，沒有信心，才回頭走袁世凱、段祺瑞用武力鎮壓的老套路。下面的一覽表，就給予我們一幅軍閥時代最原始軍閥分布圖，讀者可一望而知當時的情況。其後的演變，也就不難按圖索驥了。

袁後中國各省督軍省長一覽表（一九一六年夏季）

東北地區：奉天（今遼寧） 張作霖 督軍兼省長

吉林 孟恩遠督軍 郭宗熙省長

黑龍江 畢桂芳 省長兼督軍

華北地區：直隸（今河北） 朱家寶 省長兼督軍

山東 張懷芝督軍 孫發緒省長

山西 閻錫山督軍 沈銘昌省長

西北地區：陝西 陳樹藩 督軍兼省長

甘肅 張廣建 省長兼督軍

新疆 楊增新 省長兼督軍

華中地區：安徽 張勳督軍 倪嗣沖省長

河南　趙倜督軍　田文烈省長
湖北　王占元督軍　范守佑省長
湖南　陳宧　督軍兼省長
江西　李純督軍　戚揚省長

東南地區：江蘇　馮國璋督軍　齊耀琳省長
浙江　呂公望　督軍兼省長
福建　李厚基督軍　胡瑞霖省長

西南地區：四川　蔡鍔　督軍兼省長
雲南　唐繼堯督軍　任可澄省長
貴州　劉顯世督軍　戴戡省長

華南地區：廣東　陸榮廷督軍　朱慶瀾省長
廣西　陳炳焜督軍　羅佩金省長

上列簡表為筆者根據政府公報等官書，及當時媒體報導輯成的，只是讓讀史者知其大略情況足矣，細說就太瑣屑了。例如蔡鍔督川未逾月，即因喉疾去職，舉參謀長雲南人羅佩金自代；北京政府亦調貴州人、黔軍將領戴戡為四川省長，四川本省軍人劉存厚等不服，終於引起川、黔、滇三軍輪流火併，死人如麻，成都城內民居被毀者數千戶。羅佩金被迫率部逃回雲南。黔軍被包圍殲滅，省長戴戡被殺。北京中央不能制，只得承認既成事實，任劉存厚為四川督軍。自此四川便成化外。本省籍大小軍閥，砍殺無已時，為各省之最。迨抗戰軍興，國立中央大學遷往重慶沙坪壩時，且遭阻力。本省分裂主義者竟斥為「文化侵略」，豈不可笑。斯時筆者已在重慶，親聞之也。固知喜歡搞獨立分裂者，並非某省某省而已也。再看看陳宧之接長湘督的故事吧。陳宧，鄂人也。督湘命令方發表，便惹起湘人大譁。陳宧夾尾而逃之後，譚延闓乃乘虛而入，北京中央也只得承認既成事實。自此湘人治湘，湘人驅湘，湘人殺湘，湘人也就被本省軍閥蹂躪得民無噍類矣。事實上，國民黨北伐，也就是從湘人驅湘（趙恆惕驅唐生智），和湘人還湘（唐生智、譚延闓打回老家去）開始的。

所以軍閥混戰的歷史，是無法說得完的。以上只是略舉兩個小例子，其他就可舉一反三，毋須多贅了。至於那幾個力能震撼全國，影響及於世界的大軍事集團，像皖、直、奉三系，他們事實上便是「五代十國」之中各自專政四年的迷你小朝代。較小的軍閥，就根據個別情況分別簡述之了。

總之，吾人如從微觀史學角度，去作「個案研究」（Case Study），大小通吃，那它就浩如煙海，從何說起？可是我們如從宏觀史學去看它，觸類旁通之，那也就無啥複雜之可言了。集體而觀之，一丘之貉，是有其通性的。總之，王綱解紐，藩鎮割據，政客縱橫；合久必分，分久必合，古今如出一轍也，何足異哉？何足異哉？

軍閥趣事舉隅

在我國社會文化轉型期中，一轉百轉，沒個規矩繩墨以為限制，有權便有一切，因此有權的人就可以胡作非為了。像上述魏三鬍那個小軍閥，便有生殺之權。他就可以隨便殺人。在那個無法無天的軍閥時代，有趣的故事是說不完的。就以現代化的奢侈品的汽車為例吧，哪個大軍閥能沒有專用汽車呢？但是內地省分，既無公路，又無維修設備，如何是好呢？所以他們的汽車都是動用整連整營的士兵民夫，從江邊駁船上抬了上去的。汽車拋錨了，電瓶沒電了，輪胎沒氣了，再抬下駁船，運往「下江」去修理。

有些嚮往現代享受的四川軍閥，那時還特地從上海雇用「網球祕書」呢。這些少年英俊的網球選手，有時被軍閥們的年輕漂亮的如夫人們看中了，曾發生過私奔被捉回槍斃的慘事。想不到某軍閥某次，醋海興波，竟為私奔者同生共死的愛情所感動，不但未判他們死刑，反而資助情奔，成全好事，一時傳為「佳話」呢。

上述這些荒唐的小故事，都是顧維鈞、李宗仁、張學良等等三朝元老，和他們之下的文武僚屬們所親口告我的；有的也是筆者朋輩之間，包括許多「鳳子龍孫」和「高幹子弟」所轉述的真實故事。較之司馬遷所根據的「街談巷議」，可靠多矣。略記一鱗半爪，以概其餘，作為時代的見證罷了。

地方政府中迴避制的徹底破產

在一個有固定型態的社會裡，像傳統的漢、唐、明、清大帝國，社會上有了矛盾，它都有逐漸發展出來的既定制度，來加以預防和解決。像筆者在《袁氏當國》裡所說的「迴避制」，從漢朝到清朝的規定，都是本郡人不能為本郡的郡守；非本郡人不得為本郡的郡吏（行政幹部）。在「郡吏」一條上，明清兩朝雖稍有變通，但是本省人不能為本省督撫，卻是鐵定的，不許違背。如果辛亥革命之後，此一迴避制繼續有效，則民國時代的地方軍閥，「迴避」一下，猛虎不能歸山，他們就不會那樣無法無天了。試問如把張作霖調到四川，韓復榘調去雲南，龍雲調到東北，在「非本郡人，不得為郡吏」的規定之下，他們遠適異鄉，光桿一條，恐怕也就黃牛掉到井裡去，有力難使了。

再說那些網球祕書的悲劇吧。你搞三宮六院，你就得維持個宦官制來加以配合，才能保證安全。你既然搞了幾十個後宮佳麗，同時又養了幾百個英俊瀟灑，未經閹割的東北小夥計，來做網球祕書、游泳教習、私人醫師和衛士司機，那麼，乾柴烈火，怎能不出毛病呢？凡是一個有「定型」的社會政治體制，其附帶產生的制度，不論為善或作惡，都是彼此配合的。不配合就要發生矛盾，發生動亂。所謂「轉型期」，就是在一定期限裡把各種彼此矛盾的制度，一轉百轉，使它們轉向相同的方向，摩擦就減少了。

就以帝制轉民治這一程序來說吧，在朝中把皇帝轉成總統；那麼在家中，則父權、夫權也得隨之減少的。你不能只在「朝中」把皇帝殺了、廢了，而「家中」還有千千萬萬的小皇帝，穩坐江山，那麼這個民主社會就不是真民主了。其實政治革命易，而家庭革命難也。因為政治革命中的皇帝只有一個；而家庭中的皇帝，則在千萬以上也。你要把這為數至幾千萬的小皇帝，一個個拉下馬，乖乖，那就非幾十年、幾百年不為功了。這只是一個例子。再看看所謂黑社會，我們所熟知的黃金榮、杜月笙，也都是他們各自幫會中的皇帝。你把這兩位小皇帝拉下馬，試試看要用多少氣力？

且把這些現象再「概念化」（conceptualize）一下，我們可以說，傳統中國的社會也是個「多重重心的社會」（a multi-centered society）。每個重心之中，都各有其小皇帝，和小朝廷。

【附註】其實國共兩黨的本身也是兩個小朝廷，而他們的小朝廷之中，還另有其小小朝廷呢。例如戴笠就是他那小小朝廷中的皇帝。戴某統治他底小小朝廷，所用的既不是「國法」，也不是「黨紀」，而是用他所特定的所謂「家法」。至於共產黨中所套配的大小朝廷，是怎樣運作的，我們就只有等到中共開放檔案時再說了。它遲早是會曝光的。二戰前後，在胡佛（J. Edgar Hoover, 1895-1924-1972）領導下的美國聯邦調查局（FBI），也是個自有其私法的小朝廷，只是沒有我們小朝廷的問題那樣嚴重罷了。

這些大小朝廷，不論為善或作惡，都要經過長期的調節，才能和平共存，彼此庶能相安無事；終於進入個有定型和比較安定的社會。在這個社會裡，上有較好而可行的國法紀綱，下有足與現行制度相配合的風俗習慣。政治經濟達到小康的境界，絕大多數的人心不思亂，不願鋌而走險，因此縱是最善於縱橫捭闔、挑撥離間和吹牛拍馬的政客官僚，也很難盡展所長來渾水摸魚。有個和平安定的社會，一個民族的生存，乃至與它生存相配合的各種社會政治制度和風俗習慣，像中國傳統的，國家強於社會的中央集權制，和士農工商的社會區劃，就可以慢慢地延長下去了。一延數百年，甚至數千年，沒有本質上的變動。這就是我們在秦漢以來的傳統大帝國了。朝代嬗遞，而基本社會政治結構則始終未變也。這也就是毛澤東所說的「千載猶行秦法政」的實際意義了。

爲佛洛伊德作實驗豚鼠

再說說近年來把美國政壇弄得烏煙瘴氣，那也是困擾人類最多的佛洛伊德所強調的色情問題吧。靠中國外交起家的季辛吉就說毛主席有很多的姨太太（見最近公開的《季辛吉文書》〔"Word for Word/Kissinger Transcripts", *The New York Times*, Jan. 10, 1999, Sec. 4, p. 7〕，這是本根據新法令在美國檔案中輯出的新書）。其實只是一些沒有名分的女伴而已，不是什麼姨太太也。但是縱使如此，也只有毛主席搞得，江澤民主席和李登輝總統都搞不得也。其道理也就是個社會轉型的問題。毛主席的時代，還屬於轉型中期，去古（離公開納妾的袁世凱時代）未遠，所以還可以在暗中進行之。到江、李兩公時代，已接近轉型末期，速度加快，執政者獨裁權力，也相對滑坡，他兩人就永遠失去這個機會了。這也是對佛氏哲學的一個反證啊。

在前書記載中，尼克森也告訴毛主席說，季辛吉訪華為絕密外交，除季辛吉的一兩位美麗的女友之外，世界上任誰亦不知也。毛主席問起尼總統對美女的興趣如何？尼連忙說，不敢不敢。周總理含笑從旁插嘴說，大選期中，真的不敢，不敢也。其實尼克森未說老實話。根據美國ＦＢＩ公開的報告，尼克森也有個漂亮的中國女友，劉小姐也。他還假公濟私的，把劉氏移民到美國去呢。但他就沒這勇氣向毛主席招認也。

至於柯林頓大總統的問題，有許多記者友好不恥下問，我就說這是個美國性氾濫的問題了。若以男女關係之變遷來看美國嬉皮出身的，反越戰，搞「群婚」（Communal Marriage），和雜交的這一代男女，則柯林頓尚不失為一個Good Boy也。君不見紐約華府隨處皆有，夫婦同享的色情俱樂部乎？柯林頓與希拉蕊夫婦，尚未聞涉足其間也。柯林頓之不幸，是他「身在帝王家」。須知，美國的白宮主人在雷根時代到來之前，尚無離過婚之總統也。你如有志做總統，則千萬不能離婚。筆者的哥大老校長——艾森豪將軍，原即是個Bad Boy。他在二戰期間，統軍歐洲時，竟與他的司機女同志相愛，而要拋棄糟糠，去做英國女婿。事為他的上司馬歇爾將軍所聞，馬乃嚴厲訓之曰：艾克（Ike，艾森豪的俗名），你將來還要做總統呢，豈可離婚？艾氏聞訓始止。艾克後來果然做了總統。

柯林頓這個嬉皮總統之不幸，是他沒個馬歇爾來時時耳提面命，你既進了白宮這個「見不得人的地方」（賈元春娘娘的話），你就得戒色八年。因為在一個不斷開放的社會裡，中央政府對權力的開放，一般都是最保守的、最落後的，和最緩慢的。所以在中國才有戊戌變法和辛亥革命，來增加速度。試看美國的社會生活已「開放」到群婚階段，她底總統還不能離婚呢，豈不滑稽哉？……

但是這就是政治啊。君不見今日大陸，全國向錢看的程度，幾乎已超過美國，但是當政者還不是口口聲聲，什麼四個堅持，什麼社會主義初級階段。動不動就把大陸上的雷震、殷海光……捉將官裡去？政權卻一點一滴也不開放呢。天下烏鴉一樣黑。莎翁說，脆弱呀，你的名字就叫女人。搞政治制度的學人也可說，政府呀，你的名字就叫保守。柯林頓這個嬉皮大總統，他把最放蕩的嬉皮生活方式，帶進最保守的政治圈內，忽然遇到一個年輕貌美的女嬉皮陸文斯基，來投懷送抱，他那嬉皮背景，和白宮的清規戒律，就發生矛盾了。因此在不知不覺之中，就做了佛派史學中最大的實驗豚鼠，跟袁世凱做皇帝，和汪精衛當漢奸一樣，一失足成千古恨，雖咎由自取，實在也只是一樁形勢比人強的時代鬧劇啊。台下免票看戲，讀史者真不時為之捧腹也。

社會政治轉型的中間階段

總之，我們中國通史上，這個合久必分，分久必合的老套路，在這個循環完成之前，照例要有個軍閥橫行的中間階段。在近現代中國所發生的最近的事例，便是從袁世凱死後才開始的軍閥混戰了。他們一戰三十年，再加上個倭寇入侵，最後又打出個劉邦、項羽來。項羽被劉邦打敗了，中國也就分久必合了。所以在袁世凱暴卒之後，據時人估計，「軍閥時期」在大陸上橫行的大小軍閥，蓋在三千人以上。經過三十年的割據兼并，最後才剩蔣、毛二人，來拚個你死我活。

毛的最後勝利，據他底美國資產階級的朋友史諾的估計，一將功成萬骨枯，其代價是六千萬顆人頭落地（不包括大躍進時的兩千五百萬），慘痛可知也（見Edgar Snow, *Other Side of the River, Red China Today*）。而這場浩劫，話說從頭，便是從袁世凱的一念之差開始的。袁世凱生前的中國原是個統一的中國嘛。袁的政府也是個可以駕馭全國的政府嘛。他如果不做皇帝，中國也不會分裂，他自己可能也不會暴卒，如此，則轉型期所存在的一切社會和政治上的矛盾，都可用不流血的方式，來個和平轉型，則中華民國的歷史，也就是另外一部歷史了。古語云，國必自伐而後人伐之，沒有軍閥橫行，哪又會有外族入侵呢？政治人物，從古到今，都是善於自我毀滅的，歷史要走它自己的道路，非人力可以強求，致有浩劫連連，夫復何言！我們只能希望，歷史家記錄出若是之悲劇（包括柯林頓所犯的錯誤）好讓後來的政客和軍閥，稍有戒懼就好了。孔子作《春秋》，而亂臣賊子懼，但是古往今來的亂臣賊子，讀《春秋》而不懼，又如之奈何？

矛盾重重的爛攤子

話說回頭，袁世凱死後，收拾袁氏留下的爛攤子，是非段不可的。收拾之道的第一要務便是解決接班人的問題。這時對接班最有野心、最有實力，也自認為最有功勳的（反對帝制的功動），實在是馮國璋。但是馮氏的接班卻於「法」無據。袁氏留下的「金匱石室」裡，既沒有他的名字，憑新舊約法來接班，他也無分。馮氏唯一希望，是北洋派的團結。如果段能全力支持他接班，在馮、段合作之下，北洋派的實力還是全國無敵的。如今袁世凱不但皇帝未做成，連總統資格也已被取消，原先安排的副總統，當然也已隨之俱去，既然一切從頭來起，則馮之出任總統，當然也不無可藉口之處，但這就端賴段祺瑞的一言九鼎了。可是馮在當權的北洋系中，是段的頭號勁敵（是後來蔣介石的汪精衛；史達林的托洛斯基），段不可能來突出馮氏。經過與徐世昌一番密議之後，段就公開主張由副總統黎元洪「依法」繼任大總統了。至於所「依」者，何「法」？民三的「新約法」歟？抑民元之「舊約法」耶？據說這「依法」二字，是北洋派中，最精的智囊、最大的官僚，和最老的狐狸徐世昌點出的。這個「法」是可新可舊，不新不舊的。這一來足使當時全國所有的實力派（包括段祺瑞自己），都可各取所需，皆大歡喜。

且看此時南方的反對派，原軍務院梁啟超、岑春煊、陸榮廷、唐繼堯乃至孫文、黃興那一夥，則堅決要求恢復被袁世凱竄改了的《民元約法》，和被袁氏解散了的民元國會。從而盡廢袁氏所立之法，和所建的制度。一切恢復民元的老模式，並由原定的副總統黎元洪，正式接任為大總統。如今黎副總統「依法承繼」，不正是南方反對派之所好？

黎元洪自己當然更是夢寐求之。但是他雖於法有據，卻為政無力。黎氏自從叛孫投袁，脫離革命陣營之後，早已變成個全無班底的孤家寡人。他底政治地位，全憑約法為斷；只要新舊約法有一個恢復有效，他就是法定的接班人。至於新舊約法是否可以恢復，段祺瑞當然更是個關鍵人物。至於黎對新舊約法的態度，也是各有喜惡的。依新法，他便是個權力極大的獨裁總統；依舊法，他雖是個虛君，卻可援引反段的國會，來對抗段的「責任內閣」。

段祺瑞本身這時也是矛盾重重。段之出任國務卿，原是袁世凱自動撤銷帝制，恢復大總統名位之後，根據「新約法」派任的。但是這個新約法是個採取「總統制」的臨時憲法。他如主張沿用新約法，他這個國務卿，將來就必然要受制於將來的大總統黎元洪，此段之所不欲也。但是他如接受南方反對派梁啟超、岑春煊、孫文等人的要求，恢復「舊約法」，這個舊約法是個採取「內閣制」的憲法，這對段總理當然很好；可是恢復舊約法就得同時恢復那以國民黨占多數的「民元老國會」。根據北洋系過去的經驗，國會之內，黨派橫行，政客們嘴尖皮厚，開起會來，筆硯橫飛，頭破血流，可不是個好對付的衙門啊。段一向是聞國會而頭痛色變的。所以段對新舊約法也難以取捨。最好還是能另制一部合乎他個人需要的憲法，和組織個無條件擁護他獨裁的國會。這就是後來他另組所謂「安福國會」的心路歷程了。這也是他「安福系」（一名「皖系」）終於失敗的關鍵所在。

段氏談虎色變的國會

段祺瑞（和他的前輩袁世凱一樣）在另造國會這一招上，由於沒個一黨專政的底子，終於功敗垂成，但是他底實驗和經驗，卻為後來的蔣、毛二公所充分利用而大獲成功。所以政治制度的變化是一步一步來的。不可一步登天。蔣的獨裁是較段更進一步；毛的獨裁則又在蔣之上了。但是物極必反，迨蔣、毛獨裁搞到亡黨亡國的邊緣，這才又出現了蔣經國、鄧小平這一代，來搞改革開放。歷史是一步一步發展的，不可「落後」，但也不可「躐等」，是急不得的。得時休笑失時人，寫歷史的人，還是一步一步地交代吧。段祺瑞的安福國會，和他的「皖系」，是啥回事呢？暫時只提一提，讓我們到時再說。目前且讓我們先聊聊，段老總對國會為什麼談虎色變？

【附註】在民初國會裡，那些八百羅漢所表演的全武行，才比今日台北的立法院熱鬧得多呢。就以動武的武器一項來說吧。台北立法院裡的打手，只能「赤手空拳」的來搞他個「拳打腳踢」。八百羅漢中的花和尚魯提轄，可是厲害得多啊。他們那時還沒有原子筆。他們所習用的「文具」，還限於硯台（石製）、墨盒（銅製）和毛筆。硯台、墨盒加墨汁和水，有重至一磅以上的。一枝毛筆，加個銅帽，也是個小小的飛鏢。一個國會議廳之內，就有硯台、墨盒、飛鏢八百個之多，一旦羅漢們野性爆發，火併起來，「文具」變成「武具」，筆硯橫飛，墨汁如雨，那還得了？……須知，我們學自洋人，在立法機關裡打傷人是不犯法的。有力你儘管去打好也。那時在中國國會裡參觀的洋記者和外籍觀光士女，對我們的硯台、墨盒都存有莫大的戒心。後來北京國會內的管理員，也怕文具傷人，乃把八百隻硯台、墨盒，都鑽了孔，用螺絲釘釘牢在桌上，以策安全。當年在國會舉行的記者招待會上，有些洋記者就以此發問說，中國的議員為何有那麼大的脾氣？國會的發言人說，中國人都喜歡吃豬肉嘛，Pork的脂肪多。一個人的脂肪多，就脾氣大，所以國會內才打個不停，云云。

有的讀者批閱拙作至此，可能認為筆者把歷史上的雞毛蒜皮都記錄下來，是輕忽歷史了。朋友，非也。搞微觀史學，本來就是一葉知秋，從小看大嘛。在本篇著墨期中，我個人也正在一面撰文，一面看美國電視新聞，看那第一〇六次的美國國會正在開幕。共和、民主兩派，為著彈劾柯林頓的好色問題，唇槍舌劍也正在對決之中。以一個定居此邦逾五十年的華裔治史者，面對這幕正在製造中的美國歷史，不禁感慨萬端：

(一)他們這一套，已有數百年實踐經驗的議會政治，不只限於我們所看到的參眾兩院，在電視中的表演呢。這是他們從幼稚園就開始的生活方式的一部分呢。捨其本而逐其末，我們中國人學得到？學不到呢？效顰莫笑東村女，頭白溪邊尚浣紗。各民族的政治制度，都是歷經數百年磨鍊出來，自有其民族特色的制度，它不是一輛汽車，或一架電視，可以從甲國搬到乙國；乙國搬到丙國去的。東施效顰，是不是我們的一廂情願呢？加以我們這些醬缸出身，包袱奇重，而並無自覺的政客和學人，硬把黃牛當馬騎，是否會自貽伊戚呢？(二)縱然學得像模像樣了，像今日的以色列、日本、南韓和台灣，是否真能解決我們的實際的問題呢？縱使能解決若干問題，它是否是個唯一的方法，或較好的方法呢？台灣選舉，筵開千席，搞民主政治是否應該如此呢？大陸經濟發展到適當程度，是否也會如法炮製呢？不如法炮製，是否會另有出路呢？真是愛而不見，搔首踟躕，不得其解。政治制度，本來是要通過長期實驗和實踐，才能安定下來，傳之後世，五世其昌。但希望我們目前以美國模式為藍本，會慢慢磨鍊出一個我們自己的制度來。江元首應該因勢利導，千萬不可開倒車。

黎元洪依法承繼

總之，不論段祺瑞心意中是如何地矛盾，他最後還是在與北洋派老政客徐世昌密議之後，決定讓黎元洪副總統「依法承繼」，出任大總統。

前已言之，這「依法承繼」四個字是徐世昌敲定的。徐世昌（一八五五～一九三九），進士出身，滿清時代做過東三省總督，袁世凱時代做過國務卿，號稱「相國」，是北洋派當時第一號的大官僚、大智囊和政壇老狐狸。他這四字訣可說是一言安邦，全國各實力派人人接受，皆大歡喜，因為徐氏並未提出所「依」何「法」，大家就可以各取所需，而暫時合作了。

這個「法」，讓我們再重複概括一下。對南方的反對派來說，顯然指的是「民元舊約法」。恢復民元舊約法，不但由黎菩薩來當掛名總統，那失業多年的舊國會議員，八百羅漢，又可重入廟堂，去繼續其縱橫捭闔了。而這個「法」，不論是新是舊，對黎、段二人來說，也都各有短長已如上述。尤其是段祺瑞，他不論做國務卿或國務總理，他對總統對國會，都得兩面開弓，因此對新舊約法也難以取捨，南方反對派既然堅持恢復舊約法，段也就無可無不可了。

當時縱是野心最大的馮國璋，對這個不明不白的「法」也感到滿足。因為他自己也知道，他想做總統，實在於法無據。段既不願為他說項，而南方的反對派也勢必反對到底。他如能退而求其次，搞個副總統當當，則來日方長也。這也不失為一項最理想的選擇。所以馮對這一新成立的黎段中央，也深感滿意，而表示由衷的擁護。

既然全國各實力派都一致擁護，北京的新政府也就迅速地恢復運作了。

重新統一後中央政局掃描

在全國一致擁戴聲中，黎元洪大總統乃於民國五年（一九一六）六月七日宣誓就職為中華民國第二屆正式大總統。同時改國務卿為內閣總理，段祺瑞個人原職不動，內閣改組。這也是段所心甘意願的。因為全國各實力派既然都認可了「民元舊約法」，而這個舊約法，根據民元宋教仁原來的「虛君實相」、「責任內閣」的設計，則中央政府的行政權，實集中於內閣總理段祺瑞一人之手。段祺瑞（一八六五～一九三六，比徐世昌小十歲）雖是個崇拜德國鐵血宰相，而剛愎自用的軍人，然此人也豁達大度。如今既然掌握中央大權，他也頗希望能贏得各實力派的一致支持。因此他要組織一個包容各派各系的「混合內閣」，以替代他原有的純北洋系的內閣。此一新內閣乃於六月二十九日，由黎大總統明令公布。其後再由八月間「恢復」了的國會加以追認，不在話下。

在這新閣裡，段對一向反段最力的國民黨系，也逾格優容；對黎元洪總統的心腹如張國淦，當然更有特別的照顧。

【附註】張國淦幼女張傳玲女士，現定居美國加州。讀拙著，曾與我取得聯繫，並送我其先人著作，都頗為珍貴。近年來其他民國要人的後裔、親友、門生故吏，讀拙作而與筆者取得聯繫如張女士者，亦所在多有。大陸上政協所出版的《文史資料》，所輯亦係相同史料，十分難得。其實流傳海外的類似資料，分量亦至可觀，值得廣事採集也。

至於梁啟超一夥的老進步黨人物所改組出來的「研究系」，本來就打算向段投靠，如今兩情相悅，自然也就變成國會之內，與國民黨系對立的擁段派系了。為使讀者對各路實力派人馬查閱方便計，且將改組後，黎段中央的關鍵人物，和他們在北京政府中的位子粗列如下（北京政府內閣官員此時變動不停，排列不易，下表只略舉其關鍵人物，和他們在政府中的大致位子，作為坐標，以供參考）：

大總統：黎元洪（未形成單獨派系，為北洋系與國民黨之間的邊緣政客）

總統府祕書長：丁世嶧（原屬國會的韜園派，倒段親孫）

國務總理：段祺瑞（北洋系，嗣為皖系首領）

國務院祕書長：徐樹錚（段祺瑞的心腹智囊）

外交總長：唐紹儀（國民黨系，孫文香山小同鄉）

內務總長：孫洪伊（國民黨系，國會韜園派領袖，倒段主謀，馮國璋智囊）

財政總長：陳錦濤（留美博士，原屬國民黨，後附段）
陸軍總長：段祺瑞（兼任）
海軍總長：程璧光（孫文香山小同鄉，親孫）
司法總長：張紹曾（國民黨系溫和派）
教育總長：范源廉（接近梁啟超的研究系，左右逢源的老議員）
交通總長：許世英（北洋皖系）
農商總長：張國淦（黎元洪的心腹智囊）

此一「混合內閣」只是根據最早的提名編制。此時內閣閣員，每月不同。例如外交總長原提唐紹儀，然北洋系各省督軍省長通電反對，段有意改提曹汝霖，又為南方實力派所反對，最後由陸徵祥出任。又如孫洪伊，原職係教育總長，但是教育部在當時是個冷衙門，而孫卻是黎、馮，和國民黨系一致支持的紅人，旋即改任新職。但是不論人事如何變化，總是從一原始模式蛻變出來的，終有脈絡可尋，故製此表為坐標，以便讀者按圖索驥，而遞次說明其變化也。

人事糾紛，無「法」解決

我們讀史者一看段祺瑞新閣這一原始名單，便知段氏有心要做中國的邱吉爾，而網羅全國各實力派共同為治。用心良苦，但是他這一模仿英國式的責任內閣，卻無法解決英國式的政治問題。縱是總統府與國務院之間，以及國務院與國會之間的，最普通的和無關利害的，最單純的人事糾紛（英語中所謂personality clash），也無法解決。這種人與人之間毫無意義的意氣之爭，凡人皆有之，只是程度不同而已；但是在這不同程度之間的古老民族之中，要以英國風氣最好，中國風氣最壞。吾人久適異國，在國際社區中打滾了五十餘年，真是發自天良的慨乎言之。三個中國知識分子在一起共事，未有不是以君子始，以小人終，而打得頭破血流的。縱是對民主政治信仰堅定、以身許國的民運人士，他們如有三人共事，也是跳不出此一「民族公式」的。何以如此？我們只能說，一是民族劣根性，天賦如此，上帝造的；二則是民族文化傳統如此，吾友柏楊所謂「醬缸」是也。我民族要把這醬味清洗乾淨，筆者就認為非兩百年不為功。

讓我們再看看英國人，他們的最大的長處，就是能合作（搞Team Work），能自治（Self-government）。三個英國人在一起，就能組織個讓大家共同發財的公司（Company）；組織個互利互信的社區（Self-ruled Community）。我們華裔就是搞不來嘛。夫復何言。以上所說還是單純的人際關係。一旦沾上你死我活的利害衝突，那就只有動刀動槍，彼此殺得人頭滾滾了（不信且看看蔣介石和汪精衛；毛澤東和劉少奇）。英國人乃至擴大至英語民族，他們也有為爭權奪利而鬥得你死我活的時候，但是在鬥到難解難分，你死我也不活時，他們就能訂個平等的合同，彼此握手，言歸於好，大家按合同行事，這個合同在政治上就是憲法。在憲法之下，大家都是鉤心鬥角的賭客，但是，賭奸，賭猾，不賭賴；不捲袖子，不出惡聲，大家來踢他個心平氣和的法律皮球，依法行事。這就是民主法治了；民主應從守法開始。雖壞法猶勝於無法無天也。

美國這個英語民族的二房，她底兩黨制的民主政治，卻是從你死我活、利害衝突的貪汙分贓（Spoils System）開始的。在第二任總統亞當斯時代（President John Adams,1797-1801）貪汙橫行，結果傑弗遜也組織個政團，來加以抵制。庶幾，要貪汙大家一起貪，你貪我也貪；有贓大家分，你分我也分，結果兩派勢力平衡，你也貪不了汙，我也分不了贓，大家依法行事，就變成一國兩黨制的民主法治了。所以美國史家公認，美國的民主政治實在是從最不名譽的貪汙分贓開始的。我們今日打開電視，這場賭博就正在美國國會之內熱烈地進行之中。只是這場賭博的籌碼，卻是由一位青年蕩婦，替他們總統作口交開始的，也太不成體統罷了。因此民主的基礎是法治，無法無天，是搞不了民主的。

談一段比較史學之後，讓我們再看看民初袁後的政局。依法則段祺瑞的政府是個責任內閣；黎元洪只是個「虛君」。但是在三千年的中國政治史上，除掉個阿斗和若干「亡國之君」以外，還未嘗有過什麼虛君呢。黎元洪雖是個菩薩，卻不願做亡國之君；更不願在北洋系段祺瑞之下做阿斗。俗語說，閻王易處，小鬼難纏。《袁氏當國》中曾提過，以前唐紹儀總理也曾把袁總統當成個虛君，袁還可容忍於一時，可是總統府裡的小鬼，卻認為總統被總理「欺侮」了。因為在中國歷史上哪有宰相欺侮皇帝的道理呢？朋友，要把這道理說得舉國人民都不以為異，這樁洗腦工作需要兩百年的長時間呢。

如今黎之與段，菩薩有時尚能維持廟堂風度，可是他下面的祕書長丁某那頭小鬼，就嚥不下那口氣了。他尤其吃不消的是，段總理之下，那個趾高氣揚的徐樹錚，在總統府內，居然也頤指氣使。在他一再的抱怨之下，連黎總統也抱怨起來說：「什麼責任內閣，簡直是責任祕書長嘛。」這種無聊的口舌之爭日久變質，使內務總長孫洪伊也捲了進去。這種人事糾紛，在一個正常的法治國家裡，至多只是一樁茶壺風波罷了。一切依法解決。但是發生在毫無法治觀念的中國，就無「法」解決了。發生了政潮，只有靠第三者來調解。在中國的政治圈裡，哪裡又有真正的第三者呢？大家黨同伐異，就治絲益棼了。結果只有靠武力解決，就槍桿子出政權了。

在段氏內閣所發生的孫、徐的決鬥，就是無「法」解決，而逐漸升級為黎、段之間的政潮，而天下大亂的。現在且讓我們看看，孫洪伊和徐樹錚，究竟是什麼個貨色兒？

孫徐之爭升級爲黎段之爭

孫洪伊（一八七〇～一九三六），直隸人，為馮國璋的同鄉。在民國初年的政治圈裡，同鄉是有其特殊的派系意義的（和今日台灣所謂省籍情結大致差不多）。遠在清末，孫氏已脫穎而出，榮任直隸諮議局議長。宣統年間當各省諮議局聯合奏請清廷早開國會時，孫即被推舉為請願團常駐委員。辛亥後，孫出任民元國會眾議員，原屬進步黨，旋轉國民黨。所以孫在中國議會政治中，出道甚早，在各種國會鬥爭中，可說無役不與，是位極有影響力，而善於縱橫捭闔的老政客。因此在段祺瑞於民五（一九一六）六月組織其「混合內閣」時，孫乃被網羅為教育總長。教育總長在民初北京政府中，原是個冷衙門。段氏顯然知道，孫某不是個省油燈；不敢不加籠絡，同時也不敢過分重用。但是孫某豈是池中物？入閣未幾，他就被調任至極有權力的內務總長了。孫甫上任，他這個善於縱橫捭闔的老政客，就卯上了一個比他年輕十歲的跋扈將軍小徐（樹錚）。一個槽拴不了兩頭叫驢，他二人就廝殺起來了。現在讓我們也看看小徐是老幾？

徐樹錚（一八八〇～一九二五），江蘇蕭縣人。幼年也是個小才子，和梁啟超、蔡鍔一樣，十二歲便考取秀才，但是鄉試不售，所以他也和袁世凱、胡傳（胡適的父親）一樣去投軍遊幕。他初試投袁，但袁的地位太高了，他攀不上，乃投段，果為段所賞識，並資助其留日習軍事，進士官。返國後就一直是段的死黨了。至民初段出長陸軍，徐已竄升至陸軍次長，官拜中將，而頭角崢嶸矣。因此在北洋系中竟在老徐（世昌）之後，被稱為小徐。小徐其人雖未必是個一流軍官，但此人卻精明強幹，案牘如流，是第一等幕僚長人才。以故在段氏組其混合內閣時，乃擢升小徐為國務院祕書長。此時段已年逾五十，國事蜩螗，日不暇給，例行公事乃悉由小徐一手處理，此在舊式官場裡，所謂代拆代行也。當時段氏是全國一人的大總管，代拆代行的小徐，因而也就權傾一時；而小徐的個性，既不像黎總統那樣的菩薩，更不像陳布雷那樣的夫子。他是個光芒四射的幹才。因此對內他固然是段總理不可一日或缺的左右手；對外他難免就變成眾矢之的的憎恨和忌嫉的重心。最後竟為馮玉祥所捕殺，馮氏卻謊稱為陸建章之子陸承武幹的；目的是「為父報仇」。此是後話。

【附註】當一九二二年孫中山先生與張作霖、段祺瑞成立三角聯盟，合力聲討曹吳時，當時代表段氏前往桂林謁見孫公的，便是徐樹錚上將，而奉孫命沿途作地陪招待徐氏的便是蔣介石中校（編者按：蔣氏時任粵軍第二軍參謀長）。中山對徐推崇備至，而期望尤殷。徐對蔣也印象極好。因此在孫公面前，也稱許蔣中校為難得的人才，卒使孫公對蔣也另眼相看，始有蔣公後來在國民黨陣營中之飛黃騰達。因此蔣對徐氏知遇之恩，念念不忘。蔣公最重江湖義氣。對徐氏後人亦視同子姪，著意提攜。徐氏長子道鄰後竟為蔣公延為家庭教師，教經國漢文。道鄰曾含笑告我說：「經國每次寫信給我，都稱我作夫子大人呢。」蔣公戰前撰寫〈敵乎？友乎？〉以警告日本軍閥的長文，也是借用徐道鄰之名發表的。徐氏對蔣公家事，所知亦深。曾為筆者道之彌詳。也都是民國史上難得之掌故也。

抗戰前，馮玉祥在「中原大戰」被打敗，上泰山「讀書」，靠韓復榘「奉養」，變成韓氏的背上之芒、眼中之刺。韓曾暗中派人去找徐道鄰，叫他上泰山去把老馮一槍幹掉，以報「父仇」。徐氏跟袁克定一樣，不良於行，哪能當刺客呢？他更不願為韓軍閥來犧牲自己，道鄰後來改採「依法」報仇，抗戰中期，徐氏曾在重慶具狀向法院控告馮玉祥無故殺害徐樹錚，那有何用呢？——這些都是徐道鄰先生親自向我說的口述歷史。

索性再多記兩則小掌故：抗戰中期，重慶中央大學「歌樂平劇社」的幾個青年戲迷，正在宿舍裡拉胡琴、吊嗓子，忽然門上咚咚兩聲，便推門走進一位身材高大、胖嘟嘟的中年貴婦來。她以一口純正的京片子，含笑而大聲地說：「你們唱得好，也拉得好呀。我也來一段……。」她就招呼拉琴的說：「碰碑。」接著她就使起舞台姿勢，大聲地唱起來。乖乖，那一派悠揚頓挫、悲壯淒涼的味兒，簡直不是余叔岩，也是馬連良。唱後大家鼓掌稱讚。她連連道謝，就握手要走了。拉琴的問她：「您貴姓？」「我呀，」她說，「我就是為父報仇的施劍翹。」在大家張口結舌中，她哈哈大笑，就領著一批青年男女，揚長而去。她原是槍殺軍閥孫傳芳的那位有名的「女刺客」！張少帥也告訴我一個故事：老帥被刺後，在瀋陽公祭期間，日本總領事也假惺惺的來靈前鞠躬致祭。少帥說：「我那時認真地動了幾次念頭，想把他抓起來槍斃，為父報仇。」少帥如真的幹了，近現代中國史和世界史，都要改寫了。

再回頭說說小徐和老孫為啥又吵得不得開交呢？原來小徐為段總理代拆代行，難免有點擅作威福，連黎總統都嘖有煩言，他哪裡把個總長看在眼內呢？老孫記在心裡，多少也為著討好黎總統，乃在國務會議裡批評祕書長「越權」。段為徐稍作辯護，孫乃向黎總統「辭職」作抗議，而黎則袒孫斥徐，使段難堪，漸漸地乃惹出最可怕的府院之爭，後果就不可收拾了。

政客縱橫與黎段交惡

我們在上節已提過，孫在國會裡原是反段最力的韜園派的領袖，與擁段的研究系鬥爭甚烈。其志不在小。因為國民黨自宋教仁以來，一直就醉心於政黨內閣。韜園派雖非國民黨正統，且不時有反中山言行，但是孫洪伊在國會之內卻要利用國民黨的多數，對倒段和代之以政黨內閣，則有莫大的興趣。再者，孫更利用「省籍情結」（且借用一個今日台灣的名詞）來離間北洋系。孫與馮國璋是直隸同鄉，因而向馮氏建議說，「北洋系」顧名思義，理應以北方人（直隸人）為領袖嘛；怎能被一個南方的安徽人（段某）所掌握了呢？說得馮國璋也為之感歎不已。事實上，後來北洋系之分裂為直皖二系，終於引出一陣陣打不完的內戰，孫洪伊這一類的政客，也有其極大的責任的。

在中國歷史上，這種政客便是所謂「縱橫家」、「策士」或「說客」；從往古的蘇秦、張儀，到民國史裡的楊度、孫洪伊、楊永泰，也正是數之不盡的呢。因此段之邀請他入閣，顯然也是一種統戰手腕（再借用一個中共的名詞），想化敵為友。殊不知孫在國務院內因與小徐不睦，又挑出個更嚴重的府院之爭來，段因而也使出他獨裁軍閥的本性，於民國五年十月中下令把孫洪伊免職。但是國務總理要辭退一位國務員，「依法」還要總統蓋印，可是黎總統此時卻拒絕「批准」，段乃於二十四日親謁黎總統面索無效。三日之後，江蘇督軍馮國璋，竟亦致電黎總統，要求孫總長在內閣位子，不容變動。

於此同時，孫洪伊亦正四處奔走，聯絡國民黨籍議員，在國會內為馮國璋競選副總統。經過三次激烈投票，馮國璋終於獲選，如願以償（為李宗仁於一九四八年當選副總統前之第一個副總統的民主競選）。黎總統並特許馮氏，援他自己以副總統駐節武漢前例，讓馮副總統兼領江蘇督軍，擁重兵駐節南京。這一來不特黎、段之間的「府院之爭」就表面化了；袁氏死後北洋系的軍權也就一分為二了。最不幸的是黎的心腹、密典機要的總統府祕書長丁世嶧，竟然也是個資深的韜園派分子，在國會中與孫洪伊相表裡，策動反段，也就使一位原是孤家寡人的黎總統，益發想運用國會為奧援，並聯合北洋系的第二號巨頭馮副總統，來共同對抗，甚或罷免那位倚賴北洋系軍力而剛愎自用的段總理了。

可是段祺瑞又豈是省油燈呢？他底下那一窩大小軍頭，又豈能視而不見呢？在段的堅持之下，在地方軍頭起鬨聲中，黎總統終於答應讓孫洪伊總長「辭職」（注意：不是「免職」），孫辭職之後便返回國會做韜園派領袖，就更是明目張膽的以倒段為職志了。在此同時，黎總統為安撫孫某，並提升個人聲威，也堅持要段的心腹小徐，非滾蛋不可。小徐滾蛋之後，北京的「八三四一」或「警總」，那時叫步軍統領，也就對孫公館，由日夜守衛，變成旦夕騷擾了。好漢不吃眼前虧，孫前總長乃一溜煙，逃往南京託庇於馮副總統了。不用說，馮段這兩位原是同生共死的老友，也就從此反目成仇了。他兩條虎狗交惡不打緊，上有好者，下必甚焉，接下來派系鬥爭的骨牌效應，什麼皖直皖之戰、直奉之戰，就戰不完的了。可憐茫茫眾生，也就民無噍類矣。

筆者之所以不厭其詳，在這裡細說幾位政客的意氣之爭者，就是想舉例說明，在一個沒有法治基礎的落後國家裡，幾個政客的意氣之爭，都無法解決，那麼遇到國有大政待決，像後來的參戰案，就會把一個政府，甚或一個統一的國家，鬧得四分五裂了。

世紀末回頭看去，試問他們這種兩敗俱傷，所為何事呢？朋友，這就是那時畫虎不成反類犬的中國議會政治嘛。他們以英美三權分立為模式。結果呢，畫虎不成，中央政府之內，立法、司法、行政，原是美國式的三權分立，卻變成中國式的總統、總理、國會的三權分立了。三權分立的必要條件，一定要司法獨立，而有依法仲裁的絕對權力，是謂之法治。在《袁氏當國》裡，我們不引過一段楊度奢談法治的牛皮？虎公（楊自稱）曰：

> 蓋立憲者，國家有一定之法制，自元首以及國人，皆不能為法律外之行動。人事有變，而法制不變。賢者不能逾法律而為善，不肖者亦不能逾法律而為惡。（見楊度著〈君憲救國論〉，轉引自章伯鋒、李宗一主編，《北洋軍閥，一九一二～一九二八》，一九九〇年，武漢出版社，第二卷，頁九五六。）

楊度這話，原是卑之無甚高論。梁啟超就譏笑他自己也做不到。筆者在拙著裡也一再強調，我們中國人如想做到這一點，非兩百年之歷練，不為功也。時近百年了。當年黎段諸公，墓木合抱矣。試問我們華裔朝野，從海內政客，到海外華僑，除掉打麻將之外，哪個大小政團、內外社區、商業團體、學術機構，有過真正的法制民主？沉痛言之，我華族沒有也。讓我們靜默三分鐘，心平氣和地想想，真是沒有也。是耶？非耶？豈不怪哉？

美國模式是什麼回事？

在筆者編撰本篇期間，曾時時為最熱鬧的「世紀大審」（Trial of the Century）電視節目所打斷。美國國會這次對總統柯林頓的公審，確是百年難得一見。他們兩黨三院（參眾兩院和法院），和原被告兩造，真是使盡渾身解數。控方不把總統趕出白宮，誓不甘休。辯方則死守宮廷，決不退讓。這是一場最激烈的奪權保權的無煙內戰。全國最高學府，和最拔尖的法學、史學、政治學的權威也都被捲入；全國大小媒體，非劉即項，非蔣即毛，幾無一置身事外。全國數千萬有政治素養的人民，街談巷議，也各說各話。大家提起耳朵，眾目睽睽，正在進行一樁全國性的公開的政治學術大辯論。不特當事的控辯兩方的訴訟狀，擲地有聲；為雙方助陣的法學、史學、政治學、社會學、心理學，乃至神學權威的議論之作，亦均深邃之極，有時且文采飛揚；隨時閱覽，真有勝讀十年書之感。真是精采絕倫。縱是一般賣漿煎餅的小市民，和家庭主婦、大中學生的即興評論，均能頗中肯綮，令人擊節。真是不可小視……。這就是所謂「美國模式」的最高境界。當然他們各級的大小政客的蠅營狗苟，和我們許多搔首弄姿的可嫌的政客，並無兩樣，但是從政治總體運作來說，我們和他們就無法相比了。對照之下，不特當年在北京、南京只會舉手和抬棺材的議員代表們，顯得太原始了。就是目前在台灣的風雲政客，和他們相比，也不免是小兒科（Baby Stuff）也。

何以如此呢？這我們就不能不從文化整體來說了。須知，美國非只一單純的美洲國家也。她底占全國人口百分之八十的歐裔美籍公民（European-Americans）至今與非歐裔通婚者，尚不足百分之一也。因此此一純種白人的美國公民的主體，實是歐洲全部白種民族再加上個猶太民族，在美洲的重行大組合，所形成的一個新興的白種民族。他們在文化上，承繼了整個歐洲文明（也就是西方文明）的主流。但是在政治組織和語言上，則直接取自議會傳統最深的英國。哥大口述歷史的創始人——猶裔納文斯教授（Allen Nevins）生前就常說，英語民族在政治上，比其他任何民族都更為優越。（The English-speaking people are politically superior to any other race.）實在不是猶太人替英語民族吹牛。美國革命後，歐洲民族向北美洲大量移民，不特在美洲形成一個新興的混合民族（像古代中國的隋唐盛世），在古老的歐洲文明上，也來個第二次的文藝復興，終使她成為今日世界上唯一的超發展國家。她的政治制度，是對英國的議會政治的「延續」（Continuation）和「進化」（Evolution），是直線發展的。因此他們縱是三尺之童，都能道其真諦。教育愈高，智慧愈高，則更能舌燦蓮花矣！這就是我們今日「世紀大審」中所見的現象了。

我國民初的議會政治就不然了。我們既不是延續，更不是進化，我們則是「轉型」（

Transformation）和「西化」（Westernization or Europeanization），乃至半中半西或不中不西，和所謂「師夷之長技」，或「中學為體，西學為用」的文化「融合」（Acculturation）。在這種融合的過程中，有個「不破不立」的中間階段。民國初年也就是這個階段的初期。在這「初級階段」（讓我們借用個鄧小平思想中的名詞），孫中山的經驗是「知難行易」，是「破壞難於建設」（破難於立）；胡適的看法是要「打倒孔家店」（先破後立）；毛澤東就急於要「剷除三座大山」（全破再立），……既然不破就不能立，那我們學習西方的議會政治，就十分困難了。因為我們「破」也不夠；「立」也不夠。張之洞之所謂「中學為體，西學為用」者，實際上卻是，中學是「包袱」，西學是「皮毛」。結果是（全民的）「包袱」丟之不易；先知先覺們的一點「皮毛」，建立也難。這就是我們民初議會政治，通盤失敗的關鍵所在了。

毛主席曰，知識分子書讀得愈多，愈沒有知識。這句真是夫子自道也。毛說他把《資治通鑑》看了六遍；《紅樓夢》看了五遍。讀得愈多，包袱愈重，對民主政治，對社會主義建設，就愈沒有知識了。毛公逝世之後，據說菊香書屋之內，一本馬列書籍也沒有。有心人臨時送去一部《資本論》，壯壯門面。其實毛又何嘗不讀馬列哉？余嘗拜讀毛公的《讀政治經濟學教科書筆記》，頗憐其苦心也。只是您如去做趙匡胤的宰相，讀「半部論語」就足夠足夠了。但是您如做了轉型期的執政黨主席，讀十部馬列，也還是個二百五。十部馬列管屁用？……

總之，我國近現代政治思想家，從康梁到楊度、毛澤東，都是包袱太重，皮毛太輕，而弄權任性，自以為是，才誤盡蒼生的。孫中山比較平衡，但他老人家也說過，「政是眾人之事」。眾人不要幹（所謂民智未開也），你一人要獨幹，哪有成功之理呢？可是反之亦然。在眾人都要幹之時，你一人偏不許幹，也是要出紕漏的。小蔣總統將來在中國政治思想史上，會有其一定的地位的，那就是他知道時勢不可逆轉，乃因勢而利導之，這就搞對了。民國初年的那個時代，沒有搞議會政治的任何條件。時代未到嘛。但是既然建立了民國，「再造共和」（段祺瑞的豪語），議會政治又不能不搞；搞得焦頭爛額，也是必然的結果啊。形勢比人強，治史者不可厚責於古人也，時代的悲劇嘛。這就是民國初年的政治大樣啊。

且看民元老國會

在《袁氏當國》裡，我們對民初的國會著墨無多。因為在那一階段，中國政治圈內的主要矛盾在孫、袁之間。而孫、袁二公著重的都在槍桿，國會所發生的作用太小了。多說了反而浮雲蔽月，有失真相。迨孫公的槍桿被袁公的槍桿打敗了，袁對國會不但繼續任其存在，他對國會之內的國民黨也還禮遇了一陣子。原因是他知道國會裡，有國民黨籍的議員，並不一定擁護孫文，甚至是反孫的政客；更重要的則是，袁還要利用國會來把自己扶正，由臨時大總統變成正式大總統。待他被扶正之後，他就把國民黨籍的議員全部開革了。國民黨的「多數」一去，只占「少數」的進步黨的國會就癱瘓了。

袁搞垮了國、進兩黨的國會之後，本想組織一個御用國會來做他的橡皮圖章。可笑的是，他那時還去古未遠。這個地球上除掉皇帝之外，先進的國家裡，還未見過第二種獨裁制度，所以他搞來搞去，只搞出個半調子的「參政院」來「擁戴」他做皇帝，終於弄得短命而死，遺臭萬年。他那時如果只做個黨主席，或黨總裁，如後來的蔣、毛二公者，則段、馮二將，又怎敢搞窩裡反？蔡鍔小將，又何敢稱兵犯上哉？朋友，袁的時代還太早嘛。蔣、毛二公那套「現代」本領，他還未練出來呢，所以他就吃癟了。因此在袁的時代，國會尚未構成個奪權的單位，寫歷史的人，也就讓他老人家暫時靠邊站了。可是在段祺瑞時代就不同了。黎、段二人此時旗鼓相當，都獨裁不了。黎要利用國會以反段；段則要利用北洋系的地方軍閥來制黎，國會就不再是「橡皮圖章」，或「擁戴機構」了。因此現在倒是我們應該把他老人家揭揭底的時候了。

國會是今後五百年的中國，必不可缺的一種政治建制。至於它在最後落實成怎樣的一個「定型」，今日似尚言之過早。只是它是個與民國俱生的，在民初雖然作用不大，畢竟是值得一敘的制度，下文當以較詳盡的篇幅概括之，或可為今後有心法制者，做點備忘工作也。

＊一九九九年一月二十六日於北美洲

原載於台北《傳記文學》第七十四卷第三期

二、袁世凱留下的爛攤子

民國時代最上層的政客，差不多都是天堂地獄之間的邊緣人。因為他們所處的時代是個波濤翻滾的轉型期。前型（有兩千年歷史的帝國制度）已毀；後型（今後兩千年的民主制度）未奠。他們一般都是忽前忽後，不知所適的在兩型之間走鋼索橋。上有光明燦爛可望而不可即的天堂；下有怪石嵯峨、陰森險惡的萬丈深淵，一步踏錯，或一念之差，便會墜入谷底，而粉身碎骨。他們自己遺臭萬年不打緊，索橋被他們弄斷，全民族也隨之滑坡，屍填溝壑，彼岸無期。這種一失足成千古恨底最明顯的例子，就是袁世凱和汪精衛了。汪氏當年如不因誤聽他那心際狹小而又生性潑辣的老婆之言，在一念之差中，當了漢奸，抗戰後在蔣公弄得捉襟見肘、無路可走之時，就是「汪先生」的天下了。哪還輪到胡適之、李宗仁來做總統呢？有汪在，國民黨又何至愚蠢地為淵驅魚，把整個的「中國知識界」（The entire Chinese intelligentzia）包括朱鎔基在內的精英五十五萬人，送給老毛小鄧去「引蛇出洞」，當其「右派」，而蹧蹋殆盡呢？老實說，毛澤東的作孽就是從反右開始的。其後隨之而來的大躍進、四清、文革、四人幫，一直到老鄧的天安門，都是反右的骨牌效應。而中國共產黨的政權之所以能在中國歷史上出現，其第一個「千古功臣」，決不是張學良；張也向不以此自居。他甚或公開地說是他當年犯了錯誤。雖然他並不改悔。少帥就曾向筆者說過，他是以部下身分，陰謀反對長官，他自已的部下，如果也以同樣陰謀反對他，他早就把這人槍斃了。換言之，他如果是蔣介石，他早就把他自己槍斃了。所以他對蔣之關他五十年，毫無怨言。少帥近一百歲了，據說頭腦還很清楚。此語可覆按也。中共的「千古功臣」，更不是日本軍閥，而是當年內部傾軋無已時的國民黨本身啊。國民黨自己胡搞一通，才搞出個共產黨來，哪能亂怪他人呢？

是誰搞垮了袁世凱？

再翻翻歷史，回頭看看袁世凱：袁氏在民國二年（一九一三），鎮壓了二次革命，削平了國民黨的三藩之後，是何等聲勢？乘此聲勢，他就應該虛懷若谷，好好地為國為民，做點善事。但是他不此之圖，卻要起邪心，做皇帝。結果就因一念之差，摔下鋼索而粉身碎骨。朋友，試問老袁為何失敗，而失敗得那麼慘？他是被風流小將蔡鍔打垮了？非也。朋友，袁世凱就因一念之差，而為全民所棄也。悲夫！

我們要知道，袁世凱在稱帝之前，中華民國原是個統一的國家啊。中央政府也是個可以駕馭全國的政府啊。袁大總統在一般黎民百姓和知識分子之間的聲望，是遠在孫前總統之上；至少不在當時的中山之下。連蔡鍔將軍當時對所謂「黨人」也頗感不耐。筆者在《袁氏當國》中就提過，二次革命期間，蔡鍔（時為雲南都督）就曾發過擁護中央、痛詆李烈鈞造反的通電。當時又有誰能夠逆料，三年之後，蔡、李二人又聯袂率領護國一、二兩軍，北伐討袁。這又是誰之過呢？千不是，萬不是的是袁世凱在一念之差中，上了兒子的圈套，要做起皇帝來。這一失足，他自己遺臭萬年不打緊，卻使我們的國家民族，幾乎也被拖到萬劫不復的絕境。這純粹是個歷史上的「偶然」嘛。袁世凱之想做皇帝，原是一念之差搞出來的嘛，是啥鳥「歷史的必然」呢？邱吉爾在打了第二次世界大戰之後，痛定思痛，就曾在他底二次大戰回憶錄裡面，舉出過好些例證，來說明「偶然」怎樣改變了歷史的方向。

宏觀有其必然；微觀難免反覆

筆者在不同的拙著裡曾反覆地解說過，從宏觀角度來看中國近代史的發展，是有其必然性的：那就是帝制向民治轉型，眾星拱北，萬水東流，這是任誰也改變不了的大趨勢，是個歷史的「必然」。今後兩千年，至少是今後五百年的中國是個「民治」的中國，是任何人都無法否定的、扭轉的。

可是，從微觀的史學法則來觀察，則這條通向太平之洋的長江大河，每個階段都是反覆無常的、捉摸不定的。「共和不如帝制」（袁世凱語）；「選舉我是絕對不相信的」（毛澤東語）；「民主專政至少再搞二十年」（胡錦濤語）……還有舉不盡的語錄，和不夠資格叫語錄的語錄呢。但是這些「反覆無常」、「捉摸不定」的小階段現象，卻改變不了「萬水東流」，或「權力滑坡、獨裁專制、逐代遞減」的大趨勢。看不清這一「歷史的客觀實在」的政客，必然就會在時代的潮流上落伍，終於被歷史鬥垮、鬥臭。袁世凱的悲劇，就是他的時代背景，和知識條件，使他無法看清這個大潮流的總方向，而誤走回頭路的結果。

吾人在世紀之末的觀光客，站在巫山十二峰之巔，俯視三峽之中千帆齊下，大小船夫、袁皇帝、蔣總統、毛主席、鄧上皇、胡總書記耀邦、趙總書記紫陽、江總書記澤民、李總統登輝，乃至最近以香檳澆頭的小馬哥，強顏歡笑的阿扁哥……，或沉或浮，亂成一片，千里江陵一漩渦，看得好不清楚。但是身在船上的操舵者，面對削壁險灘，波翻浪滾，生命交關，何由得見呢？他們自己並不清楚的故事，搞歷史的人卻不能忽略。一個一個的慢慢來交代，現在還是先談談袁皇帝的後遺症：

從較好制度、可行制度到破產制度

袁世凱在身敗名裂、憂憤暴卒之後，他身後留下的爛攤子，無人能夠收拾，其後遺症至今未了，我民族可就跟著吃苦了。

筆者不學，曾在不同的拙著裡，一再說過：我們那個有兩千年歷史的帝國文官制，不是個「最好的制度」（Best System），但是它和與它同時的其他文化相比，它卻是個「較好的制度」（Better System）；至少是個「可行的制度」（Functional System），所以它才能延長至兩千年之久，而沒有消滅。

這個可行的制度，可行在何處呢？再三言兩語交代一下。我國自秦皇漢武以後，必然和偶然的因素交互為用，使我們的「政治社會結構」（Socio-political Structure）走進了一個「國家強於社會」（state stronger than society）的特有的模式。在這個模式裡，最大的問題，是強有力的中央政府能維持長期穩定的問題。而長期穩定的關鍵則繫於中央政府的接班制，也就是繼承制。解決這個問題，智慧加機運，我們的祖先選擇了「帝王傳子制」（注意：不傳女），它能夠一傳至十代以上而不出大紕漏。這是在歷史上打破金氏紀錄的政治制度，為其他任何文化所無也。

漢初諸呂之亂時，顧命諸大臣，咬定了一個「非劉不王」的原則，並聲明「非劉氏而王者，天下共擊之」。試問當時諸大臣對劉氏真是如此效忠？非也。朋友，他們都是一批了不起、有遠見的政治家也。他們為的是奠立一個穩定的中央政府，為萬民造福也。我國古代本有所謂「傳賢」、「傳子」的兩個傳統。但是他們知道傳賢，牛皮而已。傳子才是個「可行的制度」，可以加以不斷地改進也……。在古代史上能和中國平起平坐的只有個羅馬帝國了。羅馬帝國就是在這方面敗下陣去的。羅馬帝國晚年出了三十個皇帝，就有二十九個被殺掉。朋友，將貨比貨，你能說我們中華帝國所行的不是個「較好的制度」？

地域龐大、人口眾多的大帝國，第二個大問題，便是鬧分裂，搞藩鎮跋扈，軍閥盤據。我國最早的帝國政治家，對此也有最適當的安排，能防患於未然，化之於無形。為此，除掉短期的唐末之外，漢宋明清一傳數百年，都未發生太大的問題。你看近在眼前的晚清七十年，動亂若斯，有沒有軍閥橫行呢？你說人家是封建落伍，三座大山。

最後，大帝國裡的草根老百姓，總得有個和平安定，善有可褒，惡有可告，安身立命，有保障，有公平的社區生活。這一點在我們傳統帝國裡的正常狀態之下，都有其可圈可點之處。當中西兩文化在十六七世紀初次接觸時，康熙、乾隆的中國，未必就不如路易十四、路易十五的法國。雙方是各有短長也。不幸在十九世紀之末，在雙方較勁之下，我們敗下陣來，破了產，社會文化、政經制度，就被迫轉型了。在轉型期中，新制尚未奠立，舊制已玉石俱焚了。凡事沒個標準可循，舊社會出身的政客（如袁世凱）就暈頭轉向，莫知所適，不得已就只有乞靈祖宗，反動回頭；革命陣營出身的政客（像毛澤東），就食洋不化，自以為是，而胡作非為了。

袁的爛攤子變軍閥溫床

關於毛主席的成敗與功過，到時再說。袁所留下的後遺症便是全國皆兵，軍閥橫行，民無噍類了。在最糟的晚清七十年，並沒有什麼軍閥嘛。何以袁氏一死，便弄得軍閥遍地呢？這就是轉型期的悲劇了。轉型期中，新興的制度還沒有建立（至少要兩百年的時光，庶幾有望），而舊的制度則可毀之於一旦。在新舊交替的真空期，就民無噍類矣。

筆者不學，亦不幸而有幸，就生在這麼個轉型中期。幼年所受的，也就是這麼個不中不西、不新不舊的轉型教育。青年期治史也是個不新不舊的初生之犢，對所見所聞的感染，如軍閥橫行、國共黨爭，也寫了些大膽的假設之文。認為當權者除舊太過，布新不足。今日重寫《袁氏當國》，每憶及青年期所作亦未必全無道理，有時甚至自慚老來思路反不若青少年期之銳敏。所恨少年之作，歷經國難家難，十九皆毀，近偶自昔年報刊中，發現若干舊作，試重讀之，自覺尚不無可用之處。今自五十六年前之《中央日報》，檢出一篇青年期舊作，便自覺其頗能解釋袁世凱所留下的爛攤子，何以終於變成了民國時代軍閥的溫床，其禍至今未已？無他，除舊太過，而布新未足也。乃將舊篇自殘報中複印一份，復刊之為拙篇之「附錄」，以乞教於方家也。

*一九九八年十二月十八日於北美洲

原載於台北《傳記文學》第七十四卷第一期

〈附錄〉漢代地方政治之研究

(一)漢制中的民治精神

一般說來，總以為我國在君主時代，便完全為君主專制；一般大權都操諸君主一人。國政之良窳全視君主一人之賢愚以為斷，人民無絲毫治權；然歷觀我國史實則殊有不盡然者。

我國民主思想起源甚早。戰國時代的孟子便說：「民為貴，社稷次之，君為輕。」居統治階級的趙威后亦說：「苟無歲，何有民？苟無民，何有君？」皆看清以人民為本位。至二千年來的專制時代，雖亦暴君迭出；然在一般正常狀態下的君主，總不敢過分專制如西方之暴君然。「朕即國家」的統治觀念，在中國二千年來的專制君主，並未被過分濫用。一般君主治國均能正常地保持著制度精神，且我國歷來的政治制度往往含有高度的民治精神。吾人試一觀漢代的地方政治便是如此。

我國有獨立機構的地方政治，至秦始皇統一海內，大規模地廢封建置郡縣後始正式確立。然嬴秦祚短，規模粗具遂遭覆滅，而漢人承之，截長補短，地方政治之規模乃大備焉。

漢人既奠定了實兩級的地方政治制度，流變至今日的中國地方政治制度，猶未脫其範疇。故漢代之地方政治允可稱為中國地方政治之典型。且吾人如仔細研究漢代政治制度，便可知不特其創制立法之美與夫用意之深長，至今日猶有其獨特之價值；而漢代地方政治之富有民治精神，尤為特色。較之二十世紀最新的民主制度猶未多讓焉。

㈡郡縣鄉亭里的地方五級制

漢代之地方政治為實兩級制。地方之政治單位為縣；而縣內最小之社會細胞為「里」——人民聚居之村落也。十里曰「亭」，亭有長。凡民年五十六以上無役歸田里者，斯可為亭長；是時一亭內人民之領袖也。故亭之制實為漢代社會組織之最小單位。亭長辦公處設有亭卒二人，其一專司亭辦公處內之雜事，如司管鑰啟閉門戶等，曰「亭父」；另一亭卒主維持治安緝捕盜賊者，曰「求盜」。是即今日西方之地方警察制也。亭長有權，可持「三尺板」（委任狀）捕盜。亭內設有「五兵」，由亭長於農暇時課人民習武事。亭內附設有「公舍」。凡政府官員過境之徭役等事，由亭長理之，與人民無涉。此在交通不便的專制時代，實為必需。故亭之制度實為漢代地方社會組織之最小單位；亭長負有維持一亭社會福利之實際責任。

十亭曰「鄉」。鄉民中舉年高德劭能率民為善者一人為「鄉三老」。職掌一鄉之教化。另舉「鄉嗇夫」一人，掌聽訟事，收賦稅。另舉「游徼」一人，習人民以五兵，並主徼巡防盜賊。是蓋真有實力，專司捕盜，而與亭內之「求盜」之僅為維持治安者異矣。是三者所司規模較大，故設於鄉之下。是皆由鄉民推舉年高德劭者任之，非政府之命官，故曰「鄉官」。是鄉官皆出諸民選者也。

真正之地方政治單位則為「縣」，有萬戶以上之大縣長官曰「縣令」，減萬戶者曰「縣長」。令之秩（級別）自千石至六百石；縣長之秩則自五百石至三百石。是為政府命官。屬官有「丞」、「尉」各一人。其秩由四百石至二百石不等。丞司文事；尉任武職。統屬於縣令長。其外復按縣中戶口之多寡，舉民之年高德劭者，自「鄉三老」中選出「縣三老」，及「孝悌」、「力田」常員（今日委員）若干人。所謂：「孝悌，天下之大順也；力田，為生民之本也；三老，眾民之師也。」換言之，即是選縣中年高德劭負有物望者，參議縣政。縣中丞尉雖亦為有秩之官吏，然與縣三老等立於同等地位，分庭抗禮；既可以事相教，參議縣政得失，復可消極地監督政府。是為一縣之組織。

而縣直屬於郡。縣令長向郡太守直接負責。各郡所屬縣多寡不等，頗似今日之行省，所轄區域至廣。故一郡之政治如同一具體而微的中央政府。其郡太守之設官分職亦模擬中央政府之丞相府。一郡之軍政財大權，操諸太守一人，由太守直接向丞相負責。太守專政一方，權至大，體制亦等，因此太守之得人與否關係至大，以故西漢的中興令主孝宣帝曾有「與朕共治天下者，其唯良二千石乎」之言。漢制太守人選須由丞相擇人推薦，再由天子察之真除。太守初除拜時，須由天子召見，「入殿受策」。策也者，即中央授以為治之原則。其有「即拜」（便道赴任不入殿受策）者，然非常制。太守專治一郡，則於歲末派遣「計偕」至京師上「計簿」（政治報告書）於兩府——丞相府及御史府——述職。每季——春夏秋冬——之第一日上財政收支報告之「見錢簿」於大司農。故郡太守與中央政府之間維持密切聯絡，所謂「堂陛之間，不甚闊絕」也。

太守屬官計有「郡丞」一人，總管百僚，首領諸吏。舉凡太守屬官之愚賢功罪，率由郡丞署其行能，課其殿最。然太守府組織至為龐大。因之其中屬員之賢愚功罪勤惰之考績，則另置「功曹」一人專司之，是為專察太守府內之屬官者。至於屬縣之政治得失，縣令長之賢愚勤惰，則別由「督郵」察之。督郵承郡太守命不時巡行，專察屬縣的吏治得失。

【附註】《三國演義》上有張翼德怒鞭督郵的故事。那是劉備在做安喜縣的縣尉，代理縣長，督郵來找他麻煩。張飛火了，乃把督郵綁起來，揍他一頓。然後兄弟三人棄官而去。詩人陶淵明做縣長，督郵來視察。陶縣長禮應穿官服，束帶，向督郵鞠躬，陶縣長不幹，說：「不能為五斗米折腰，向鄉里小兒。」所以也丟帶棄官而去。毛澤東譏笑老陶是個「大官做不到，小官不願做」的臭老九。這個被陶老九所鄙視的鄉里小兒就是督郵。國民黨在大陸時代叫「督察」，共產黨時代叫「視察」，他們都是到下級政府裡去作威作福，大吃大喝；還說什麼鳥不吃白不吃。筆者青年期也曾在國民政府屬下的地方政府做小吏，幾乎官拜督郵。這些督察、視察、督郵們，當然也包括本文作者在內，都是應該被張三爺打屁股的鄉里小兒。

而一郡之司法則由「決曹」司之。決曹主治獄，司一郡之民刑法。一郡之治安則由「誠曹」司之。誠曹主緝郡內盜賊，維持一郡安寧。另外更聘郡內明達士人組織「議曹」，專備太守顧問，議政治得失。是皆由太守選拔本郡中俊秀士民任之。各有專職，分層負責，統名之曰「後曹」，亦即太守之幕府也。而由郡丞統領之。故郡丞襄贊太守，實際負責。亦即蔣委員長所說之「幕僚長」也。

而一郡之國民軍訓，則由秩比二千石之「郡尉」司之。漢制民年二十三始傅。即今之壯丁登記也。民年二十三即為及齡壯丁。及齡壯丁，如期至郡，由郡尉領受軍訓。於每歲農暇時之八月，會同郡太守、縣令長舉行「都試」，視人民體格及志趣之不同，分別施以「輕車」、「材官」、「騎士」等之不同訓練。近水之郡，復有「樓船」之訓練。統由郡尉司之，而由太守集合縣令長於都試時，課其殿最，授予資格。故郡丞實掌一郡武備，邊郡郡尉之下且有武職屬官，曰「司馬侯」者。故郡尉既司國民軍訓，復兼司捕盜，維持一郡治安，猶今日省內之保安司令，且兼師管區司令之職也。

㈢迴避制與監察制

漢制郡太守屬官率由太守自本郡察舉孝廉方正之士為之，統謂之「郡吏」；然他郡非本郡人不得為郡吏。以故太守承命出典一方，不過率本郡人民為治。因此下聞易於上達，舉直錯枉，施政得宜。郡太守則一本中央政令為治，有專殺之權，總攬政綱，導民為治。權至重，位亦等。故其屬吏雖率為本郡人，亦不敢阿黨蒙蔽，致使太守有運用不靈之弊也。

是故一郡之軍政財大權，率操諸太守一人，則地方政治之良窳端賴乎太守一人。一郡治亂之責，亦由太守一人是問矣。因之地方之監察機關，亦專察太守一人。漢代之地方監察官為「刺史」。刺史之官品（秩）次於太守，僅六百石；然權責至重，專以刺舉太守過失為事；太守有功，亦得奏褒。一般職責是「奉詔條察州」，非條所問，即不省，劃定刺史監察權限，不得逾越。所謂詔條凡六，即：「一條，強宗豪右，田宅踰制；以強凌弱，以眾暴寡。二條，二千石不奉詔書遵承典制，倍（背）公向私，旁詔守利，侵漁百姓，聚斂為姦。三條，二千石不恤疑獄，風厲殺人。怒則任刑，喜則淫賞；煩擾刻暴，剝截黎元，為百姓所疾；山崩石裂，祅祥訛言。四條，二千石選署不平，苟阿所愛，蔽賢寵頑。五條，二千石子弟，恃怙榮勢，請託所監。六條，二千石違公下比，阿附豪強，通行貨賂，割損正令也。」（見《前漢書・百官公卿表》顏師古注）

試觀此六條所定，即為專察太守，六條以外不舉。刺史如越俎代庖，超出六條範圍，往往得罪，故刺史不察「黃綬」（黃綬秩在二千石下）。蓋太守屬官選罷之權既率操諸太守，其功過賢愚，既有「功曹」、「督郵」等為之考績，則屬官有罪，太守自不能辭其咎。如西漢宣帝時，涿郡太守嚴延年即以察舉不實貶秩。故刺史但集中注意力監察太守，而無干預地方政治之弊。

且刺史無定治所。官署所至，隨遇而安。蓋株守一隅既易受蒙蔽，且與郡太守私人間接觸過密，亦難免發生個人恩怨。而流於舉刺不實也。刺史不時巡行以聽取民意；每歲復於秋分時作定期巡行，以便人民欲有控訴而有所期待也。刺史既專為監察太守而置，以一刺史之彈劾或褒奏即可決定一郡太守之黜陟，不若今日之監察使欲有所舉措，必須三人聯署始發生效力也。

故漢之刺權至重矣。然官階則至卑，秩不過六百石。以六百石之小官而專以彈劾二千石之封疆大吏為事，則其行使職權時之兢兢業業，亦可想見，如是則庶不致有刺舉不實之處。蓋位卑則不濫行其權，職重則可專行其政也。（引顧亭林《日知錄》語）正即以其官階低，而職在專打老虎不捕蒼蠅，故刺史既有其自尊心，復可啟發犧牲精神；故能遇事不逃避，不塞責。以故漢代中央對地方官吏之考績，率一聽刺史之報告以為斷。

其外中央朝廷復不時派遣大員巡行郡國，訪問民間疾苦，以補刺史之不足。是為漢代之地方監察制度。

(四)人權人格與人民參政

吾人研究漢代地方政治制度，固知其創制之完備與用意之深遠矣。然猶不特此也。制度之優良固可補人事之不足，然漢代地方行政之基本原則，及其人事制度之完善，則尤有足多者。西漢中興令主孝宣帝曾說：「漢家自有制度，本以霸王道雜之。」（見《前漢書・元帝本紀》）三者並用，換言之，即厲行法治，而不傷儒道雍容的精神。以儒道調和法治，故漢代政風至為純正。漢武帝時董仲舒輩即首倡以經術飾吏事。至宣帝時懲武帝之嚴酷，政重寬和。故漢宣帝時之政治風氣，尤為高雅清正。官場陋習甚微。

後世之言法治者，政府官吏上下之間，但有法定的關係。在上者恆恃法以繩下；在下者至多亦不過守法免過而已，彼此之間，無精神上的聯繫。以故居高位者每至運用其政治地位，辭嚴色厲，奴役屬僚；居下者亦易流於敷衍公事以取悅長官為能事，而恬不以為恥；甚或承奉長官顏色，用招恩寵。即有賢者，亦難免失其敬業樂群之心腸。但求無過而已，不能發揮其最大的工作效能。以故官吏上下之關係，如非劃若鴻溝，即侵幸阿黨。流風所至，清正之士每視從政為畏途，而戒懼斂足。如此則國家行政場合遂為宵小儌逐之鄉矣。

而漢制則不然。漢法雖嚴，然官吏上下之間的關係則一以「禮」為紀綱。上下之間除有法定的關係之外，復以「禮」維繫之。長官屬僚，職分主屬，而禮同賓主。長官以師長態度以遇僚屬。而屬僚之與長官則行師弟子禮，上下以揖讓相處，無後世之官僚惡習。故以一代大智大賢，無傷於屈為小吏。雖處至卑之位而能安之若素，良有以也。試觀即漢代丞相府屬官之與丞相，亦僅行師弟子禮，白錄不拜。丞相有事於屬僚，亦稱「請」，而不曰「召」。屬吏有過，司監察者據以報丞相，丞相親按之，如三日不白其冤，即暗示所控屬實。被控者即自行引退，絕無傷於個人人格之尊嚴。務使被控者內心感愧。啟發其良心。而冀其知恥也。蓋雖為大聖大賢，不能無過，如偶一不慎遂受難堪之侮辱，則氣節之士，將視補吏為畏途；而不肖者則日久亦恬然受之不以為恥矣。

丞相府猶且如此，則郡太守、縣令長更無待言矣。是故太守出典一方，率以禮聘當地俊彥為郡吏。如西漢孫寶為京兆尹，徵名士侯文為吏不應，寶乃遇之以賓禮，與之為布衣交，時人美之。故漢代太守之徵聘郡吏也，直同在位者之「趨士」，因之側身官府者多引以為榮，非同在下者之「慕勢」也。故一郡名流歸之如水之就下也。以故官府之所在即是一郡名流薈萃之所。上下之間以禮讓相維繫，以法令為依歸，在下者不卑不亢；居上者不縱不抑。後世失之，遂流為官場逢迎之儀式矣。

節要而言之，禮治與法治相互為用，則禮治不致流於頹滯；而法治亦不致流於冷酷，故能政風穆穆，而政府與人民之間亦庶幾無截然之鴻溝也。以故西漢郡守雖如黃霸、龔遂之寬和，而吏無驕縱不法之習；即如嚴延年之酷，而屬僚亦不乏良吏，良有以也。至後世此風漸頹，晉陶淵明乃有折腰之歎矣。

再者，漢代地方政治之特點，更以其富有民治之精神也。試觀太守受策出典一方，儼然唯我獨尊矣。然漢制非本郡人不得為郡吏。故太守隸屬諸曹，率由本郡士民任之，佐治其郡，是不啻以其民治其地，而由太守總其成。郡丞統領後曹為幕僚長，率百僚佐太守為治。以本郡人參太守幕府。既如以「科員政治」目之，則負一郡之實際之政治運作；而既以同郡人組成太守府「後曹」，則不啻為一變相之參議會也。且復以學有專長之士組「議曹」，佐太守議郡政之得失，直是一專家委員會，作太守之顧問機關，太守但秉中央政令，維繫對中央關係，擘畫大計，總其成耳。故漢代的地方政治能得乎民治之長，而不致失其向心力也。

其縣政亦復如是，縣吏既出諸察舉，更有所謂「三老」、「孝悌」、「力田」者，皆一縣年高德劭之士。與縣丞尉以事相教，議政治得失，是亦不啻一參議會也。是亦漢代政治之特點，不幸傳至後世則變質矣。

(五)漢制為後世所不及

今日試一回顧我國政治制度之沿革，莫不祖述漢制。流變二千年，舉凡中央地方之設官升職，幾皆不脫兩漢制之範疇。且後世因襲漢制，往往失其原意而流弊滋生者。蓋後人之因襲漢制也，有但取形式，而忽略其用意者。或有模仿其用意，而失其人治之精神者，幾經流變則變質矣。

試觀漢代之實兩級地方政治，太守出典一方，中央即付以專治一方軍法政財之大權，及選舉進賢之責，獨掌士子上進之途，有專殺之權，集一切大權於一身，儼然一土皇帝。然行之百年，不特流弊絕少，且治績斐然者，實有賴於監察制度，與人民參政制度之得法也。刺史不干涉地方行政，實行其超然監察制，且專以監察郡太守為事，故行政與監察對峙，各自發揮其最高效能，而無相互牽制之弊。

且人民與政府之間無截然鴻溝，以其地之民而治其地。如郡縣屬吏，對行政長官，既可作積極之佐治，復可作消極之監督。既為負實際責任之政府官吏，復為變相的參議員，負有行政、監察、建議的多重意義，故於一郡縣之行政得失，所見尤深。即有建議，亦不至於流之空洞；而興利革弊亦能便捷從事。試以之與今日民主政治之地方人民參議會制，作一比較，正不知其孰得孰失也。而郡太守一秉中央為治之原則，以其民，治其地，而總其成。長官幕僚相互依賴，故地方既不致失其向心力；郡守亦不得以政入私門而劉公得道，雞犬升天也。

而維繫此優良的政治制度，自亦有賴於為政得人；而為政得人，端賴乎政風之高雅清正，而漢代政治即能充分表現其雍容儒雅之政風。上下一以禮為紀綱。居上者，既作之君，復作之師。不以位高權重而居傲；居下者，既為之佐，復為之賓，揖讓相處，不以居下為卑賤，以故政風高雅，無後世官場之陋習。以故郡守一旦徵辟，則名流節士歸之。雖微人皂吏衙役，亦能不失純正。以故但有賢明在位，不親小事，亦可一郡大治。如兩漢知名之士，每多為毫無行政經驗之匹夫，然一經政府徵辟作不次之遷，亦有擢為郡守，一郡竟能大治者，良以此故。後世相傳有所謂「臥治」為美談者，良非史家專美之辭也。及觀乎後世之政治場合，一味以官術相尚者，能無慨然。

竊以兩漢之盛，基於民生之安定富庶，政治修明實為民生之本，而地方行政尤為國政之基。或謂兩漢政治頭重腳輕，實則漢代中央政局，雖仍限於帝制政府寡頭政制之格局，而其地方政治組織與運作，卻於無形中早開民主政治之先河也。

＊原載於民國三十一年（一九四二）十二月十三日及十五日的重慶版《中央日報・掃蕩報聯合版》，「學海副刊」。
本文小標題為作者所補入。

三、民國史軍閥篇四圓四方圖解

——海外教授民國史經驗淺介之一

在國外大學裡教授近代、現代、當代中國史，其最難講授的一段，我個人的經驗，是莫過於中華民國初年，軍閥時期那一階段了。這一階段的中國史是一段軍閥混戰史，而軍閥又分「皖系」（安福系）、「直系」、「奉系」、「晉系」、「桂系」和有實無名的「滇系」、「粵系」，另外還有無數其他的小集團、小派系。

各系軍閥之外，幫凶文人還組織了一些政客的小集團，什麼「研究系」、「交通系」、「政學系」等等數不清的幫派；有的還掛著政黨的招牌，從事政治活動。真是系類紛繁，莫衷一是。——他們打起仗來，又是什麼「護國」、「護法」、「直皖」、「直奉」、「定桂」、「援鄂」……；打仗的將軍們，又有什麼綠林大學畢業、倒戈將軍出身等等……，總之，一個歷史家要把這文武各系的來龍去脈，抽絲剝繭，弄出個頭緒，真談何容易。再要把這個錯綜複雜的故事，向你課室裡一大群青年學生講解清楚，那就難上加難了。你的學生如果再是對中國甚或東亞都一無所知的五色洋人，那幾乎就不可能了。

在一九五〇年代的中期，筆者尚在紐約的哥倫比亞大學當研究生的時候，由於毛周諸公鬧出的「中國熱」，使美東十數家大學都開了些「現代中國」（Modern China）和「當代中國」（Contemporary China）一類的課程。選課的學生除「本科生」、「研究生」之外，還有一些「成人教育班」（Adult Education或General Studies）中的成人，及大批的中學教員和公務員。因為那時的中學教育也受感染，中學課程中也不免要講授有關中國的課題。那些對中國毫無所知的公教人員，這時甚至在學校和政府的特別資助之下，也臨時抱佛腳，來搞點「惡補」，所謂「在職訓練」（In-Service Training）。——因為他們之中很多人對毛澤東究竟姓毛或姓東；蔣介石姓蔣或姓石，都搞不清楚。至於「北京大學」是私立（像哈佛和哥倫比亞一樣），或是州立（像加州大學），那就更莫名其妙了。再談起「國立」北京大學，這「國立」二字就更費解了。美國有啥「國立大學」呢?!——所以那時各大學和補習班，對各階層的中國學教師，真是需才孔急。

筆者這個「研究生」，那時在哥大所「研究」的原非「中國學」。但是打工自給的「藍領工作」實在太辛苦；想找個「白領工作」輕鬆輕鬆，所以就經友人介紹，到紐約市立各學院的夜校，幹起「月光教師」（moon-lighting teacher），教起「中國現代史」來了。

教中國現代史的第一堂課便是「軍閥史」（China under Warlordism）。乖乖，皖系、直系、奉系、晉系、桂系……，我從哪一「系」講起呢？——最初我講得結結巴巴，我的學生也被我講得暈頭轉向。這宗新媳婦的過程，豈是老師沒經驗，學生沒底子哉？未必也。君不見縱遲至今日，一談到軍閥，幾個漢學大師不暈頭轉向呢？不信且去翻翻那本最近才出版的光彩輝煌的《劍橋中國史》（*The Cambridge History of China*）便知道了。這部號稱最具權威性的巨著，說起軍閥來，還不是結結巴巴，不知所云。

「北洋軍閥」這段歷史的確是很複雜。但是當老師的在課堂之中，不管面對的是哪一種學生，講起中國軍閥來，只能結結巴巴的蒙混過去，吾不信也。既然吃這行飯，就得講個清楚。試講若干堂之後，我乃以幼年學習英文文法的辦法，把這群最複雜的軍人和政客的故事，來「表解」（diagram）一番。這就是本篇拙作所想「淺介」的海外教學經驗，那兩張「四圓」、「四方」的圖解了。

想不到這兩張小圖表——一張專講「軍閥混戰」；另一張則講「政客亂政」——倒十分管用。講課時把它們分別向黑板上一掛，然後教鞭所觸，不特來自非拉兩洲的大一新生，頑石點頭，那些早有碩士、博士學位的惡補教師和商場律師們也大為稱賞。後來在長春藤盟校研究院之內很多準博士和未來的大使學人，也不禁鼓掌歡迎。因為這兩組小圖表，原是可簡可繁，可淺可深的——其淺也，則一目瞭然，游魚可數；其深也，那就臥龍藏蛟，沒個潭底了。各階層學生可以各盡所能，各取所需；自得其樂而互不干擾也。個人一得之愚的小經驗，對海內外的同行師生或不無參考的微效，因不揣淺薄，自珍敝帚，略事回譯，聊博同文一粲。若不吝惠教，那就拋磚引玉了。

四個小圓圈，十二年大混戰

什麼叫做「四圓」呢？

那便是以四個圓圈圈，來把北洋軍閥十多年的大混戰表解一番。庶幾能找出點頭緒來，對民初那一段混亂的內戰，做點有系統的了解。

原來民國初年的北洋軍閥大致只胡鬧了十六年（自一九一二年四月到一九二八年五月）。這十六年大致又可劃分成四大段，每段四年，而每一段又正好由一個或一系軍閥當權。當然他們的政權都是槍桿打出來的；而每一新政權的出現，在當時中國的政治地圖上，也就畫出了不同的層面。根據這些不同的層面，我們就可以用抽象的方法來加以圖解了。

首先在「袁氏當國」那最初四年（一九一二～一九一六）裡，雖然也是內戰不停（「二次革命」和「護國戰爭」），外患加劇（「二十一條要求」），但在政治地圖上至少還維持個「

大一統」的局面；沒有發生「一國兩府」的現象。袁氏一死（一九一六年六月六日），中國就開始分裂了。

袁氏暴卒之翌年（一九一七）九月，孫中山先生忽然率領了一部分海軍和八十名國會議員，在廣州設立一個軍政府，與當時的北京政府分庭抗禮。接著他又領導並接濟一批南方軍閥，發動了對抗北京的「護法戰爭」。南北戰爭一起，統一的中國便一分為二，產生了兩個中央政府。——自此我國便維持了「一國兩府」的現象，直到今天也沒有再統一過了。

因此，我們如把統一的中國圖解成個大圓圈，則孫公所發動的「護法戰爭」，便把這個大圓圈一切兩半了。（見「圖一」）

這次「護法戰爭」前後打了十五個月，不但未打出什麼結果，南北交戰雙方的陣營之內，反各自分裂：

北方軍閥分成皖、直、奉三系；依次控制著北京政府。

南方軍閥則分成粵、桂兩系。桂系是純廣西籍的地方軍閥和政客。粵系則是以陳炯明為首的廣東軍人；他們也多半是支持孫中山的國民黨黨員。——這兩系先後霸占著廣州，掌握著南方的軍政府。

南北軍閥既已自行分裂，則全國性的護法戰爭反而停戰了。其後南北兩地軍閥分別搞其窩裡反，一南一北卻打起兩造「區域內戰」（regional civil wars）來。

民國史軍閥篇主要戰役圖解

護法戰爭1917.9-1919.2

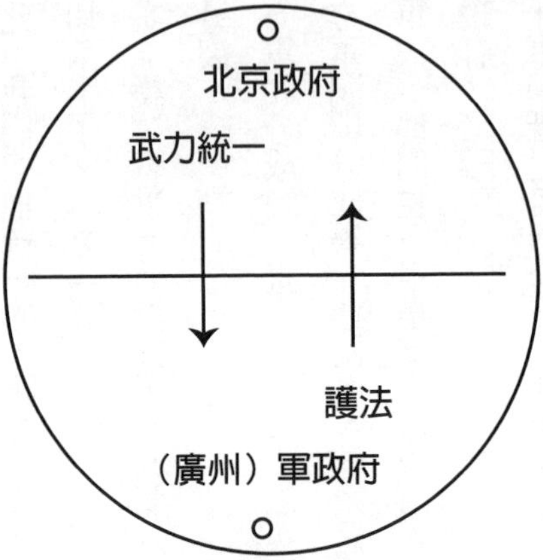

圖一

（上）直皖戰爭1920.7
（下）粵桂戰爭1920.8

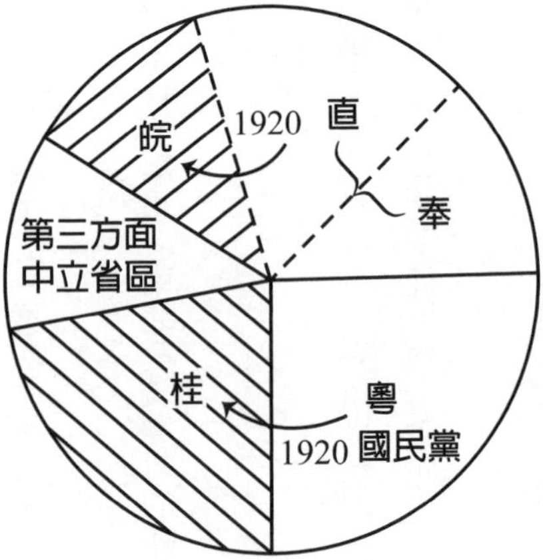

圖二

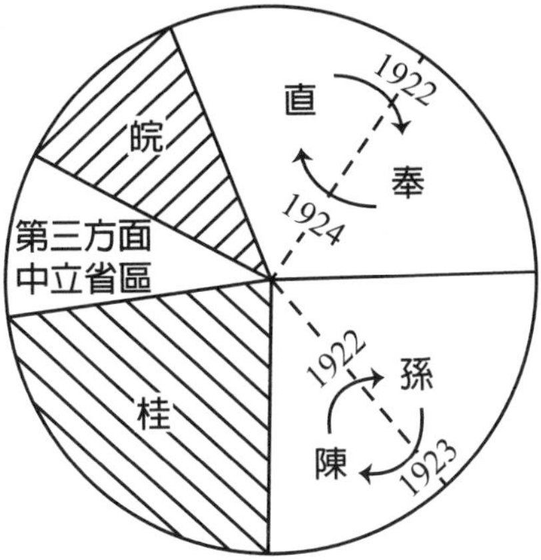

（上）第一次直奉戰爭1922.4
第二次直奉戰爭1924.10
（下）孫陳失和：陳叛孫1922.4-8
中山返粵1923.1-2

圖三

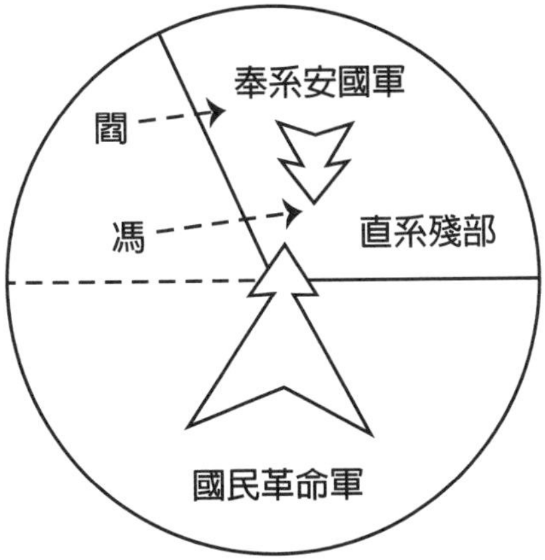

國民革命軍北伐1926-1928

圖四

北方軍閥其時以「皖系」（安福系）最強，它控制了首都北京。那較弱的兩系——直系、奉系乃聯合反皖。在一九二〇年（民國九年）七月，兩系聯合進攻，不出數日便把皖系打垮了。——這一仗史家謂之「直皖戰爭」。（見「圖二」上部）

南方軍閥，此時「桂系」原占上風。他們霸占了廣州的軍政府。一九一八年五月竟然鵲巢鳩占，把大元帥孫中山也排出廣州，流亡上海。桂系客軍囂張，粵人不服。在「粵人治粵」的口號之下乃發生了「粵桂戰爭」。一九二〇年八月，陳炯明率粵軍自「漳州回師」，一舉「收復」了廣州，並乘勝攻入廣西，竟然連廣西省會南寧也給占領了。——這記粵桂之爭，史家因而也叫它作「中山定桂之戰」。（見同上「圖二」下部）

無巧不成書！上述那個「直皖戰爭」和這個「粵桂戰爭」，雖然一北一南，卻幾乎同時開火，平行發展！因此看圖（「圖二」）不必識字，我們也就容易記住了。

平行內戰，還有兩次

巧事還不止於此！

這批好戰的軍閥，南打南、北打北，以後又分別打了兩次內戰。這兩次戰爭，也是成雙成對，南北同時開火的。面對圖表，看圖還是不必識字，也可一目瞭然。

原來，華北的三系軍閥，在皖系（以安徽佬段祺瑞為首）被打垮之後，剩下的直系（以直隸今河北為老巢，以曹錕、吳佩孚為領袖，所謂「曹吳」）和奉系（以奉天今遼寧為根據地，以張作霖、張學良父子為領袖），又因分贓不勻，打了起來——是為「直奉戰爭」。這記「曹吳」與「奉張」之爭，死傷好幾萬人。一共打了兩仗：

「第一次直奉戰爭」爆發於一九二二年（民國十一年）四月。戰場延及長城內外及北京郊區。這次曹吳鋒頭正健，而奉張準備不足。偷雞不著蝕把米，入關未成，反被打得頭破血流，退回瀋陽（原名奉天或蒙古屯）。（見「圖三」上部）

正當華北的曹吳對奉張在長城各口打得砲聲隆隆之時，華南的粵系（剛打平兩廣的國民黨）陣營之內也出了事——孫中山和陳炯明拔刀相見。孫陳失和始於一九二二年（民國十一年）四月。粵軍因此放棄了廣西地盤（新桂系李宗仁因此乘勢而起），孫陳同時回據廣州，到六月十六日便發生粵軍砲打孫中山總統府的事變了。

在粵軍槍砲聲中，中山易服出走，幾遭不測，而孫夫人宋慶齡受驚過劇，竟至當街小產（見何香凝回憶錄）。——這次廣州事變的過程，不前不後，正與華北的第一次直奉戰爭同時發生，又是一記同時平行發展的「區域內戰」。（見同上「圖三」）可是勝敗原是兵家常事。這平行發展的兩記內戰中的勝利者，兩年之後，又都變成了輸家。

原來陳炯明既趕走孫公便獨霸了廣州，而廣州卻是當年華南（今日仍是如此）最「肥」的城市，為南中國大小軍閥所垂涎。中山既失廣州，國民黨的主流派乃號召散居鄰省並與國民黨略有淵源的游離小軍閥，入粵勤王。果然各路英雄聞風而起，一致衝向廣州，如水之就下。陳炯明孤軍不敵，終於一九二二年底敗退東江。一九二三年二月，孫中山又重返廣州執政，改原「總統府」為「大元帥府」，自任大元帥。奪回廣州地盤之後，中山原是當年華南「統派」（且用個今日台灣流行的名詞）的領袖，不甘心雌伏於廣東一省，乃信使四出，既要聯絡逐漸得勢的奉張父子，也要爭取皖系的殘餘勢力，一致打倒賄選當政，盤據北京的直系曹吳。——所以孫中山先生在晚年率領一些大小軍閥，不斷地搞其「北伐」，和奉張父子率其奉軍精銳，累次「入關」南下，二者並無太大的區別。事實上他們都是當年軍閥混戰中的主要成員。（見「圖三」）

再者，孫陳之爭最後中山轉敗為勝，捲土重來，其情況與張氏父子在「直奉戰爭」中，轉敗為勝，捲土重來，也是平行發展，一模一樣的。

原來盤據北京的直系軍閥（曹吳），在打敗奉系之後，因勝而驕，終於演出一幕「曹錕賄選」當總統的醜劇（一九二三），給奉系以捲土重來的機會。在全國各界一致支持之下，奉系的張氏父子於一九二四年九月再度率大兵入關。直系曹吳全師迎擊，這便是史書上的「第二次直奉戰爭」了。（見「圖三」上部）

奉軍此戰不但秣馬厲兵、志在必得，戰前並以重金賄賂直軍前敵將領，那位有名的「倒戈將軍」馮玉祥。因此在兩軍激戰正烈之時，馮氏忽然於長城前線「倒戈」，並於十月二十三日回師占領了北京，幽禁了曹錕總統。前線各路直軍因之一敗塗地。吳佩孚僅以身免，自海上逃往華南。（見同上）自此華北和東北連成一氣；長城內外九省三市（按：分別為遼、吉、黑、熱、察、綏、直、魯、豫九省及北京、天津、瀋陽三市），就逐漸變成奉系軍閥主宰的天下了。

民初的軍閥混戰發展至此，首先由合而分；接著再由分而合，便逐漸走向傳統的套路，終至楚河漢界，劉項相爭（或後來的蔣毛對立）的局面。但是在兩強對峙、你死我活之前，雙方還得清理戰場，整合內部，才能短兵相接，一決雌雄。為此奉張不惜恩威兼施，以達其整合華北之目的。一面以高位重金招降舊皖直兩系之殘餘，以為己用。另一面則以武力驅逐依賴蘇俄，日漸赤化之馮玉祥。

奉張的另一著棋便是向廣州的中山先生示好，也邀請中山北上共商國是。以奉系九省三市的地盤與實力，中國如能和平統一，則天下誰屬就不難想像了。

可是以電腦細查凡四千萬字的「二十五史」，我們也找不出中國歷史上有「和平統一」的先例。試問我國歷史上哪一個朝代不是槍桿打下來的呢？——劉邦叫做「馬上得之」；毛澤東叫做「槍桿子出政權」。

孫中山先生原來也不相信「和平」可以「統一」。所以他晚年一直在搞他底毫無希望的「

北伐」；與陳炯明弄翻了，也由於中山堅持「北伐」，並力主參加軍閥混戰而起。他的「遺教」上也分明指出統一中國必須通過一段「軍政時期」。

不幸，此時蝸居廣州的孫大元帥卻英雄無用武之地。他的大元帥府設在廣州的士敏土廠；可是他大元帥的命令卻不出廠門。那時幫他趕走陳炯明的原是外省「來粵就食」的流亡小軍閥，如來自雲南的楊希閔、范石生；來自廣西的劉震寰、沈鴻英；乃至中山的老同志在母省湖南政爭失敗的譚延闓、程潛和他們的湘軍……，甚至中山的老班底、蔣介石的老上司粵軍總司令許崇智等等，都是一批不折不扣的舊軍閥。他們來粵就食擾民是真，擁孫革命是假。他們就地徵稅徵捐，包煙包賭包娼，大發橫財，孫大元帥也分不到一文，但是他們都是大元帥的部下。當他們弄得天怒人怨，廣東老百姓至忍無可忍之時，大元帥還要替這些小軍閥背黑鍋呢。

所以，在那一段「做廣東人的悲哀」時代，真正能為「本省人」說話的，反而是那些主張「粵人治粵」的陳炯明、陳廉伯（廣州商團總辦）等反革命的「叛徒」。——孫中山先生雖然說得滿口的廣東話，對當地廣東老百姓來說，他所搞的卻是一種令本省人不能睡覺的「外來政權」啊。——所以那時廣東省內真正的黎民百姓實在厭死了孫中山，就是因為中山好大喜功，召來了無數省內省外的蝦兵蟹將，把廣東弄得烏煙瘴氣的緣故。——筆者作此大不韙之言，深知兩黨史家都會口誅筆伐的。但是執簡而往者總應以史實為根據嘛。

中山那時為南方小軍閥搞得走投無路，乃玩個新花樣搞「聯俄容共」。可是俄豈好聯？共豈易容哉？此事非本篇主旨，容另論之。中山其後不得已只好放棄「北伐」，轉而於一九二四年秋，接受北方三大軍閥（段、張、馮）的聯合請柬，北上首都去搞其知其不可而為之的「和平統一」未成，卻於翌年三月齎志以歿。

可是話說回頭，中山如不北上而病死首都，則廣東的政局便不能發生後來的蔣氏獨裁，江浙幫回潮的局面。蓋中山如仍健在廣州，則蔣介石這位寧波佬要想一口氣趕走三位「本省元老」（胡漢民、汪精衛、許崇智），實不可能也。蔣氏後來之能扶搖直上者，成敗之鑒，關鍵在中山之短命也。——中山一死，介石才能抓住軍權不放。終能掃平東江、清除楊劉、放逐許氏、逼走汪胡、壓抑共黨、聯絡李白（新桂系）而統一兩廣。有兩廣地盤與實力作底子，搞出真正的「一國兩府」，然後「革命軍」的蔣總司令才能北伐中原，和「安國軍」的張總司令，一決雌雄。直至張老帥於一九二八年六月四日在皇姑屯被炸身死，中華民國的「北京政府」也正式關門之後，南京的「國民政府」始被全國人民和世界各國，一致承認為中國的合法政府，才結束了那歷時十六年的軍閥混戰之局。（見「圖四」）

以上的四個圓圈的圖解，目的只是把袁世凱死後，南北軍閥十多年的「混戰」清理出點眉目，找出點系統，讓一般讀者和本科學生不致因「混戰」兩字便對軍閥時期這段歷史，望而卻步就是了。所以這看圖識字的方法對研究「軍閥史」只是個起步，雖然這個起步的知識，對許多非專業人士，甚或中學文史老師作為班上文史教材，已經很「夠」了。我所教過的美國「在職訓練」課程中的大批中學老師，便很誠懇地向我說過，有的還備有禮品相贈呢。

但是這「起步」對求知慾旺盛，有更上層樓願望的讀者和聽眾，就應該另有階梯，循序漸進。這就是我想進一步淺介的「四方」圖表了。

軍閥大事，分段編年

什麼是「四方」呢？

前節已言之，民初的「北洋軍閥」，一共只胡鬧了十六年。四四一十六，這十六年卻可整整齊齊的劃分成四大段，每段四年；而每一段正好由一個或一系軍閥當權。其時間延續大致如下：

一、袁氏當國（一九一二～一九一六）

二、皖系段氏當權（一九一六～一九二〇）

三、直系曹吳當權（一九二〇～一九二四）

四、奉系張氏父子當權（一九二四～一九二八）

這個整整齊齊的四大段，每段四年，因此就可以四個連續的方框框，來解說一番了。

這自右到左，整齊畫一，像四格玻璃窗一樣的四個方框框，每框包含一個階段的歷史。各框之間雖有其因果關係的連續性，但是分割開來，也各自成家，各自有其獨立性。

這種按時間直敘的寫法，在我國傳統史學上叫做「編年體」。不過傳統史學中的編年（如諸家「通鑒」），都是沒有選擇的把諸事雜糅，按年分編排。讀者如想知道某一特殊史事的原委，那就要打散編年，重行排過，是謂之「本末體」。——我們這裡則合二為一。四年一段，分段編年，而每段紀事，亦自有其本末。

袁氏當國

這四年一框來說，袁世凱是這段歷史時空的重心。在這一框框之內所發生的史實，無一不是圍繞著袁世凱這個歷史重心打轉的。抓住袁氏一人在這四年中的政治行為，然後順藤摸瓜，則這一階段的史事皆在其中矣。

且看：

袁世凱當國時期（一九一二年四月至一九一六年五月）

一、民初代議政府之實驗與失敗。（一九一二～一九一三）

二、「宋案」與「二次革命」。（一九一三・三～九）
三、袁世凱在朝搞個人專制，終身總統。（一九一三～一九一五）
四、孫中山在野搞黨魁獨大，以黨治國。（一九一四・七～）
五、日本提「二十一條要求」。（一九一五・一～五）
六、袁氏帝制始末與「護國運動」。（一九一五～一九一六）
七、袁氏暴卒。（一九一六・六・六）

在這第一面方框之內所列舉的前六條，是有其刀割不斷的因果關係，條條也都與袁氏的政治行為血肉相連的。但是它們的內容卻可簡可繁。治史、讀史，老師學生，乃至立監委國大代，紅黃藍白黑五色族群的職業人士，都可各盡所能、各取所需，隨心所欲。

對一個非洲來的大一新生，他如能記住，中華民國頭四年（一九一二～一九一六）是「袁氏當國」這一條，掌握了這一階層的知識；那麼他將來回到他的祖國衣索匹亞去，也可做個不大不小的「中國問題專家」了。

至於那些從事惡補的中學教師們，他們如能了解上述六條確切的涵義與連續性，那麼他們回到自己的課室裡，搞點「現炒現賣」，也就不難應付了。百尺竿頭、更進一步，那就看各人的學養與責任心了。

為著扎扎實實的史學訓練，一位長春藤盟校的研究生，也可以上述六條為起點來鑽研「袁氏當國」這段歷史的真實內涵。上述六條每一條都可擴展成五千言的「期終作業」（Term Paper），五萬言的「碩士論文」（MA Thesis）或二十萬言的「博士論文」（Doctoral Dissertation），甚或是「博士後」的專題，那就龍潭沒底了。

簡言之，畫一個小方框，在框內羅列合乎史學發展邏輯的幾項簡短的編年命題，它便可解說一段自成單元的歷史事實，而解說的語言，只要能提綱挈領把主旨（plot）說清楚，則五個字（如「袁世凱當國」）不嫌其少，五十萬言不嫌其多。剪裁之道，則看自己的目的，和聽眾、讀者的需要，而各盡所能，各取所需了。

段祺瑞也可作四年歷史的重心

以袁世凱一人的政治行為作為四年中國政治的樞紐，在那「非袁不可」的年代，應該是順理成章的。其實在權力上接他班的所謂第一號「北洋軍閥」的頭頭段祺瑞，也照樣適用。讓我再畫個方框框，把段氏的政治行為與影響編年一下：

皖系段祺瑞當權時期（一九一六～一九二〇）

一、黎段接班（黎為總統，段為國務總理）、參戰案起、府院爭權。（一九一六・六～一九一七・六）
二、清帝復辟失敗、段氏「再造共和」、廢除舊約法。（一九一七・七～八）
三、廣州成立軍政府、反段「護法」。（一九一七・九～）
四、廣州桂系排孫。（一九一八・五）
五、「巴黎和會」引起「五四運動」。（一九一九・五）
六、華南：粵桂戰爭、桂系戰敗、中山復出。（一九二〇・七）
七、華北：直皖戰爭、皖系戰敗、段祺瑞下野。（一九二〇・七）

段祺瑞在北京當權雖只四年，然政情複雜影響深遠。第一，段因力主「參戰」（參加第一次世界大戰，對德宣戰）而黎元洪、孫中山反參戰，結果鬧出「府院之爭」。地方軍閥擁段反黎，張勳入京調解，反搞出國會解散、約法廢除、宣統復辟的鬧劇。段氏回京驅走張勳，「再造共和」，並要另選國會，因而引起孫中山和南方軍閥的「護法運動」。這時德國為支持孫中山反參戰，乃私贈中山兩百萬馬克（孫實收百萬）為祕密活動費。中山驟得厚贈，遂能說動海軍與八十位國會議員隨他去廣州開「非常國會」；並成立「軍政府」，與北京中央政府分庭抗禮，搞出「一國兩府」的局面。一國兩府的怪事至今已七十七年，還沒有解決的希望呢！

第二，段氏為鎮壓護法運動，高唱其「武力統一」；大打其南北戰爭。結果武力統一不了，反招致南北軍閥的大分裂，弄得全國皆兵，槍聲不絕。其後吳佩孚、張作霖、蔣介石、毛澤東，最大興趣，也都是武力統一。民無噍類矣，而始作俑者段祺瑞也。

第三，老段為著「參戰」向日本借款練兵，祕密許下辱國條件。「巴黎和會」時東窗事發，惹起了扭轉民族命運的「五四運動」；其後布爾什維克也隨之而來。尋根究柢，都離不開老段剛愎自用的政治行為也。

上述三段，任何一段都可寫出百萬言的巨著，然讀者聽眾但一窺本框框中臚列之七條編年大綱，則可繁可簡，經緯皆在其中矣。

段祺瑞的故事可以自成一獨立單元。老段一旦被逐下野，我們的軍閥故事，就進入另一單元，看曹吳當權了。

直系曹吳也自成一單元

論才幹，甚或論道德，曹錕、吳佩孚二人縱以軍閥目之，也未必一無可取。曹錕原是個不識字、跑單幫的布販子，但是他有當領袖的天才。一旦投身軍旅便扶搖直上。等到他於一九二三年「賄選」成中國現代史上唯一的一位「文盲大總統」時，顧維鈞博士充當他的國務總理。顧公一輩子見過的和服侍過的「領袖」，據顧氏告我（"off-the-record"，不列入正式紀錄），應以曹錕為第一云。顧說他是一位「天生的領袖」（a born leader）。曹氏其他部屬後來之知名國史者，亦均有同感。余亦頗有涉獵，未暇多贅也。

【附註】曹氏做大總統時，已略識之無，至少會簽名。但在現代教育學的定義上，他仍然是個「實用文盲」（Functional Illiterate），識字而不能實用之，如看公文或寫信。——那時胡適雖已鋒頭一時，但是大總統府內公事公辦，還得用「文言」啊！顧維鈞先生曾一再很得意地向我說，他自己會以文言文批公事、改公文，甚至撰寫公文。宋子文「畫行」，往往只寫"OK"二字母。「行」的意義本來就是英文的OK或Go ahead嘛。

若論「道德」，列寧不是說過？道德是依附於階級的。你如屬於曾文正公、左文襄公那一階層，那自然言必稱孔孟，以「四書五經」為道德規範（Moral Code）。但是你如屬於曹錕、張宗昌、韓復榘、杜月笙那一階層，那你就言必稱關岳，你的道德規範就是《水滸傳》和《三國演義》了。——他們都是在各自道德規範之內的仁人志士呢。

至於蔣介石所提倡的「舊道德」；毛澤東的「革命道德」；胡適、蔡元培的「新道德」，他們各自的「道德規範」，究在何處呢？雞零狗碎的，他們自己也講不出所以然來。所以如此者，則是傳統的孔孟道德，和江湖道德，都有其「定型」可明確遵行。不幸我們生於一個現代的「道德轉型期」，「新道德」尚未定型，還沒個標準足資遵循，我們就各說各話，各是其是了。

且看曹錕「賄選」，固屬不該；那我們國父私受德國政府一百萬馬克，來搞一國兩府，是否也是「受賄」呢？若說，「革命無道德，以成功為道德。」豈不天下大亂哉？

至於那位一生「不住租界、不積私財、不舉外債」，而晚年以不願附敵，或因此為日人所毒害的吳佩孚，試問有幾個滿口革命者，能望其項背哉？——撫今思昔，寫歷史的人，因為他們是「軍閥」，就一定要曲筆而書之，吾人有所不為也。

不過話說回頭，在直系當政那四年（一九二〇～一九二四），曹吳卻是過街老鼠，人人喊打。張作霖、段祺瑞、孫中山且結成三角聯盟，必滅曹吳而後快。曹吳之為這四年的政治重心者，就是因為他們軍力最強，同時也是全國圍攻的對象有以致之。

一九二一年底，中山先生在桂林策畫反曹吳的「北伐」戰事，列寧忽派專使馬林（G. Maring）來謁，而中山淡遇之者，即中山深恐「聯俄」會引起英國疑慮，在長江流域阻擾其「北伐」也。迨陳叛之後，中山於一九二二年秋避亂上海，對「聯俄容共」，就大搞特搞了。

總之直系當政四年，中國政治是圍繞著曹吳打轉的。茲將曹吳年代的軍國大事，依次編年於後，讀者庶可一目瞭然。

直系曹吳當權時期（一九二〇～一九二四）

一、中共祕密組黨。（一九二一・七）
二、張段孫三角結盟反曹吳，中山北伐。（一九二二・二～）
三、華北：第一次直奉戰爭，奉軍大敗。（一九二二・四）
四、華南：陳炯明叛孫，中山不敵去滬。（一九二二・四～八）
五、《孫越宣言》，中山聯俄容共，勝利返粵。（一九二三・一～二）
六、曹錕賄選做總統，中山繼續北伐。（一九二三・十）
七、國共合作，國民黨第一次全國代表大會。（一九二四・一）
八、第二次直奉戰爭，直軍全潰，直系下台。（一九二四・十）

讀者如試閱上列八條條文而默誦之，則曹吳當權四年的中國政壇變化，便可盡收眼底。如打破砂鍋，循序前進、由淺及深，則史學豈有涘涯？

安國軍總司令對抗革命軍總司令

「直軍全潰，直系下台」之後，我們的第四個框框中的軍閥故事，便以奉系的張氏父子為主體了。

奉系張作霖、學良父子當權時期（一九二四～一九二八）

一、馮玉祥「國民軍」盤據北京。（一九二四・十～一九二五・五）

二、中山病歿北京，奉軍入關脅段、撫直、驅馮。（一九二五・三～）

三、奉軍郭松齡自組「國民軍」，聯絡馮玉祥倒戈失敗。（一九二五・十一～十二）

四、國民黨汪蔣聯合（新）桂系，統一兩廣。（一九二五・三～十一）

五、奉系逼段二次下野，驅逐馮玉祥、整合華北。（一九二六・四～）

六、蔣介石逼汪胡出國，重振江浙幫，誓師北伐。（一九二六・五～）

七、張作霖吸收直皖殘部，擴組「安國軍」，自任總司令。（一九二六・十二～）

八、革命軍寧漢分裂，清黨分共。（一九二七・三～七）

九、張作霖自任中國元首「陸海軍大元帥」。（一九二七・六・十八）

十、蔣馮閻李二次北伐。（一九二八・一～六）

十一、張作霖皇姑屯被炸。（一九二八・六・四）

十二、張學良易幟。（一九二八・十二・二十九）

軍閥混戰中的中國原是中國現代史上最複雜的一段；而軍閥末季北伐期中的中國，則尤為最複雜中的最複雜的一段了。筆者所知的一位海外漢學權威的老教授，就為「一九二七年之中國」這一個命題，搞了大半輩子，還並未搞到一個差強人意的圓滿結果呢！

「一九二七年之中國」是什麼樣的魔鬼呢？稍談幾條吧。且看新老軍閥：什麼皖系、直系、奉系、新舊桂系、馮系、閻系、滇系、粵系、川系等等都還老而不死，四處在蠢動呢。單一個「新桂系」的頭頭，筆者本人就寫了他六十萬字（編者按：指作者所撰《李宗仁回憶錄》），還算是半部書呢。他在一九二七年所發生的作用，大致還可加上六十萬字吧。

再看他們革命黨的紅藍兩派，簡直就無法下手啊！且看紅派，它不但在中國搞得天翻地覆，在俄國也搞得人頭滾滾囉。托洛斯基談中國問題，一本小書就談了六百頁，多半談的都是「一九二七年之中國」。——他把我們的紐約市立大學，也搞得暈頭轉向啊。

紐約市大本部（City College）原是美洲第四國際的老巢。在一次年會中，我就被他們請去講「中國托派史」和「托史兩派鬥爭史」——因為他們在我的「中國現代史」班上聽得意猶未足也。我稱他們為“Trotskyites”，他們卻自稱為“Trotskyists”。因為前者是「反動派」Lenin-Stalinists對他們的稱呼。我至今還不明其所以然呢。我記得我那時還談到，老軍閥馮玉祥如何由白變赤；如何再由赤變白，並幾乎把個小共產叫鄧小平的也給宰了。——那時鄧公還在「永不悔改」階段。美國的那些小共產們，還不知其名呢。

以上只以紅派為例，至於一九二七年的藍派、白派、黑派（上海的幫會）、研究系、交通系和政學系（軍閥的老搭檔、江浙財團的大護法一世祖），那還講得完嗎？

不積跬步無以致千里。筆者因此就只提出上列十二條，要課堂裡的學生，背誦背誦。知道個大略吧。再談些什麼「杜會科學治史」，或「階級分析」等等高深學理，那就未免畫蛇添足了。

＊一九九四年十月三十日於北美洲

原載於台北《傳記文學》第六十五卷第五期

四、「護國運動」的宏觀認知與微觀探索

——「紀念雲南起義八十周年學術研討會」講辭節要

一九九五年十二月二十五日是世界基督徒的「聖誕節」；也是「中華民國在台灣」的「行憲紀念日」；也是中國近代史上，反對袁世凱做皇帝的「護國運動」的「雲南起義」八十周年紀念日。現在且談談「護國運動」。

「護國運動」和「雲南起義」是什麼回事呢？這一問題，不但是今日讀史者和治史者，都不太容易說得清楚，就連當年親身參與其事的基層人士，亦不甚了了。記得遠在一九五八年，當我個人在哥倫比亞大學，襄贊李宗仁先生撰寫他的「回憶錄」的時候，我才知道李將軍一生的輝煌事業，實是從他在「護國軍」中「炒排骨」（當排長）開始的。在他第一次參加「討龍（龍濟光，袁之愛將，時為廣東將軍，加封郡王）」時，他頭上中了一彈，打掉滿嘴牙齒。這

傷口如上移一寸，李排長就要為「護國」捐軀了。

他大難未死，因功遞升連長，繼續參加「護法戰爭」。李連長一次在戰場上觀察敵情，剛一站起，大腿上便中了一彈。他如遲起一秒鐘，李連長也要為「護法」捐軀了。

李將軍為著「護國」和「護法」，他生死之際，空間上只差一寸；時間上只差一秒。他當時如為一寸一秒之差而戰死沙場，則後來的「北伐戰史」和「國共內戰史」，都要改寫了。——你能說，歷史沒有其「偶然性」？

可是李宗仁雖為護國、護法，出生入死，他當時對護國、護法，究為何事，卻不甚了了。其後官高極品、戎馬倥傯，當然就更是無暇過問了。——直至他被毛、蔣二公趕出大陸，在紐約做寓公，經哥倫比亞大學之邀請，撰寫其回憶錄時，他對什麼護國、護法就不能再馬虎而要略知其詳了。

我那時是李流亡總統的流亡祕書和研究助理，我有義務替這位上將研究員補課。為此我替他借了些李劍農的《中國近百年政治史》、鄧之誠的《護國軍紀實》和陶菊隱的《督軍團傳》等書，讓他去「研究」一番，以幫助「回憶」。誰知這些史書，對一位退休老將，實在太枯燥了，引不起他的胃口。後來我靈機一動，竟借來了蔡東藩的《民國演義》。不意此書竟大受歡迎。不但李公本人，就連李夫人郭德潔也閱讀起來，並參加討論，由淺入深，觸類旁通，就書到用時方恨少了。

你可別小看這部「演義」。它雖是一部小說，但是除了「小鳳仙」一類花邊，被加了些麻油辣椒之類的雜料之外，它對一般軍國大事，政府文獻、往來電訊，卻都是抄自當時喧騰社會，而今已失傳的史學「第一手資料」的各種報刊——李氏夫婦當年也都曾讀過或聽說過的各種報刊。一經提醒，再加史書印證，在回憶上，每每有豁然而悟之感，也充實了我們研討的興趣。

此事後來被郭廷以先生知道了，他對我竟大為稱讚，認為是特有史識。蓋中國近代史中所謂「護國」、「護法」等等的一部軍閥時期的爛帳，縱是資深史家，耄耋前輩，對之亦鮮有不暈頭轉向也。

宏觀認知，微觀探索

根據這一類治史的特殊經驗，和個人數十年教讀歷史的些許心得，我也認為處理像「護國運動」這一種類似的史學個案，對它宏觀的認知和微觀的探索，二者是不可偏廢的。所謂「宏觀的認知」者，並非認定某種史學理論作為框框，然後去搞「以論帶史」，甚或「以論代史」——吾之所謂「宏觀的認知」者，是看這一脈相承的歷史本身的變化，然後聚積其相關史料（data）而分析之，庶可回頭看出這段歷史發展的脈絡。

換言之，歷史家不是算命先生或諸葛孔明，未卜先知。歷史家只是司馬懿，「事過則知」——事情發生之後，把data輸入電腦，按鍵分析，然後才能「恍然大悟」，長歎「原來如此」！因此「宏觀認知」和「微觀探索」實是社會科學治史的不二法門。所以我們治「民國史」，雖上智如胡適與梁啟超亦難下筆，因其時間未到，「戴塔」（data）不足故也。——近二十年來由於蔣、毛二公相繼物故，中國與世界也同時發生了史所未有的變化。瞻前顧後，則為二十世紀的中國史，做點從大看小的「宏觀認知」，和對各項答案，像「護國」、「護法」、「西安事變」，乃至「六四運動」，做點從小看大的「微觀探索」，下點「定論」，應該是此其時矣。——所以本篇拙作，也就從「宏觀」、「微觀」兩個層面，對「護國運動」加以透視而試論之。以就教於大會同文：

共和崩潰是歷史的「必然」

在宏觀認知之下，我們對「共和民國史」（Republican History——包括ROC和PROC），看出些什麼「脈絡」呢？

我個人教讀民國史數十年，總是堅信：一部中國近代史（包括現代、當代）便是一部中國近代轉型史。什麼是「轉型」呢？長話短說，就是把落後的「傳統中國」，轉變成進步的「現代中國」。這種轉型是一轉百轉的——小至雞毛蒜皮，衣食住行，刮鬍鬚、修指甲（微觀）；大到宇宙觀、人生觀，政經理論，價值標準（宏觀），無一不轉。但是在中國近代史上，轉得最突出、最敏感，影響最大，爭議最多，犧牲最重的，則是政治制度的轉型；尤其是中央政體的轉型——我們最後的目標，是把「君主專政」轉變成「民主共和」。

從總體說來，我國近代轉型運動是從鴉片戰爭（一八三九～一八四二）開始的，但是政治轉型則遲至五十年後的戊戌變法（一八九八）——康有為、譚嗣同等企圖把中國傳統的君主專政，轉變成英國式的君主立憲。戊戌變法徹底失敗了，才由楊衢雲、孫中山接棒，要用暴力革命，來廢除帝制，改採美國式的三權分立——總統、法院和參眾兩院制的共和政體。

果然一九一一年十月十日武昌城內一聲砲響，為時不過八十三天，到一九一二年一月一日，美國式的共和政體，便在中國大搖大擺地出現了。——這一記「辛亥革命」和隨之而來的民初共和政體，在中國近代史上算個什麼東西呢？那堅持「一次革命論」的國共兩黨理論家都說是辛亥革命「失敗了」——國民黨認為是「革命尚未成功」。共產黨就乾脆譏之為資產階級的假革命。那在一旁冷眼觀察的黨外人士胡適之先生，則扼腕歎息。他認為中國喪失了那一段最能實行民主政治的機會——因為民初政壇上那批活動分子，「都是一批了不起的人物」（胡氏親口一再向我說的）。胡適暗中之意，實在是認為民初那批國會議員，都是有高度共和信念與民主素養的人物。他們比後來國民黨的「立監委國大代」，和共產黨內只知舉手的「人代」、

「黨代」，不知要高明多少。——他們失去了實行美國式民主的機會多麼可惜！

上述三種理論，事實上都是一種分析中國近代史，data不足的看法。我們今日如聚積足夠的data輸入電腦，其結論就不一樣了。通過宏觀認知，我們覺得中國近代史上整個轉型期，大致需時兩百年（一八四〇～二〇四〇），姑名之為「歷史三峽」；而轉型程序，尤其是政體轉型則有明顯的「階段性」。因此「辛亥革命」既非成功，亦非失敗，它只是這個歷史三峽中的一個階段之完成，一個險灘之通過而已。——事實上，國共兩黨的政權，也只是這個時歷兩百年的歷史三峽裡，先後兩個階段而已。

事過百年（一八九八～一九九八）回頭看，我們的政體轉型（從獨裁專制到民主共和），直至今日大陸上還在搞一國兩制；台灣還在搞撤銷黨籍和護黨救國。雙方對民主政治，都還有一大段路好走呢！那麼，我們如期望八十多年前歷時只八十三天的辛亥革命，立刻就可化帝制為共和，豈不是天大笑話哉?!

胡適之之興悲，良有以也。孫中山之流涕，豈徒然哉！——我們的結論是：民初共和政體、代議制度之失敗，原是個歷史上的「必然」。

這個近乎武斷的結論，我想當今的讀史者和治史者，都不會有二話吧！

失敗既屬「必然」，那麼失敗後的民國孤兒，總得有條出路。——為求此出路，事實上，孫中山和袁世凱的意見是完全一致的。

孫、袁二人都認為民國政治其後的出路，必然是執政領袖的「個人獨裁」。中山於一九一四年七月把國民黨改組為中華革命黨時，曾公開要求黨員宣誓並按指模「服從」甚至「盲從」他一人。

袁世凱則自始至終圖謀建立合法或非法的個人專制的權力，從終身總統，到專制皇帝。

——明乎此，我們就可以肯定地說，辛亥革命之後，時未到三年，以孫、袁二公為首的革命和保守的兩派政團，都已一致承認：

(一)不適用於中國的共和政體已徹底崩潰；

(二)繼之而起的政治形式必然是個人獨裁。

三峽之水，不可倒流

因此民初孫中山、袁世凱，雖然在政治上是一對死敵，但是對獨裁政權的看法，倒是一個銅元的兩面，沒啥軒輊。可是他二人在中國近代轉型史上的歷史地位，卻有「收山」與「開山」之別。

孫中山是屬於後一型態的開山之祖。他雖然也主張獨裁，但是在理論上他是個有所為而為的獨裁。他要通過「軍政」、「訓政」去實行「憲政」的「代議政府」的——做到做不到，是另外一回事。

袁世凱就不同了。他之個人獨裁，在理論上，在實踐上，都是個死胡同。——袁是在民國元年三月十日繼孫文先生做中華民國第二任臨時大總統。在他於一九一三年秋季，鎮壓了國民黨人的「二次革命」之後，就於是年十月由新成立的正式國會選為五年一任的正式大總統。其後他又趕走國會中的國民黨議員，解散國會，並由新成立的參政院，修改總統選舉法，終於民國三年（一九一四，亦即孫中山的「中華革命黨」創立之年），又把他的總統任期延長至十年，並可連選連任，甚至不連選也可連任，那就變成終身大總統了。——不特此也，他還可以「嘉禾金簡」提名，祕藏於「金匱石室」之內，指定接班人做將來的終身總統。——這樣他就成為中國近代史上第一個終身大獨裁者了。

可是袁世凱雖是個近代中國獨裁政權的始作俑者，隨之而來者亦殊不乏人——蔣、毛二公不都是獨裁終身？若論作風之惡劣，毛澤東較袁世凱實遠有過之。但袁之不幸是他基本上是前一「型態」的收山住持，純粹的舊官僚。他的思想作風和政治視覺是沒有任何「現代」蹤影的。因此他的獨裁政權在理論上既乏遠景與大任；在實踐上，它也沒有現代獨裁政權，對群眾與軍隊那樣嚴密的組織和控制。因此一旦有大事發生，他只有向老傳統和舊型態中去找老師、覓靈感、求解決。像上述「金匱石室」那件怪事，他就是向雍正皇帝學來的。在波濤洶湧的「歷史三峽」中去學雍正皇帝，那就是反潮流、開倒車，難免滅頂了。

再者，他學雍正皇帝，卻沒有雍正皇帝駕馭軍隊的能力。袁是靠北洋六鎮起家的。是北洋軍閥之祖。不幸在他取得全國政權之後，六鎮將領紛紛出任封疆，逐漸形成了藩鎮跋扈之局。他們各有其個別利害，和私人政見，老上司亦不能隨意左右也。

袁此外還有不易解決的經濟問題。這時北京政府已面臨破產，稅收早不敷出，整軍經武全憑外債。外債不舉，國內如有內戰，則軍費一項，便可致命。袁似不乏自知之明，所以帝制運動初起之時，他皇帝本人倒不太熱心。但他的政府這時已被領入一條死胡同，改共和為帝國或不失為解決之道。同時他自己和一些帝制謀士們可能估計到，原六鎮舊人如馮國璋、段祺瑞等，對帝制縱不熱心，也不致公開反對。至於邊遠省分，尤其是與革命派有淵源的雲南省可能不穩，然雲南遠在邊陲，縱有動亂，亦非心腹之患，日久自平。誰知開國時曾一度轟轟烈烈的洪憲王朝，竟被這邊陲區區一省所鬧垮，似非袁氏之所料也。

雲南鬧垮洪憲

反袁的「護國運動」始自「雲南起義」。「雲南起義」中享名最盛的是蔡鍔。蔡鍔之享名，第一因為他本是全國性的人物，活動不止一省。芳名久播，全國皆知。第二是他那套「小鳳仙」傳奇，經好事者加油加醋，英雄美人，哄傳一時。第三因為他是梁啟超的學生，由梁老師大肆鼓吹的結果。

其實「雲南起義」的關鍵性人物是唐繼堯。其重要性遠在松坡（蔡鍔別號）之上，而享名則遠在蔡鍔之下。其原因則是，一、他是雲南東川人，留日歸國後，除短期出長貴州省政外，一直在雲南服務，鮮為省外人所知。二、辛亥革命時雲南都督是蔡鍔，唐繼堯那時是蔡的部下。三、蔡鍔是個鋒芒畢露的人物，而唐則比較木訥。李宗仁先生告我說，當蔡鍔出長廣西陸軍小學期間（李是他的學生），蔡氏每次乘馬的方式都不是「翻鞍上馬」，而是自馬後飛奔，以跳木馬的方式，飛上馬背，所以校中師生都以「飛將軍」呼之，舉一反三，足見蔡之光彩也。

可是在一九一五年底雲南起義時，情況就不同了。蔡其時原羈身北京做經界局督辦。光桿一條的京官，無拳無勇、沒錢沒槍。後因與唐繼堯有密約，始於起義前八天趕到昆明的。

這時唐繼堯原為雲南將軍，起義後改稱都督。是雲南一省之長。在那鴉片還在公開買賣之時，今日的金三角便是當時當年的雲南，真是一省富可敵一國。所以繼堯是個有地盤、有軍隊、有槍、有錢的實力派「本省人」，不像蔡鍔，那個「外省人」（恕我用兩個今日台灣的流行術語），空頭將軍也。

當民四末季「籌安會」的六君子和十三太保等活動正烈時，唐繼堯則暗地招納全國反帝賢豪，潛往昆明，共議倒袁大計。其時先蔡而往的計有李烈鈞、程潛、陳強、戴戡、方聲濤、王伯群、熊克武、但懋辛等人，皆一時人傑（見由雲龍《護國史稿》）。——這是當時全國唯一的一個實力派反帝團體。此後反袁獨立的有八省之多，但那些都是雲南起義後的「骨牌效應」。其中且有奉袁密令「獨立擁護中央」的。

那時流亡在日本的孫中山先生和他的「中華革命黨」，也在大呼反袁，但中山一群那時只是若干衣食難周的流亡革命黨，他們想搞聯日反袁，聲勢極小，算不得實力派。

所以昆明那時才是「反帝」中心。當蔡鍔於十二月十七日抵達昆明時，滇方的軍隊、糧餉、軍火、計畫……早經準備就緒。旋即以唐繼堯領銜與北京電戰數通，雲南省就正式宣布獨立，反袁的號角也就響遍全國了。洪憲皇帝於一九一六年元旦登基，才搞了八十三天就煙消雲散了。——巧的是袁皇帝弄垮了歷時八十三天的辛亥革命。他自己的洪憲王朝也只存在了八十三天，也算是偶合的報應吧。

＊一九九五年十二月十八日匆草於加州三藩市

原載於台北《傳記文學》第六十八卷第一期

#【段祺瑞政權】

五、段祺瑞和所謂「皖系」是什麼回事？

——皖系始末之一

在一部「民國通史」裡，筆者在不同的拙著中，曾一再強調，最令史家和讀者們感覺頭痛的，實在是民初「軍閥混戰」那一段。據個人對民國史數十年的探索，那些從事混戰的大小軍閥，就不下數千人。跟他們槍桿打轉的，還有數不盡的政客和黨人。他們結黨為公，或結黨營私，忽聚忽散，朝秦暮楚，你要把他們清理出個頭緒來，那真是治絲益棼，不知伊于胡底。不信你去翻翻那一套西方「劍橋學派」，由已故漢學大師費正清（John King Fairbank）所主編的、最權威的《劍橋中國史》，看看它底第十二冊，有關民國軍閥那一段（有漢語譯本）你就知道，盡信書不如無書。你要選用它作教材，去大學或中學課堂授課，那就變成不知所云了。

一扇玻璃窗，四個方框框

其實一部軍閥混戰史，歷時不過十六年（一九一二～一九二八）。真是無巧不成書，歷史家如把這十六年分分階段，它不多不少，四四一十六，整整四年一段，可以順序排列如下：

袁氏當國，一九一二～一九一六；

段祺瑞的皖系主政，一九一六～一九二〇；

曹錕、吳佩孚與直系政權，一九二〇～一九二四；

張作霖、張學良的奉系父子配，一九二四～一九二八。

你如再把他們四組，分別劃成四個方框框，像一扇四塊玻璃的玻璃窗。按時間先後，你再錄下他們各組的大事記。如此的一扇嵌字玻璃窗，就是這十六年軍閥混戰的編年史了。清清楚楚，一絲不亂。筆者在前篇拙著裡，就曾替他們裝過這扇玻璃窗。因這玻璃窗，很簡單明瞭。裝卸都很容易，記憶不難，這兒為讀者就便參考，就重提一下如上。讀者稍事瀏覽，便可終身不忘。

一場混戰，四個圓圈

至於他們之間的混戰，我們也曾製出簡單的圖表。把這十六年的混戰雙方或多方，畫成四個圓圈圈。以一個圓圈代表統一的中國。軍閥混戰，先是南北對立，把圓圈一分為二。章太炎曾為這個南北分裂，寫出一副諷刺的對聯，說：「民猶是也，國猶是也，何分南北？總而言之，統而言之，不是東西。」再簡化一下，便成為「民國何分南北？總統不是東西。」想不到的是，軍閥既分南北之後，南北反而停戰了。以後的內戰，卻變成南打南（先是廣東打廣西，所謂中山「定桂」；再來廣東打廣東，陳炯明叛孫，中山率南方軍閥討陳），北打北（直系先打皖系，奉系再打直系）的兩場平行的區域內戰了。巧的是，這四場南北自打的區域內戰，幾乎都是南北同時開打的。他們再打出個南北對峙之局，就是蔣介石將軍誓師北伐的時機了。用圓圈的分裂，來表解這場混戰，也可以一目瞭然的。前章表解，已頗道其詳，這兒稍微提一下，使讀者有個大略的印象，就不再重複了。

本篇現在所要討論的，便是這第二塊玻璃，和第二個圓圈。內容是段祺瑞的皖系政權的始末。

段祺瑞的小檔案

段祺瑞是繼袁世凱而起的，我們民國政治史上第二個強人。皖系便是以他為中心的一窩軍人和政客所形成的，有利害政綱的政治派系。袁世凱死後的四個年頭（一九一六～一九二〇），中國政權，就抓在段的皖系之手。但是段祺瑞是何等樣人？他又如何崛起，而變成民國一人呢？我們首先得查查他底背景，把他的家世、童年，和青少年期所受的教育，編個簡單扼要的小檔案。

段祺瑞（一八六五～一九三六），字芝泉。安徽合肥人。比孫中山大一歲，比蔣介石大二十二歲；比毛澤東大二十八歲。在段的當權時代，人多尊稱之為「段合肥」。亦如清末李鴻章之被稱為李合肥也。合肥市現在是安徽省會所在地。但是在清末民初，它只是個大縣，可能也是中國最大，或次大的一個縣，其區域除包括今日的合肥市之外，還包括今日的肥東、肥西和長豐三個縣。

合肥也是清末內戰時，李鴻章所統率的「淮軍」的老家。鄉人好武，淮軍的士兵和高級將領，泰半是合肥人。段祺瑞的祖父段佩，便是個農民出身的，最後官至記名總兵（師長銜）的淮軍戰將。段祺瑞的父親段從文，也還是個農民，可是當段祺瑞出生時，段家已成為官宦之家，他就是個小衙內了。在家鄉啟蒙讀書之後，年方七歲，就被當時駐防江蘇宿遷的祖父段統領，接往宿遷上學。在祖父的期望和督導之下，祺瑞又認真地讀了八年的私塾。使他對儒家的典籍，打下個很扎實的根基。段後來可寫出很可一讀的舊體詩文。其後在民國政壇上，像曹錕、張作霖、馮玉祥、張宗昌等人，都無法和他相比了。

可是，段祺瑞十五歲時，祖父突然病死，不久他更是父母雙亡。因此他底幸福的童年，也就一去不復返了。在太平軍和捻軍亂後，淮軍的薪餉是極其微薄的，段氏家無恆產，而有寡婦孤兒，嗷嗷待哺，青少年的段祺瑞，要養家和自給，他只有回營當兵，這也是對一個有志青年的磨鍊吧。

當段氏年已雙十，在舊制淮軍裡，正是四顧茫茫之時，北洋大臣李鴻章，為改革軍制，在外國顧問戈登（Charles George Gordon, 1833-1885）和漢納根（Constantin von Hanneken, 1855-1925）等洋將的設計之下，忽然於一八八四年在天津創辦了一所西式的「北洋武備學堂」（亦名「天津武備學堂」），在舊制的淮軍中招考，有教育文化的青年士兵為軍校學員。這是近代中國，軍制轉型期中的第一所現代化的陸軍軍官學校，段祺瑞報名參加考試，竟以第一名的榮銜，考進了這所陸軍官校。這時正是所謂「同治中興」的高潮期。這所現代化的中國軍校，辦得十分認真。三年的基本軍事教育，把一些像段祺瑞那樣的有志青年，教育成一批扎扎實實的現代軍人。

軍校畢業之後，經過一番實習，段祺瑞又於一八八八年被遴選前往德國留學，入德國軍校深造。其後再被派往當時世界上最先進的「克虜伯」（Krupp）兵工廠見習，學習使用和維修當時世界上最尖端的武器。所以當段氏二十五歲，從德國學成歸國時，他就成為當時落後的中國鳳毛麟角的、也是史所未有的現代化青年軍人了。

德式的軍事教育，對段祺瑞後來的為人、從政、練兵、帶兵，都太重要了。第一是在心理上，他一生崇德。據說他以後偶爾生病，要服食西藥時，他首先要問明，是否是「德國製造」？連小小的阿斯匹靈，他都堅持非德製不服云。近現代中國崇德的最高領導人，非段一人也。後來的蔣介石、毛澤東都害有崇德癖。蔣氏當政後，他治軍組黨，都以德意志為理想模式。毛澤東也最看重普魯士，並且說過：「如果中國是德意志，湖南就是普魯士。」德國人的好處是苦幹、誠實、愛國、重規矩、守紀律、做事有效率，歐洲大陸，無與倫比者。但是任何民族，有其長必有其短。德國人為人處世，過社會生活，往往也就獨斷專行，對「絕對主義」（Absolutism），有其偏好。朋友，我們的「老蔣總統」和「毛故主席」，都是如此呢。成也由它，敗也由它。我們的「段老執政」，也是如此也。沒啥稀奇吧，此是後話。

可是在段氏從德國回國之時，卻懷才不遇，被冷落了好一段時間，始學有所用。何以如此呢？我們還得回頭翻翻「民國通史晚清導論篇」，簡單地說個所以然。

陸軍轉型，晚於海軍

筆者在拙作《晚清七十年》裡，曾不厭其詳地討論過我國海軍現代化轉型的故事。因為「堅船利砲」，原是林則徐時代搞「師夷之長技以制夷」的第一個目標（也可說是近現代中國搞「四化」的嚆矢吧）。到「同治中興」時代，中興名臣，尤其是左宗棠和李鴻章，曾停辦舊有的「水師」，而集中全力去發展現代化的新海軍。在導論篇裡，筆者曾一再提到，他們以不到二十年的時間，居然從無到有的，建立了當時遠東最強大的一支現代海軍（其實力竟然超過當時英國的「遠東艦隊」）。不幸的是，這朵鮮花，卻插在狗屎裡。那個顢頇、腐敗、落伍、無能的滿清大朝廷，卻不能與這個一枝獨秀的新海軍相配合，結果被日本打得全軍覆沒，使數十年搞堅船利砲的洋務（也就是四化工作），前功盡棄。

在光緒初年，李鴻章對陸軍現代化，也並沒有忽視呢。上節所敍述的，段祺瑞受教「北洋武備學堂」，便是近現代中國陸軍轉型的開始。只是它略晚於海軍罷了。其原因，第一是當時中國人所最羡慕的原是洋人橫行世界的「鐵甲」。對陸軍他們倒還有若干自信，不急於改革。第二便是驕傲而又有實戰經驗的湘淮兩軍的將領，既藐視，又嫉妒新陸軍的建設。這一強大的內在阻力，縱是李鴻章也不易克服，所以陸軍的轉型運動，就略晚於海軍了。

因此當段祺瑞一夥，從德國學成歸國時，一時卻苦於有志難伸。因為大清帝國雖有此現代化的陸軍人才，而無此現代化的陸軍軍制。有新式訓練的回國留學生，就只好在舊制軍隊的「隨營學堂」裡，去做做學非所用的低級教官了。這一尷尬，不但是段祺瑞的遭遇，連晚一輩的李宗仁和白崇禧，都還有說不盡的類似經驗呢。（見拙作《李宗仁回憶錄》第二、三編）這也就是筆者近數十年來，曲不離口底「轉型論」的重點所在了。從舊制轉新制，其過程是長期的，也是十分艱難困苦的。孫中山所謂「破壞難於建設」是也。不破不立，可是「破」往往就更難於「立」了。

從新建陸軍師長到六鎮副帥

想不到清末陸軍轉型的難題，最後卻被日本人，給一下解決了。中國舊式陸軍在甲午一役，被日本人摧枯拉朽地擊敗之後，中國軍制的轉型問題，就再也沒有反對了。因此，「新建陸軍」也就隨之呱呱墜地。

在導論篇中，我們已詳細交代過，甲午敗後，清廷在德籍洋員漢納根策畫之下，乃決定練「新軍」十萬人來重建國防。當袁世凱受命至小站（一八九五）出任此艱鉅時，他就要尋覓現有的陸軍專才，來幫助建設新軍。這樣，那批從德國歸來的陸軍留學生，就被袁世凱一網全收，進入小站，作其基本的幹部了。其中佼佼不群的王士珍、段祺瑞、馮國璋三人，漸漸地也就變成袁世凱「新建陸軍」的三大支柱，所謂「北洋三傑」的龍、虎、狗了。

迨庚子拳亂之後，袁世凱當上了北洋大臣，做了宰相，他乃把他原有的新建陸軍擴大為北洋六鎮（六師），成為大清帝國的第一支現代化的國防軍。不用說段祺瑞、馮國璋等都分別晉升為六鎮的統制（師長）。袁世凱因預防他這些部將逐漸形成他們自己的系統，他乃不時將各鎮統制互調，庶幾「將不專兵」（這是中國防制藩鎮的老辦法，其後蔣介石、毛澤東，都曾一致奉行無訛，到時再細說）。如此則各將領就不會有他們自己的班底了。誰知這只是袁氏一廂情願的想法。對段祺瑞的個人需要，卻是個歪打正著呢。

段祺瑞原來只是第三鎮的統制嘛。只因袁對他不放心，迨他把第三鎮弄得駕輕就熟之時，袁乃改調他出長第四鎮，接著又改調第六鎮。結果呢，袁的六鎮之中就有一半是經過他直接掌握的部下了。從此段就變成袁世凱一人之下的中國現代化底國防軍的第二號司令官，和實際上的副統帥了。因此，在光緒和西太后同時病死之後（一九〇八），攝政王載灃，公報私仇，把袁氏「開缺回籍」的三年之中，當時能以個人在職的威信，來繼續掌握北洋六鎮，而暗中卻聽命於袁的，幾乎就只有段某一人了。

袁氏當國時的段祺瑞

「辛亥革命」（一九一一）和「二次革命」（一九一三），更使段的聲勢，再上層樓。第一，他是袁氏的一張王牌，也是能隨時替袁世凱背黑鍋的一張黑臉。辛亥武昌之役，段以封疆大吏湖廣總督的身分，坐鎮漢口，替袁氏養寇自重。這個舉足輕重的位子，對段也是個政治資本的累積。其後南北和議粗成，在袁氏示意之下，由段領銜的一紙對清帝勸退的通電，竟使段氏搖身一變，成為譽滿全國的中華民國的開國元勳之一，實在也是一樁意外的政治收穫。

「二次革命」的戰役，在革命黨史上說，雖是袁世凱的「反革命」行為，但在當時的輿論中，和後世的史著裡，亦未始不可說是中央政府在實行「削藩」，以完成全國行政權的統一。這一削藩工作，三千年中華通史中，歷朝皆有，其後國共兩政權，也從無例外。當時連蔡鍔將軍在內的諸多革命元勳，對革命黨人之武裝割據，亦不以為然。但是不論正反兩面的評價如何，段祺瑞的軍權日盛，卻成為二次革命的動亂中少有的受益人。

其後由於段馮二將在民初政壇上，日益坐大，袁世凱所一手締造的北洋系軍事將領，難免對馮、段二人各有依違。因此縱在袁世凱的有生之年，他段馮二將已逐漸形成了派系。為對兩位股肱有所約束，袁世凱曾有意扶植當時聲望甚隆的蔡鍔為第三勢力，來加以牽制。無奈這時段馮兩派已樹大根深，蔡鍔一時無法插足來另起爐灶。再者，袁的整軍計畫，卻也被他自己的帝制運動徹底地破壞了。一旦帝制禍起，蔡鍔潛逃返滇，組織護國軍討袁，馮、段二人再窩裡一反，洪憲皇帝，未及「登基」，就已被宣布死刑了。

四個堅持，兩個凡是，皆為必需

我們在《袁氏當國》裡，曾提到袁世凱搞帝制時，段祺瑞竟以中華民國開國元勳的身分自許，而加以消極抵制。迨袁氏自知大勢已去，取消帝制時，他也認為只有段祺瑞才能收拾殘局，段祺瑞乃在袁世凱死前數週，奉命出任國務卿，旋復名為國務總理，就是全中華民國的副統帥了。

本來在袁氏晚年倒行逆施之時，段某對袁的忠藎之忱，可說是已洗刷殆盡。但是袁氏一旦死亡（民國五年〔一九一六〕六月六日），段祺瑞立刻又變成「先大總統袁公」第一號的忠臣孝子了。他對袁氏的飾終之典，不用說是儕於帝王，他對袁氏生前的政法遺規，顯然也是個大大的「凡是派」。這可能，第一是中國傳統的倫理觀念使然，人死病斷根，眷戀數十年從屬舊誼，亡者為大，過去的宿怨，自然一筆勾銷。但是最重要的還是，第二，政治上的必需。試看民國通史裡，袁大總統之「優待先朝」；蔣委員長之崇奉中山；華國鋒之搞「凡是」，鄧小平之要「堅持」，江澤民之「繼承」一二兩代。都是政治上之必需，理至明也。搞極權政治要數典忘祖，就是政治自殺了。明乎此，我們就對段祺瑞繼續崇袁的政治行為，不會大驚小怪了。真是，袁猶可崇，何況毛乎？

段氏謝絕黃袍，擁黎繼承大位

袁死之後，民國政壇以聲望與實力排列名次，袁的接班人，理應為段祺瑞。因此在袁斷氣之後，北洋系的軍頭與政客，如徐世昌、段芝貴、王揖唐等在京大員，和北洋系的封疆大吏馮國璋、張勳等駐京代表數十人，在中南海國務院，閉戶密議，咸以段為當然人選。因此一襲群雄推戴的黃袍，在一九一六年六月六日的當晚，就要加諸段氏。而為段氏所力拒（不是「婉拒」）。這故事細節據說是這樣的：

袁在彌留之時，未有留下任何遺囑，只對在一旁送終的段徐諸氏，口述了幾個字，一曰：「他害了我。」此「他」為誰？無人知曉也。袁又提到「約法」二字。然袁氏生前的「約法」，原有兩部。一部是為他所廢棄的，也是南方反袁派所要維護的「民元舊約法」；另一部則是袁某立法自制，而頗為美國憲法權威古德諾教授（Frank Johnson Goodnow）所讚許的「新約法」。袁氏但提「約法」二字，亦不知何指也。關於接班人的問題，他們只有拆閱袁氏留在「

金匱石室」中的「嘉禾金簡」了。在金簡上，他們發現袁某提了三人之名，順序是：黎元洪、徐世昌、段祺瑞。

段因反對帝制，為袁所憎恨。故袁在生前，殊不願提段氏之名。第三名據內侍傳聞，原為「太子」袁克定也。但袁在病重時，明知克定為扶不起的阿斗，乃易以段名。因此在袁氏屍骨未寒的數小時之內，段的國務院內冠蓋雲集。北洋系文武大員數十人（包括公私代言人），堅持要段氏黃袍加身，做繼任大總統。段不但拚力拒絕，並於會前密攜黎氏之心腹同鄉張國淦，親赴黎府推戴。且親向黎氏行三鞠躬國禮，以表示其作為下級底忠藎之忱。黎元洪於此也就接受推戴了。段乃囑張國淦留在黎府，以便聯繫（黎張的從屬的「心腹」關係，可以作民國時代，包括國共兩黨政權中，類似關係的典型。民國政要人人皆然。江澤民、曾慶紅便是一例）。就一人返回國務院。在國務院中，段就碰到擁戴他的北洋系文武大員一致堅持繼任大總統，非段不可。段力辯其非，馴至舌敝唇焦，滿頭大汗，數小時不得解圍，云云。

【附註】 關於這一段氏拒絕黃袍的故事，筆者所根據的，除多種第一二手史料之外，耳聞之於若干口述史料，蓋筆者幼年便曾在「皖系」的眷村中長大。先高曾祖均係淮軍將領，與段佩統領，原屬一支。先祖均平公民初曾在北京居住，先叔祖伯平公且曾任安福議會的議員。父執輩亦多在北京上學，更與皖系要員，乃至段氏之左右手王揖唐等有親戚關係。王揖唐原名王志洋，進士及第後，西太后惡其名，乃賜名王賡，自號揖唐，終以字行。王原為我鄉合肥的窮秀才，升斗不繼。因與先祖為童年至交，乃由先祖聘請為我家塾師。先父叔姑姨輩，多是他的學生。其人青年苦學，先祖敬其詩文，曾一反三代之抗議，與王結為兒女親家。並大力資助其參加鄉試與會試。在我家課讀六年之久，不意王竟連科及第，並乘機赴日本留學，回國再中留學生特科進士。以雙重科甲資格入仕，宦途暢通，在清末民初，迭任中樞要職。迨段祺瑞由國務卿，復建國務院時，揖唐出任內務總長，如在清末便是吏部尚書。國共兩黨政權中的內政部長。因此在當時權傾一時的皖系之中，王與徐樹錚，並為段祺瑞一文一武的兩大心腹。對北京當時的政治掌故，正確無誤的大道消息（不是「小道消息」），皖系上下，真是無有不知者。筆者幼年即嗜史成癖。當年從長輩口中所聽所聞，終身難忘，及長治民國史，廣採可信史料驗之不誤始敢慎重下筆也。（本篇所用著述史料，包括哥倫比亞大學編纂之《民國名人傳》；陶菊隱著，《督軍團傳》，後改編為《北洋軍閥統治時期史話》；黃徵等著，張憲文、黃美真主編，《段祺瑞與皖系軍閥》；章伯鋒、李宗一主編之史料叢書《北洋軍閥，一九一二～一九二八》，等新舊史書。）

「北洋系」是何種怪物？

不過話說回頭，這批翎頂輝煌的大員、北洋軍閥，所隸屬的「北洋系」，究竟是何種怪物？這兒我們倒稍有釐清的必要。因為日月推移，去古漸遠，當年老輩的口頭禪，什麼北洋政府、北洋軍閥、北洋系等等，可說是無人不知也。前輩史家如細加解釋，就難免畫蛇添足。但是時至二十一世紀，吾人仍然開口北洋，閉口北洋，而不稍加詮釋，一般讀者就不知所云了。

所謂「北洋」，原從清末官制，所謂「直隸總督，北洋大臣」，和「兩江總督，南洋大臣」開始的。清制無宰相，各省擁有實權的封疆大吏，以接近京畿的直隸總督，兼北洋大臣，最為尊貴。清末重臣，曾國藩、李鴻章，都曾任此職，權傾一時，成為大清帝國的實際宰相。庚子事變後，李鴻章在直隸總督、北洋大臣任上活活累死。彌留時在病榻上修「遺摺」，保薦袁世凱繼任此要職。

袁世凱於一九〇一年底出任此職，至西太后死前一年（一九〇七），她深恐這位權相，在她死後無人可以駕馭，乃把袁氏明升暗降，調任軍機大臣，去其實權。迨兩宮同逝，攝政王誅袁未遂，只把他開缺回籍，但袁在北洋大臣任內，羽翼已成。而繼任的滿族親貴又過度顢頇，因此袁在北洋任內的文武舊屬（包括段祺瑞、馮國璋、徐世昌等文武官僚），暗中仍聽命於袁。迨武昌亂起，袁氏應詔復職。他原有北洋任內的文武班底，蝦兵蟹將，一時隨之俱起。這就是後來民國政壇上所謂「北洋系」的原始核心了。

迨袁世凱做了民國總統，成為一人獨斷的大獨裁者，他這個核心就開始膨脹了。首先加入袁黨的，便是支持辛亥首義的各省諮議局的成員，和由他們推選的各省代表，和國會議員。這些人多半是康梁保皇黨的同路人。大清帝國崩潰時，牆倒眾人推，他們原是和國民黨合流的。孫中山當選中華民國第一任臨時大總統，若輩與有功焉。

迨南北和議粗成，袁氏代孫為臨時大總統，他的老班底，和很多原是革命黨員的政客，分別為各自的利害，組織了無數小「黨派」，據吾友張玉法院士的統計，民初大小政黨，多至三百個以上（見張著《民國初年的政黨》）。大小政客或分或合，以便在內閣和國會中爭權。其中最有實力的袁氏之黨，如掌握當時全國鐵道和交通銀行的梁士詒為首的老「交通系」，及一些原是革命黨，和保皇黨合流的若干較大的小黨派成員，甚至包括副總統黎元洪，也就逐漸倒向袁黨，成為北洋系的新政客了。

更不堪設想的，則是擁袁稱帝的「籌安會」的成員和贊助者，竟有一大部分為老革命黨員也。其時他們也可算是北洋系的頭面人物了。他們底第一號頭頭楊度，晚年曾由周恩來介紹，加入了共產黨，舉一反三，讀者就可以了解到當年北洋系政客之複雜了吧！

等到民初新成立的「國民黨」成為國會中第一大黨，走向國會獨裁的趨向時，異黨政客乃段黨造黨，重行組合，成立「進步黨」以為因應。國民黨當時名義上的黨魁雖是孫中山，而志在組織「責任內閣」的實際領袖，則為宋教仁。進步黨作為他們的反對黨，在梁啟超、湯化龍等率領之下，也就亦步亦趨地走向擁袁方向，甚至成為袁氏老北洋系的新細胞。也可說是北洋系的外圍吧！

「研究系」、「政學系」也是北洋外圍

袁氏稱帝時，湯化龍、梁啟超雖也加入護國軍陣營，反對帝制，但是袁世凱一旦死亡，民元舊約法、舊國會一時俱復，湯梁等舊進步黨政客，乃另組其「研究系」（原名「憲法研究會」），加入擁段行列，成為段氏北洋系的新夥伴。

不特此也。在二次革命後，孫袁固然絕裂，國會裡的國民黨，卻依然合法存在，並曾參加票選袁氏為正式大總統，其後才遭走狗之烹。然隨孫而去的國民黨，卻也發生分裂。當孫氏開始組織其「中華革命黨」（一九一四），突出其個人獨裁的企圖時，反孫的民主派黨員，乃自組其「歐事研究會」（研究歐洲大戰）以為對抗。迨袁氏死亡，舊國會恢復，這組老國民黨員，如張耀曾、谷鍾秀、李根源、楊永泰、黃郛等人，乃在北京另組個「政學系」來與直皖兩系新老政客相表裡，變成一支新興而有力的北洋系邊緣政客。

且看黃郛（一八八〇～一九三六），二次革命時，他本是頭顱有價的孫文死黨，名列袁世凱通緝名單的首要之一。此時返京參加政學系，與北洋派合作，最後曾在北京政府中做過「攝政內閣」的「國務總理」，成為中國臨時的國家元首呢。（參見筆者另篇〈政學系探源〉，原載於《海外論壇》，重刊於台北《傳記文學》第六十三卷第六期。）

【附註】黃郛是國民黨先烈陳英士的盟弟，蔣介石的盟兄。「二次革命」後，他們都是逃亡海外、袁政府懸賞有價的通緝犯。迨袁氏死後，通緝解除，他們這些職業革命家，又紛紛返國圖謀在新政壇另覓出路。據黃郛夫人沈亦雲女士告我，說：那時黨人回國，另謀出路，「有辦法的」，都紛紛前往首都北京，見機行事。「沒辦法的」，則只有南下廣州去依附孫中山，暫時棲身。顯然地，黃郛是屬於「有辦法的」一群。去了首都北京，黃郛後來在北京政府中的崛起，原是從參加「政學系」，作了皖系大總統徐世昌手下的紅人。漸次攀緣入閣。但是他底國民黨的老背景，使他又變成有「倒戈將軍」之稱的直系軍頭馮玉祥的密友。當第二次「直奉戰爭」時（一九二四），馮玉祥「倒戈」回師占領北京，直系政權垮台，總統曹錕被迫去職，直系內閣總理顧維鈞化裝潛逃，國家無主，黃郛乃奉命組織「攝政內閣」，做了一陣短命的國家元首。此即黃夫人所說的「有辦法的」實際意義吧！舉一反三，所以筆者曾一直勸告同行治史者和讀史者，評論歷史事件和歷史人物，不可以「現時觀念」（present-mindedness），妄評古人。黃夫人底「有辦法」、「沒辦法」的觀察，說的是那一時代的話。至於國共兩黨後來都建立了各自的政權，把孫中山頌揚成國父。那時代的人，無從預見也。他們眼光中的廣東大元帥府，只是一個灰溜溜的政治兒戲而已，為「有辦法的」人，所不屑一顧也。

當我在三十多年之後，把馮玉祥和黃郛合營的這次「苦撻打」的內幕，告訴了當年的受害人顧維鈞先生時，顧大笑，並以他不常有的中英雙語，告我說：「想不到黃太太那時也是個accomplice（共犯）。」我又說：「黃夫人說您那時是化裝成一位美婦人逃走的呢！」顧微笑說：「她在胡說。」他二人那時都在哥倫比亞大學參加口述史計畫，不時碰面說笑。而我卻是他們兩方面的共同助理，所以也時常參加他們說笑。

總之，民初的游離政客，搖搖晃晃，分分合合，一共組織了三百多個黨派。吾人讀通史，但須知其來龍去脈節要而掌握之。細枝末節，就留待專著以述其詳了。所以筆者不揣淺薄，也就把民初政黨濃縮成半頁故事如上。這半紙之論，希望能幫助一般讀者了解，何謂「北洋系」這個籠統的概念就好了。

兼論袁世凱、汪精衛之覆轍

讀者賢達，如略窺上述北洋系的來龍去脈，便知道它是民國初年掌握中國命脈的最強大的政治軍事集團，在袁氏倒行逆施，稱帝之前，他對這一集團是可以絕對掌握，並可驅使他們來為人民服務的。不幸他權力太大，自信心又太強，終於濫用其權，來為非作歹，以致一失足成千古恨，終於王綱解紐，全盤崩潰，誤國害己，莫此為甚！

袁世凱在民初的最後失足，其不幸，無獨有偶，正與二十二年之後汪精衛在抗戰期間所犯的錯誤，有其異曲同工之處。筆者昔年嘗為文，「論汪精衛的十大錯誤」，認為他前九次錯誤都可以改正，而得到愛護他的全國同胞的寬恕，只是他最後當漢奸這一錯誤，做得太絕了，無法回頭，臨終雖倖免於槍決，但是青史無情，汪某就遺臭萬年了。

袁世凱也正是如此。袁氏犯了一生的錯誤，都有其改正的機會，只有最後的一次，妄想做皇帝的錯誤，犯得太絕了，無法回頭，他就和汪某一樣，萬年遺臭了。

袁氏瀕死，終悟前非，乃有「他害了我」的模糊遺言。此「他」顯然是他的孽子袁克定也。汪氏在敵國彌留時，不知是否亦留有斯言？若有人也「害」了汪某，則此人應該就是他的惡婦陳璧君了。人世無常，袁、汪二人，皆是一代才士能臣，一時之民族英雄也。生而不幸，遭遇到這麼一對蠢妻、孽子，以致晚節不終，而貽羞史策。後之當國賢豪，以史為鑒，可不慎哉？

大陸上的江主席，現在正在大倡其「以德治國」的新號召。其實我孔孟之教早有明訓。以德治國，應從修身齊家做起。身不修，家不齊，有現成的家教不要，卻偏要堅持其馬列史毛的鬥爭之說而不改；更有些領袖人物，迷戀於東鄰切腹陋習而不悟，一失足，便可能有袁汪二氏的相同下場。讀聖賢書，所為何事？當國者迷，可不慎哉？可不慎哉？

吾儕升斗小民，雖位卑言輕，然值此文化轉型後期，法治民主的前程在望，眾志成城，我們要以全民輿論的力量，對領導我們的英雄人物善加規勸，務使他們不再重蹈誤國害己的袁汪覆轍才好。這當然是題外之言、一派閒話。

武義親王不受封

現在讓我們暫時丟開袁汪兩位悲劇人物，再回頭談談黎元洪、段祺瑞這一對袁世凱的接班人，看他倆在那段「轉型中期」，搞些啥名堂？

先說說黎元洪（一八六四～一九二八），這位湖北佬「黎黃陂」。黎公胖嘟嘟，笑起來，上海人所謂「賊忒兮兮」的，看起來是一位憨厚的長者，大好人。事實上黎元洪也的確是一員

「福將」。雖然那位嘴尖的國民黨元老胡漢民，卻偏要說他渾渾而有機心（見《胡漢民自傳》）。

導論篇已交代過，黎氏在天津水師學堂畢業後，曾被送往德國留學，精修砲術。回國後曾在「定遠」旗艦上做過「砲弁」。甲午大東溝海戰時，他在「廣甲」艦上服務。廣甲沉沒時，全船將士大都殉國，而元洪善泳術，泅水逃生，大難不死。

嗣後黎氏回籍，改行，轉入湖北新軍。迨武昌起義時，他已累遷至協統（旅長）。當時在武昌起義的革命黨人，都只是一批新軍中的小卒，苦於有兵無將。而有「黎菩薩」之稱的黎協統，雖是個反革命人物，卻頗得軍心，乃被這批革命部曲所脅迫，出任革命軍都督，領導武昌起義。其後竟能與袁世凱南北對峙，唱其對台戲，而名滿天下。迨中華民國成立，開府南京，孫文出任臨時大總統，黎論功榮任副總統。迨孫去袁來，民國政府遷往北京，黎連續當選為袁之副總統，卻婉拒北上。以兼湖北都督身分，擁重兵盤據武漢，成為中華民國開國後第一大藩鎮，而袁大總統亦無如之何。

可是民國政局發展至此，黎氏也已逐漸擺脫革命陣營，而投入袁黨。為樹立其個人派系，黎氏竟將當年擁其出山的革命小將，所謂「湖北三武」，以個人權術連誅其二人，以防反側。事詳《袁氏當國》。至此革命與反革命兩方，始知「黎菩薩」原非菩薩。

在「二次革命」期間，黎已公開鎮壓革命，為袁氏的馬前之卒。然黎元洪當時雖貴為「一人之下」,然究非北洋嫡系。袁大總統對其割據華中,固早存戒心。迨袁氏敉平革命三藩(江西李烈鈞、安徽柏文蔚、廣東胡漢民)之後,狡兔死,走狗烹,乃以段祺瑞代黎為湖北都督,軟硬兼施,以毒攻毒,迫使黎副總統北上,在北京供職。自此黎氏遂寄居於袁氏之側,形同軟禁。至袁氏稱帝時,黎氏以副總統之尊,被袁封以中華帝國之最高爵位的「武義親王」。所幸袁皇帝對其原定接班人,尚略寬於後來的毛主席。黎副總統尚享有不受封的自由,從此這位不受封的「親王」,就和他的老對手段總長相呼應,對洪憲皇帝作消極抵制。

段此時手握重兵,窩裡策反,使袁痛恨不已。黎此時雖無一兵一卒,究竟位備儲貳,非克定所能及。他黎、段二人,一虛一實,聯手抵制帝制,以致袁氏登基未成,而股肱已折,新皇上對他二人,亦無可如何。再加上馮國璋那條獵犬坐鎮江南,態度不明不暗,對新皇保持距離,因此不待蔡鍔返滇,而洪憲王朝本身,固已山窮水盡矣,悲夫?!

兩岸現勢,源於黎段

以上諸節所述,筆者在拙著《袁氏當國》,曾作過更詳細之縷述。本篇只是溫故知新,將前篇通史簡化而本末之而已。蓋通史卷帙浩繁,讀者一氣呵成,從頭讀起者,實為數極少。其他半途插隊,抽卷而閱覽之,蓋是現代化忙碌社會之一般習慣。試問當今史學界的博士教授院士者流，有幾位有此耐性，能把司馬溫公的名著，從頭細讀一過哉？不能從頭讀起，而各取所需，半途抽閱之，如此則通史作者於關鍵章節，編其本末，而酌量重敘之，庶免中途插隊的讀者對書中所述故事未知底蘊而有一頭霧水不知所云之感也。

話說從頭，袁氏斷氣之夕，北洋派文武大員，曾一致叫囂，企圖對段祺瑞黃袍加身，作集體之推戴。而段氏則堅決謝絕，並力舉黎元洪繼承大統。關於段氏此時之謙遜，一般民國史大家，類多以譏刺語調出之。認為段之擁黎，是迫於環境之不得已，而非其私心之所欲為，才有後來的黎段互鬥、府院之爭，貽禍無窮。而黎之背叛革命，投袁自肥，偷雞不著蝕把米，也是咎由自取。

只是他二人府院互鬥，禍延國族，至今未已。治史者如尋根究柢，則黎段之爭，才是今日兩岸對立的始作俑者。不信，試看他二人繼袁未及數月，便勢成水火。在所謂「府院之爭」中，各擁黨羽，互不相讓。鬥得你死我活，終於惹起溥儀復辟，民國中斷。最後釀成孫中山開府廣州，護法反段，弄出一國兩府，國家從此分裂，再未復合。骨牌效應，直至於今日，仍然兩岸對峙，各不表述。他二人所作之孽，貽禍至今未已也。

上述這項研究軍閥史的傳統結論，誰曰不然。這結論原未可厚非嘛。可是吾人以社會科學治史，如果把側重人事糾紛的微觀史學，看成歷史的本體，就有違於社會科學的法則了。因為歷史還有其宏觀的一面。古語說：「形勢比人強。」倘於某種歷史形勢，雖齊天大聖，也跳不出佛祖的手掌心也。把人事糾紛，誤為歷史的全部，那就是「軍閥史話」、「三國演義」的史學了。

我們在歷史三峽之中，看梢公舵手，使盡他們底渾身解數之後，還得攀登巫山之巔，俯首觀察江流大勢，看看他們的王濬樓船，是怎樣通過三峽，駛出益州的？讀者如不憚煩，當於下篇謬作導遊，與同遊諸士女再細論之。

＊二〇〇一年五月二日於北美洲

原載於台北《傳記文學》第七十九卷第四期

六、皖系政權的發展與「參戰」的糾紛

——皖系始末之二

上篇我們曾提到，在袁世凱死後，他的兩位接班人黎元洪、段祺瑞很快地就勢成水火，兩不相讓。二人鬥得你死我活之後，終於把個統一的中國，弄得一分為二。骨牌效應，直到今天，還無法復合。話說到底，他二人為什麼非鬥個你死我活不可呢？為什麼他二人鬥爭後遺症的骨牌效應，又拖得如此深遠呢？一般史家都見怪不怪，認為這只是兩個軍閥的爭權奪利，在那無法無天的軍閥時代，不管是哪一派軍閥，爭權奪利都是免不了的，有啥稀奇呢？至於他們鬥爭的骨牌效應，大家多半也就忽略了，不以為意了。

問題是：軍閥時代固然如此，根據我們讀史的經驗，不特他們底帝制時代的前輩早已如此，他們底國共兩黨的後輩，在後軍閥時代也還是如此啊。試看「甲午戰爭」（一八九五）前後的翁李兩派，對中日和戰的辯論與鬥爭，和「戊戌變法」（一八九八）時的帝后兩黨，他們之間的鬥爭誤國，比黎、段二人嚴重得多呢！

再看後軍閥時代，國民黨之內的汪蔣之爭，蔣李馮閻之爭，甚至CC與黃埔之爭，相形之下，黎段之爭，都是小巫見大巫呢。

再看自稱最為光榮偉大正確的共產黨，早期的所謂路線鬥爭，毋煩細說。其後他們當權者之間的毛劉之爭、毛林之爭，不露骨的毛周之爭，乖乖，那還了得，老段老黎這兩個「老軍閥」之間的「爭權奪利」，和他們這些「小黨閥」相比，豈不是小兒科哉？

效驗明時方論定，不怕不識貨，就怕貨比貨，二十世紀中國，史有明文，國共兩黨的黨史家，如秉筆直書，不為親者諱，我想這該是絕對否認不了的、絕對的事實吧！哪能專怪「軍閥」呢？我們這群「醜陋的中國人」（引一句柏楊名言），尤其是政客、黨棍，何以下流至此，這就發人深思了。

不過，朋友們，我們也不能專門迷信柏楊先生，只顧醜化自己同胞。其實所謂先進國家那些不可一世的洋人，也照樣醜陋呢。有名的英國紳士，該是民主運動歷史上最標準的模式吧！你知道他們唱「虛君實相」這齣樣板戲，唱了多少年，才唱出點名堂來？從一六八八年「光榮革命」開始，人家搞虛君實相，搞了好幾百年，才搞出一套兩造相安的制度來呢！其間鬧革命、鬧復辟、誅議員、殺大臣，不但醜態百出，更是人頭滾滾呢。看人家挑擔不重，我們只看人家美麗的結果，不看人家醜陋的開始，就以為我們包辦了醜陋了。這是個制度轉型必有的現象嘛。從比較史學的角度來看，我們的成績，尤其是黎、段之間的府院之爭，還不算太見不得人呢！

因此，要知道轉型期中國的政治問題，我們還得搜搜問題的根源在哪裡？

近現代中國的兩大根本問題

我們要知道，近代中國的根本問題，從宏觀史學的角度來看，它有兩個重大事項，有待解決：

第一，是現代式的「轉型問題」，轉個什麼型呢？曰，從帝王獨裁專制的制度（Monarchical Totalitarianism），「轉」向議會政治的共和制度（Parliamentarian Republicanism）。我們原不要轉型，而終於發生了這個轉型運動，實在是西風東漸，受了強大的以夷變夏的外在原因影響的結果，但是要完成這項轉型，根據世界歷史的紀錄，和中國秦漢變法之第一次轉型的經驗，我們認為至少需時兩百年以上才能圓滿完成。民國初年的北京政府時代，還停滯在轉型的「初期」。這時能維持古老中國安定的專制式的老制度已被徹底破壞，能夠維持共和中國安定的、制衡式的新制度還沒有實驗出來。在此新舊交替，青黃不接之時，國家沒個維持安定的制度，社會就無法安定下來了。這不是人的問題，而是制度轉型的問題，也是我們常說的所謂「歷史三峽」的問題。航行在這個歷史三峽之中，我們的船隊，到今天的老江時代，還免不了在洄水中打轉，何況當年？想透了根本原因，再把它概念化一下，則民初北京政府中，政治死結之形成就很清楚明白了。

第二，民國初年，也算是時機巧合，正碰上了一個傳統式的「改朝換代」的問題也正待解決。因此新舊問題攪在一起，政治社會的病情就更為複雜，更難對症下藥了。改朝換代的老問題是什麼回事呢？最簡單明瞭、最通俗的歷史哲學便是《三國演義》上所說的，「合久必分，分久必合」的問題了。毛澤東說：「千載猶行秦制度。」我們這個打破世界政治史紀錄的「秦制度」，其興衰是有其「周期性」的。它通常是只能維持兩百年就要來個「改朝換代」了。清末民初，不幸正碰上這個「改朝換代」的周期。此時老朝廷腐爛到底，氣數已盡。縱使沒個現代的革命黨要打倒它，它也要自動地改朝換代了。

洋人研究中國歷史，像已故費正清先生的「劍橋學派」，就把這個現象叫做「朝代循環」（Dynastic Cycles），咱們自己則叫做「改朝換代」。改朝換代的程序，便是羅貫中所說的「合久必分，分久必合」了。在羅貫中有興趣的「三國時代」（二二〇～二八〇），這一分合程序，長至六十一年，下一個由分到合的「南北朝時代」，則由於外族入侵、五胡亂華，發生了比較複雜的「以華變夷」的同化過程，這一分合程序竟延長了兩百七十餘年（三一七～五八九）之久，到唐宋之間的「五代十國」，可能是由於內外在情勢都比較單純，所以只「分」了五十七年（九〇七～九六〇），就恢復統一了。

至於這最近的一次，讀者諸公婆，您和我所及身而見的「分合」過程，若從袁世凱死亡之年（一九一六）算起，到「人民政府」宣布成立之年（一九四九）為止，這段中國歷史上，最近的分合過程，雖然是文化轉型和朝代更迭，兩病齊發，患者更覺痛苦，但是為時也只有三十四年，算是比較短的一次了。當然，海峽兩岸，時至今日，也還在「分」裂狀態之下。若談真正的「合」而為一，恐怕還有一段時間要等下去呢。

土郎中亂用西藥

綜上所述，我們就不難知道，在中國歷史上合久必分，是從治世退化到亂世，而分久必合則是撥亂反正；再從亂世恢復到治世。但是歷史的經驗告訴我們，中國傳統的「改朝換代」，或洋觀察家所說的「朝代循環」，它是從一個崩潰了的帝王專制，經過一番換湯不換藥的「分合程序」，再回轉到另外一個相同的帝王專制，依樣畫葫蘆，照本宣科，從頭來過。新朝的一切設施，都有「前朝」的藍本可循，新舊兩朝之間的循環程序像三國前後，從西漢換成東晉。南北朝前後，由東晉換成隋唐。在五代十國前後，從唐朝換到宋朝。各朝懲前毖後，稍加改進，依樣畫葫蘆，這葫蘆，就容易畫了。因此一些流氓、無賴，利用農民起義，打平天下做起開國之君來，也可以做得像模像樣，不離大譜，照樣可以造福生民。

可是，發生在近現代中國的「轉型運動」，就不是單純的改朝換代或朝代循環了。它是立國基本制度的轉型，是一個「改朝換制」的運動。我們要從一個東方式的、帝王專制的傳統「轉」到一個現代化和西方式的民主議會政治上來。這個一轉百轉的、現代化的、改朝換制的轉型運動就千頭萬緒了。

因此，按照中國改朝換代的老規矩來說，毛澤東當國時代（一九四九～一九七六），應該和兩漢、唐宋、明清的開國盛世不相上下才是正理，而老毛這個「開國之君」卻把他的新朝代的開國盛世，搞成狗屎之不如的、無法無天的爛時代者，何也？其主要的原因便是傳統的開國之君，醫國醫民，只要按老藥方，醫一種病。而老毛之所要醫者，則在傳統的改朝換代的老毛病之外，還要加醫一個一時併發的現代愛滋病，他這個訓練不足的傳統庸醫，和亂用西藥的農村赤腳醫生，不中用的土郎中，便強不知以為知的，藥石亂投了。我們中華民族這個癆病鬼，沒有被毛郎中毒死，也真是命大啊！

恢復《民元約法》的政治經緯

現在言歸正傳，再看看黎、段二人在吵些啥子？袁死之後，北京政府由他二位來接班。他二人，一個是總統（黎）；一個是總理（段），二人的工作關係如何界定，就只有依靠所謂《民元約法》之中的幾十個字了。讀者如不憚煩，為明瞭他二人之間的所謂府院糾紛，我們還得把袁世凱時代所遺留下來的憲法問題，稍事溫習一下，才能說得清楚。

原來在武昌起義之後，革命派試行組織共和政府時，他們本來決定以美國政府為藍本，採行「總統制」。等到後來中山決定讓總統大位於袁時，為防止袁氏獨裁專制，黨人乃又決定放棄美國的總統制，改採法國式的「責任內閣制」。因此以宋教仁為首的法制委員會，乃由宋氏執筆，於一夜之間草擬了一部具有憲法效力的《中華民國臨時約法草案》。旋經參議院三讀通過，並由臨時大總統孫文於民國元年三月十一日，明令頒布施行，是為中華民國的第一部基本大法。這就是中國制憲史上赫赫有名的《民元約法》。

當袁世凱接替中山為第二任「臨時大總統」時，這部《民元約法》也是他就任總統的法律基礎。按約法規定，中華民國中央政府是一種「責任內閣制」，總統只是個榮譽職位。可是這項革命黨人試圖限制袁氏獨裁的設計，很快地便被袁氏所逆轉了。當時中華民國的第一任內閣總理，袁的老友、國民黨的新黨員，和孫中山的小同鄉、新朋友——唐紹儀，曾認真地加以推行。但是他只做了兩個月責任內閣的閣揆就掛冠而去，繼任者就變成袁總統的鷹犬了。

迨民國的第一個國會在民國二年之初正式誕生，新成立的國民黨，在選舉中大勝，成了國會中的多數黨，年方三十三歲的多數黨魁、野心勃勃的宋教仁，正預備按他自己主稿的《民元約法》，來組織「責任內閣」，想不到他竟因此而招致殺身之禍，其後在「宋案」的骨牌效應之下，孫袁雙方都不依法行事，自此槍桿出政權，新成立的中華民國也就再無法統之可言了。

孫中山的「二次革命」（一九一三），被袁氏削平之後，袁當上了正式大總統，經過一番手腳，便廢除了那個採行「內閣制」的《民元約法》，而於民國三年（一九一四）五月一日，另行頒布一套採行「總統制」的「新約法」了，故事複雜，事詳前篇，此地就不須多贅了。

迨袁氏暴斃之後，南北統一，全國稱慶，南方的護國派乃聯絡繼任大總統黎元洪，堅持恢復《民元約法》和「民元老國會」為南北恢復統一的主要條件。所幸當時身任國務總理的段祺瑞，對新舊約法之選擇並無成見，蓋按「新約法」主政，則直承袁世凱之衣缽，雖是段之所望，然改依「舊約法」主政，實行「責任內閣制」，亦正是現任內閣總理的段氏之所好也。因此在黎的堅持、段的支持之下，黎段的新政府就廢除了袁氏的新約法，而改行舊的《民元約法》了。

既非「內閣制」，也非「總統制」

按《民元約法》，北京政府原是實行「內閣制」的，但是在黎段聯合當政時期，這個北京政府卻變成個既非「內閣制」，也非「總統制」的非牛非馬的政府。這也就是當時北京政府之內，派系鬥爭底最大的亂源所在了，何以如此呢？原來按政黨政治之常規，實行內閣制的政府，理應由國會中的多數黨的黨魁，來組織所謂「政黨內閣」。可歎的是，這次恢復了權力的國會，原已殘破不堪，卻沒個多數黨可以組閣，更沒個可以代替段祺瑞來出任內閣總理的黨魁。

更可歎的是，段祺瑞這位現成的閣揆，在國會內也沒個他自己的政黨。國會之內雖也有極少數，有心擁段以自重的小派系，甘心作為段的御用鷹犬，但是這些自稱「中和系」的小黨派擁段原屬借勢，影響力太渺小了，造不成氣候，因此段要組閣，就非向其他黨派，尤其是人才濟濟的國民黨借材不可了。

再者，按約法，黎總統雖是個「虛君」，但是按揮之不去的中國傳統，中國歷史上除漢獻帝和劉阿斗之外，有幾個國家元首真是虛君呢？黎元洪這位開國元勳，又怎能甘心作漢獻帝和劉阿斗呢？他不但自視是段的上級，那些擁有軍政實力底南方的革命派和護國派群雄，也都要利用他來和北洋系爭權。有了這些南方的實力派作後盾，他就更不是虛君了。

更可笑的是，段祺瑞這個封建傳統出身的老藩鎮，也沒有把自己上司真正當成虛君的習慣，他也認為黎元洪是他底上級，是應該享有若干實權的大總統。因此段系人物中只有個精明強幹、有現代頭腦，而自視過高的政客徐樹錚，真把《民元約法》當成護身符，而敢於去黎的總統府替段總理背黑鍋，不時地頤指氣使一番。因此，他這位祕書長也就變成反段派底眾矢之的。黎大總統和黎系人物，非把他趕出國務院不可。這也就是拙著前篇所說的徐孫（洪伊）之爭的關鍵所在了。

總之，這個轉型期的北京政府，實在是個黎段共治的兩頭馬車。黎認為段祺瑞是由他特派的部屬，組閣時閣員的遴選，他也是責無旁貸的。因此，黎的心腹股肱——孫洪伊，也就應運出任段內閣中炙手可熱的內務總長了。段雖視孫為背上之芒，段派中的徐樹錚更視之為眼中之刺，亦無可如何也。

再者，在黎段的聯合汲引之下，帶有國民黨籍的伍廷芳、陳錦濤和程璧光就分別出任段內閣的外交總長、財政總長和海軍總長了。因此這個段總理，如真的負起「責任」來主持國家大政，如參加歐戰、舉借外債、發行公債、廢督裁兵，乃至一般的內政外交政策，而與閣員發生了齟齬之時，這些有舉足輕重地位的閣員，由於不同黨派，而鬧出雙重忠誠（double loyalty）的政治問題，來個聯合杯葛或辭職，段總理就要變成孤家寡人，一個人單獨到國務院去上其獨人班了。

筆者作此事實的敍述，一般讀者看來，可能認為是在說故事、講笑話，來奚落我們的段總理，其實這是個真實的故事。您怎能相信，在後來「參戰案」的高潮期，國民黨籍和黎系閣員聯合辭職，真逼得我們這位個性倔強、不善周旋，而又剛愎自用的段老總，真的一個人到國務院去辦公，而上其獨人班呢？黎總統就因為這位老軍閥的國務院內只剩他一個人了，乃一不做、二不休的，下令把他「撤職」。這一下才引起北洋系督軍的聯合造反、溥儀復辟，一大串的政潮來，迫使他向外國使館逃難。最後還要恭請老政敵——段前總理，回來收拾殘局的荒唐故事。到時再詳敘吧。

長話短說，在北洋軍閥集團裡，黎、段二人都還算是正人君子，有節操、識大體而清廉可風的、難得的政治軍事領袖，而民國政局最後崩潰到底，其骨牌效應至今未息者，他二人也是始作俑者。何以如此呢？說穿了，實在是那時適當轉型初期，中國中央政府還未能轉出個可行的制度來。這個非牛非馬的中央政府，就非出紕漏不可了。

試看段祺瑞這位所謂「責任內閣」的內閣總理，在古今中外的議會政治史上，哪有個責任內閣之內，負責內政、外交、財政和海軍的重要閣員，都由反對派（opposition）的政客來充當呢？有之，則只有段總理一人了，真是打破金氏紀錄。因此，在這個既非內閣制，也非總統制的荒謬情況之下，誰也弄不上軌道。形勢比人強，史家就不能厚責於兩位還是相當可敬的老軍閥了。

四無的總理，粗心的總統

事情之更有滑稽者，段祺瑞既然在議會政治上如此無知和窩囊（naive），那為什麼這個總理位子非他出任不可？這我們就得說清楚段氏政治實力的根源所在了。段的政治力量，是建築在他對當時北洋系所把持的地方藩鎮的影響之上。這些藩鎮老爺的現代名稱，便叫做「地方軍閥」了。我們讀史者，不是動不動就說民國初年那個時代是「軍閥時代」嗎？的確，那時中國的政權是落在軍閥之手，他們並且有個鬆散的組織叫做「督軍團」。而這個督軍團內，手握重兵的督軍們，大半都是段祺瑞的門生故吏。他們為著群龍無首的實際需要，也是由於所謂舊道德，或封建道德的心理作用，促使他們都以段總理、段老師的馬首是瞻，這就是段的潛勢力所在了。

其實段祺瑞本人倒是個四無的總理，他一無直轄的軍隊；二無可以盤據的地盤（像張作霖在東北，閻錫山在山西，岑春煊在兩廣那樣）；三無固定的經濟收入，除由英國人所控制的若干「關餘」之外，段內閣沒個固定的財源──它初成立時連維持北京治安的軍警、府院國會人員的薪餉，都無法按時發放，要靠有國民黨籍的財政總長陳錦濤去四處張羅（見下節）；四無一個固定外國勢力可以倚靠（像國共兩黨最初之聯俄，國民黨後來之聯美），皖系直承袁世凱衣缽，原有其反日之傳統的。段祺瑞其時之力主「參戰」，而日本盡力加以阻擾，便是段要抵制日本對山東的掠奪，皖系後來之終為日本所利用，而日本又反而支持中國參戰者，那是日本在「西原借款」陰謀得逞以後的事（詳下節）。

從表面上看來，段在北京政府之內的政治基礎，既然如此脆弱，以黎元洪為首的反段派，對他難免就有其過分輕視的心理了。黎元洪的錯誤，便是他得意忘形，眼看段老總在北京政府之內變成個孤家寡人了，就居然把他「撤職」，這一下他就觸動了一個極大的馬蜂窩，群蜂齊出，督軍叛變，黎老總招架不了，就只有逃之夭夭。這一來，再經過一番「張勳復辟」的鬧劇，此後在「安福系」控制中的北京政府，才真正地成為皖系的天下，此是後話。

絕對服從vs.依法分工

皖系的政權既然靠的是地方軍閥的支持，這些地方軍閥又是什麼回事呢？這兒也有稍事澄清一下的必要。

在上節我們不是提到傳統中國有個合久必分，分久必合的「周期」問題嗎？合久必分就必然會出現王綱解紐、法統掃地、藩鎮跋扈的老現象。這一現象發生在近現代中國，就是所謂「軍閥橫行」了。

我們要知道，一個正常運作的國家，不論帝制或民治，總得有個維持社會安定的法統。老實說，當代中國所謂「轉型運動」，也可說是從一個老的、不合理的維持社會安定的舊法統「轉」到一個新的、現代化的、比較合理的新法統。

秦始皇以後，兩千年來，在傳統中國裡，維持社會安定的舊法統是什麼回事呢？引用一句

《毛語錄》裡明確記載過的老話，那就是「下級服從上級，全國服從中央」這十二字真言了。那是毛主席從共產黨鬧革命，鬧出來的經驗之談。只是下面還有一句「中央服從個人」，他老人家不好意思說出口罷了。其實這十八個字，便是我們兩千年來帝王專制制度，也就是毛主席所歌頌的「秦制度」（秦始皇所發明的制度）的精義之所在，這也就是維持舊中國安定的「老制度」、「老法統」。因此從現代政治轉型史的觀點來看問題，毛之傾心於這項老制度、老法統，就是所謂封建反動了。

為什麼呢？因為我們作為轉型最後的目標，是現代化的議會政治，不是誰服從誰的制度。把它翻譯成中文也有個十八字訣，那就是：「上下各有職守，彼此分工合作，大家依法行事。」在先進的民主法制國家裡，地方政府和中央政府的關係便是如此的，這就和中國式的「下級服從上級……」那十八個字，在制度上完全不一樣了。可是，這一套所謂「民主法制」，是完全與我們政治傳統相違背的洋東西。我們要把它全部學會而掌握之，非數百年不為功也。民國時代一時學不到，大家搞起議會政治來，其結果反變成既不分工，又不合作，更不依法（例詳下節）。哪能不打他個頭破血流，弄得「民國不如大清」呢？

因此，朋友，上述的老制度、老法統，不論是如何地封建反動和不合理，它卻是在中國一行兩千年、有效率的制度。我們既然搞不出個新制度來代替它，弄得無法無天，全國大亂，那就反不如保留這個有效率的老制度為佳了。這也就是民國初年的老百姓，抱怨「民國不如大清」，當前大陸上某些保守的中國人，還在懷念「毛主席時代」的道理了。

這也是「歷史三峽」中，逆水行舟，不進則退，時時都要發生「洄水」最主要的原因了。這也就是民初的黎段交惡的癥結所在了。在他二人之間的政治運作，沒個制度可以遵循，維持舊中國安定的下級服從上級的「老制度」已經不存在了；依法分工合作的「新制度」還沒有建立起來，他二人之間一旦發生了疙瘩，不論是大是小，不論為公為私，都無法和平解決了。把話說清了，則黎、段之間的問題不得解決就沒什麼費解了。

王綱解紐，藩鎮跋扈的現代版

在拙著《袁氏當國》中，我們曾提到民國元、二年之間，袁世凱和國民黨之爭的問題也在此，那個原有的「老制度」沒有了，按議會政治的規則來解決政治糾紛的「新制度」，孫袁兩方都還不諳此道，對之置若罔聞，不願遵守，大家就搞起「槍桿出政權」了。孫的槍桿被袁的槍桿打敗了，孫袁雙方就都要恢復秦始皇的老辦法了。孫在野，只能口說；袁在朝，就真的搞起上述的十八字真言了。在袁氏搞帝制運動之前，他也的確做到了，中國在表面上也真的恢復了短期的安定，革命黨人不投降的，就只好到股票市場去打打股票的主意，以了餘生了。

袁之糊塗是他得意忘形，要穿龍袍、做皇帝。他如有他後輩蔣介石、毛澤東一樣的聰明和機警，只搞搞「于右任（余又任）、吳三連（吾三連）」，做做終身總統，朋友！袁還是個治世之能臣呢。在他的治下，古老的中國可能不需要等到江澤民、朱鎔基的出現，也就早登富強之列了。不幸他聰明一世，糊塗一時，要自己來搞黃袍加身，歷史三峽，就要發生洄水倒流的現象，前功盡棄，言之可歎。

袁死黎繼，上述三句真言就一句也沒有了。下級既不服從上級，全國也不服從中央，中央也不服從一人了。這在中國古代的政治史裡面，便叫做「王綱解紐」。在一個有兩千年習慣於「國家強於社會」的國度裡，一旦王綱解紐，便全國癱瘓，一癱到底，法紀蕩然，就變成藩鎮跋扈、軍閥橫行了。

不受國家法令管束的「軍閥」

既然在軍閥橫行之下過日子，我們也就可以把「軍閥」二字慢慢來下個定義了。什麼叫做「軍閥」呢？「軍閥」便是在王綱解紐、法紀蕩然、制度癱瘓的情況之下，政府體制中以統率軍隊為職業的人，據其部隊為私有，下級不服從上級，全體不服從中央，中央不服從一人，這種完全不受國家法令約束，或對國家法令陽奉陰違，而習於自由行動的武裝軍官，不論大小就是軍閥了。

筆者記憶中，幼年時，曾知道我鄉的農村小鎮裡，出了個諢名叫做「魏三鬧」的「魏督辦」，他擁有槍兵二十餘人，為一鎮之長。他在當時的政治體制中，原是一個低級的民團（美國今日叫做militia）小隊長。想不到一次軍閥混戰中，他的上級都不見了，他就變成我們這一鎮的「督辦」了。他可以隨意徵夫、抽稅以自給。我們全鎮也仰賴他防盜、防潰兵，而予以由衷的擁護。後來政治秩序恢復了，新建的地方政權，動搖不定，對他既不敢、也不願強加管束。因此他這個督辦，仍然是我行我素，做其頗有生殺之權的小土皇帝。這就是筆者幼年所親見的一個軍閥細胞了。

從這些小細胞開始，大到一縣、一省，最大的軍閥像張勳、曹錕、吳佩孚、張作霖，可以擁兵數十萬，據地數省，做其督軍、省長、護軍使、巡按使，甚至把持中央政府，做其大元帥、大總統。那些沒有地皮可據的游離軍閥，像孫殿英、馮玉祥，或由孫中山所招攬的一些失去地盤的滇軍、桂軍、川軍、湘軍，則四處就食，隨意倒戈，但他們既不服從上級，也不服從中央，更不受法令約束，而自得其樂，則本性不改也。

這種大至曹錕，小至魏三鬧的，大小不同類型的軍閥，據當時研究軍閥有成績的專著，和筆者個人的計算，在十二年之內（一九一六～一九二八），大致在三千人左右，他們所統率的槍兵，總共不下百餘萬。可憐的中國，就在他們這三千多個大小軍閥的混戰之下，而沒有亡國滅種，也真是個奇跡。（參見《孤軍雜誌政黨專號》；文公直著，《最近三十年中國軍事史》

；以及章伯鋒、李宗一主編，《北洋軍閥，一九一二～一九二八》，第一卷，頁一～一六六。）

因此本篇所謂「皖系政權」，也就是漂浮在這種軍閥混戰的大湖之上的一隻由段祺瑞掌舵的破船，可是如上節所述，作為這個中央政府實際領袖的段祺瑞本人，卻沒個直屬的部隊和直轄的地盤。他和馮國璋二人都是北洋系的元老，他們下面的省級軍閥，分別依附在他二人的旗號之下，逐漸變成黨同伐異的兩大派系，這就是後來的「皖系」和「直系」軍閥的來源了。因為段是安徽（皖）人；馮則是直隸（今河北）產也（兩系名稱亦另有說法）。因此他們直皖兩系所控制的北京政府是什麼個東西，也就不言可喻了。

府院和國會的三頭馬車

記得不久之前，鄧公小平三起之後，某次曾在一公開場合，說明中國不能採用西方三權分立的議會政治。因為三權分立，實際上是「三個政府」同時運作，行政工作，相互抵銷，效率太差，在中國斷不能施行，云云。當時棲身海外的社會科學家都難免暗笑小平太土。毛澤東那個土老兒，不懂啥叫「人權」，鄧小平這個土老兒則不懂啥叫「制衡」。

其實，鄧公如果是個史學教授，上台講授早年中華民國政治史，他那套「三個政府論」就完全正確了。袁世凱之所以要做皇帝，就是要把那行不通的三個政府變成一個政府。後來皖直奉三系政客把個北京政府搞得一團糟，也是因為那「三個政府」的制度，在中國實在行不通之所致。

事有更可悲者，則是西方民主政府的三頭馬車，原是行政、立法和司法之三權分立也。「院」指的是「法院」，而不是「國務院」。因此我們民國初年所搞的，事實上只是「兩頭馬車」——「府院」和國會，或行政與立法分立而已。他們把「法院」一直當成個冷衙門，被遺忘得一乾二淨。因此在民國初年，中國所搞的只是個兩頭馬車，已搞得亂成一團，真正地搞起三頭馬車來，哪還得了？甚矣，議會政治之難學也。

二戰後國共內戰，中共大搞其統戰時，喊出最漂亮的口號就是要強迫老K搞三頭馬車、三個政府。可是等到人民中國一旦成立，他就收起三權分立的老口號，而另外搞其民主「專政」的一個政府了。最近老江也認為，中國如果要再搞西方式的議會政治，十二億人民就要挨餓。據說台灣今日弄得水深火熱，也有人要勸陳水扁總統去掉點禍水，並改名陳太平，那也是台灣搞西方式的三個政府搞出了毛病的結果。今日尚且如此，一百年前的民國初年，那還用說嗎？歷史發展形勢如此，夫復何言！

所以議會政治行之於中國，直到目前為止，實在真是三個政府，一點也不錯。鄧子名言，只是言其在中國施行的特色而已，原無大錯也。根據歷史的經驗，老江的話，亦未始沒有道理也。不信我們試看本篇所談的黎段之爭，其關鍵便是這「三個政府論」，在中國無法實行的實例，形勢比人強，非兩個老軍閥的二「人」之過也。

從「無法無天」到「法令如毛」

前節已言之，黎、段二人的工作關係如何界定，就只有依靠《民元約法》上的幾十個字了。一旦他們府院兩造，對這幾十個字的意義，發生了疑問，由誰來解釋（釋憲）才算正確呢？縱使另有權威（大理院）解釋清楚了，有誰能來強迫兩造服從（司法）呢？兩造縱使都願意服從國家的法律，則每項政治設施和處理，都得有其特定的法規（行政法）呀！這樣一來，豈不是法令如毛了？

老實說，朋友，任何先進的法治國家，都是訟棍如林，法令如毛的。那些都是幾十年，乃至幾百年積存的成就，不可一蹴而幾也。像毛主席在人民共和國當政期間，中華人民共和國一部法律也沒有。從這樣一個無法的落後國家要轉變成法令如毛的現代化法制國家，就非一朝一夕之功了。法令不全，則貪官汙吏、高幹子弟，就要鑽其法律漏洞來化公產為私產了，就以目前江朱李三公所領導的中國為例吧，大陸今日是迅速地現代化了，為著實際需要，也是法院如林，法官如毛了。但在這如毛的法官群中，據說卻沒幾個法官真正懂得啥叫法律呢！法學教育尚不能配合需要嘛。所以距離真正的法治，縱在今日，都還有一段長路好走呢，何況百年之前？（廣東近有法官一萬零五百人，六年前有四成半無大專學歷，今稍好，然仍有二成。近年有法官六百零五人，因不稱職，而被免職，見紐約《世界日報》二〇〇一年十月七日。）

在民國初年，軍閥政府比毛澤東的無法無天雖略勝一籌，但是當時中國的法令也沒有幾部，大家談「法治（制）」，大半也都是搞不清楚的瞎扯淡（例如作為黎大總統喉舌的饒漢祥，就不懂啥叫「法人」，他以為法人就是「公務員」，因而自稱「漢祥法人」。為此，他也就有了個外國諢名，叫做「巴黎人」了）。

雖然那時政府之內，也有許多「了不起的人物」（胡適語）像梁啟超、王寵惠、顧維鈞等人，但是他們只是九牛一毛，一毛要牽動九牛，那就是幻想了。這些洋東西，直到二十世紀六〇、七〇年代，毛澤東、鄧小平都還不能掌握，民國初年的政客、官僚和社會大眾，就更是花崗石頭腦了。花崗石中所保存的就只有毛主席所說的「下級服從上級，全國服從中央」了。一切讀者賢達，您千萬不能以「現時觀念」來厚責古人啦！思想轉型是有其強烈的階段性呢。一切都是黑貓白貓慢慢地摸索出來的，慢慢地培養出來的，哪能一索即得呢？明乎此，我們就知道，黎段兩個老軍閥，把個府院之爭，鬧得水深火熱，就更不難理解了。

在老黎心目中，乃至在他身邊，為他撰寫文告的「巴黎人」饒漢祥先生的忠告裡，他是一國元首，下級服從上級的最高上級，掌握著「印把子」，號令全國，怎能做橡皮圖章，只蓋印不管事呢？

可是在段的眼光裡，乃至在他不可須臾離的祕書長徐樹錚的認知中，中國當時實行《民元約法》是責任內閣制，他段總理才是全國的最高行政長官呢。黎總統只是個花瓶，哪能遇事干擾國務院的行政呢？所以徐祕書長對總統府就頤指氣使了。

他兩造原來是各有道理，在一個現代化的民主國家裡，他府院兩方的正常關係，應該是彼此分工合作，大家依法行事。可是行之於中國，雙方的關係就糾纏不清了。長話短說，他們的關係就變成不分工、不合作，不依法行事。事實上，也無法可依。所以他們的府院之爭，也就永遠無法和平解決了。其骨牌效應，至今未已。

老國會是怎樣恢復的？

再談談三頭馬車之一的國會吧。袁死段繼之間，那時各派政客和南方軍閥，爭得最厲害的，便是恢復《民元約法》和「民元老國會」，兩者在當時都是神聖無比的，但是讀者知否？所謂民元老國會，也是我國近現代史上，第一個只結不散的，沒個固定任期的萬年國會也。這個國會的上下兩院，共有議員八百七十餘人。他們是在民國元、二年之間，經各省「選」出的代表，在民國二年（一九一三）四月八日正式就職開議的。在這民國史上號稱「第一個正式國會」裡，國民黨原是第一大黨，宋教仁便是想運用此第一大黨來組織責任內閣，而招致殺身之禍的。

由「宋案」而引起的「二次革命」（一九一三年夏季），雖然導致孫袁決裂，但袁世凱對國會中第一大黨的國民黨卻曲予優容，因為他要利用當時的國會，來選他做中華民國第一任正式大總統。袁氏當選了之後，於十月十日正式就職。國會正在進行制憲，並曾推出中華民國制憲史上「第一部憲法」，所謂《天壇憲法》。可是這部憲法還有待政府正式公布施行時，袁就在國會中找個藉口來驅除國民黨議員了。結果有四百三十八名國民黨議員的議員證，於同年十一月五日被袁勒令吊銷，國會失去了開會的法定人數，這個所謂「民元老國會」就被解散了。其後在外籍憲法顧問的鼓勵之下，袁就炮製出一套適合他理想的「新約法」，並於一九一四年五月一日公布施行。

袁死之後，由於南方護國派的堅持、段的同意，「新約法」再度被廢除，《民元約法》和「民元老國會」也就隨之於民國五年（一九一六）六月底八月初，相繼恢復了。

早年國會的特點

筆者曾一再強調，「議會政府」（Parliamentary Government）原是我國近現代史上，政治轉型運動的終極目標。不幸在轉型初期，這個議會卻是個無法躐等施行的體制，一個可笑的大衙門和政治盲腸。它那八百羅漢的議員也是頗為社會輿論所詬病的，生活腐化的高級官僚，何以如此呢？

首先是這八百羅漢之中，卻沒一個羅漢，是由中國老百姓真正投票選出來的。他們原是各省區之內，對革命有功的革命派和立憲派（老保皇黨），甚或是一些特地為競選議員而組織的各種社團的頭頭，相互鬥爭和協調，再經過各省縣的諮議局或省議會（也不是民選的），和各省都督，分別指派出來的，他們沒有選民。嚴格地說，他們也不代表老幾。他們之中當然不乏才智之士，如胡適所說的「了不起的人物」。可是當時北京的政治環境，尤其是這個羅漢廟，卻是個逐漸腐爛的政治醬缸。任何才智之士（包括梁啟超），一旦投入，為時不久，就會變成一個黨同伐異，爭吵不休的北京特產的幫閒政客。

更可嫌的是他們人多勢大，而位尊祿厚。他們個體的年薪，平均為六千銀元。以當時購買力來計算足夠購買至少一千擔華南的稻穀，或相同數量的華北大麥。這在當時餓莩遍地的中國之任何一省，都是個特大號地主的收入。另外，國會每次會議時，與會者更享有「出席費」的高額補貼。至於山珍海味的宴會；花酒、鴉片、賭博的酬酢，就更是家常便飯了。這與當時徹底破產的中國社會中億萬民眾的貧富差距，未免太大了。他們事實上，與當時貪汙腐化底軍閥官僚，是一丘之貉。但卻是統治階層中，最大的一個官僚集團，哪能算是人民的代表呢？

再者，民初的議員也沒有多少人，懂得什麼叫做「議事規則」。在正常集會時，除吵鬧不休之外，往往是會而不議，議而不決。因為會議時法定人數，時有不足故也。當時很多議員個人生活也非常糜爛。吃喝嫖賭，拉關係，走後門，都視為當然。當年北京的紅燈區，住滿高級公娼的「八大胡同」，便是國會議員最愛光顧的遊憩之所。社會人士也見怪不怪。君不見，當時清望所鍾的北京大學的文科學長（文學院長）、中國共產黨的創黨人和「家長」——陳獨秀教授，不也是八大胡同的常客？那是近代中國政治社會文化轉型運動的初期嘛。社會輿論不以為異呢。且用個今日大陸上的口語，八大胡同「你不逛白不逛」呢。（關於當年國會之不得民心，參見張玉法著，《民國初年的政黨》，一九八五年台北版，所引媒體的報導和評論，頁四五〇～四五一。）

或問：議會政治，在今日先進的民主國家裡，都是全民景仰的體制，何以行之於中國，就糟亂若此呢？答曰：在先進的民主國家裡，這種議會制度，都是數百年不斷的實踐，慢慢地一級一級發展起來的結果。我們來個速成班，搞東施效顰，一步登天，哪有這麼容易呢？百年回首，時至今日，二十一世紀了，且看台灣的議會政治，是否還有待改進呢？大陸至今對它還視為毒蛇猛獸，望而生畏，碰也不敢碰一下呢。

總之，咱中國佬，要想掌握這套本領，恐怕至少還要半個世紀的苦苦磨鍊呢。近百年前，我們的老輩政客，看人家挑擔不重，畫虎不成，就出笑話了。

【附註】我的好友，當代治民初國會和政黨歷史的權威張玉法、張朋園兩教授，都相信書面史料，認為民初國會議員真的是當時具有選民資格（約占全人口百分之一）的選民選舉出來的。（見張著前書，第四章，第三節。）在下比兩位張教授癡長半代。舍下親友老輩，頗有當年國會中人。根據筆者個人幼年期所聽到的「口述歷史」，就沒有一個所謂議員真是經過選民票選的。這也就是我個人所深信，「口述歷史」往往可以彌補著述歷史之不足的緣故。

再者，抗戰後，我自己也具有選民資格了。在一九四七至一九四八年，所親眼看到的立監國大代，也絕少是真正選民票選出來的。參選的候選人，其主要競選的地區，不在他們參選的省縣，而是在南京四處請託。當時大陸上最現代化的選區，上海南京應該是模範了。可是我在先岳吳開先先生逝世後，一次和上海區選出的立委馬樹禮博士閒談，馬公就告訴我說，當年在上海參加選舉，「沒有開公點頭，是不可能當選的。」其所以然者，是當時立監國大代的名額的分配，已由國民黨各派系，和民社、青年兩黨議定了。競選者只能在各該黨派中和自己的同志去競選，與社會上的一般選民，關係不大也。吳開先先生當時是執政黨、ＣＣ系駐上海監管選務的要員。沒吳氏點頭，任何競選者，都難得冒進了。上海尚且如此，其他落後地區，尤其是民國初年，那就更不用談了。

筆者本人在離開大陸之前，也曾在我母省安徽當過一陣編輯和記者，個人所見所聞的選舉故事，也是筆難盡述的。此處談點個人的觀察，絕無意低貶前賢老輩，我只是覺得「形勢比人強」的歷史古訓。我們近現代中國的政治社會文化轉型運動，是分階段前進的。時代未到，新體制不但是無法躐等推行，甚至不斷地在洄水中倒退，而且愈退愈遠。

且看民初國會議員，在國會內曾享有許多獨立行動的自由，包括拒賄和祕密收賄的自由（像曹錕賄選）。在國民黨時代，雖然許多自由都沒有了，但是競選者如認為選舉不公平，還有抬棺材抗議的自由。到共產黨時代，不但抬棺材抗議的自由沒有了，連開會不舉手的自由也沒有了。這就是歷史三峽中的洄水，把躐等引進的政治社會體制回沖得愈來愈遠的實例之一啊。

不是議會政治，是幫會政治

這也是轉型期所避免不了的現象吧，這種不新不舊的政客，他們所表現的新舊之長，往往遠不如他們所保存的新舊之短。前篇已言之，這種政客，在民初所組織的各種大小政黨就不下三百餘個之多，參眾兩院的議員，往往身兼數黨，而且朝秦暮楚，為著一己政治利害，而變換無窮。

在袁世凱時代，所謂政黨內閣，曾盛極一時。為著爭取「入閣」，甚或「組閣」，小黨派成員乃紛紛結盟，毀黨造黨，分別形成了親孫的「國民黨」和擁袁的「進步黨」，事詳《袁氏當國》。在兩黨之間發生了爭執之時，不用說「肢體抗爭」之激烈，不下於今日台灣之立法院。斯時去古未遠，議員們所使用的文具，都還限於毛筆和硯台。在辯論激烈時，往往筆硯橫飛，墨汁四濺，當之者就頭破血流不成個人形了。所以後來國會之中數百只的石製硯台，都被釘牢在辦公桌上，動搖不得了。筆者述史，為何連個小小的硯台，也不放過？無他，搞微觀史學，從小看大耳。

我們要知道，台北今日所實行的議會政治中，一些肢體抗爭的現象，只是大陸當年搞議會政治的遺傳而已。一脈相承，沒啥稀奇也。今日台灣，李前總統，和呂副總統，都不要做中國人了。但是他們政治血液的因子，還是地道的國產嘛，想做真正的日本人，也就很不容易了。大陸上的老江，今日之所以堅決否定議會政治者，朋友，您看看博物館中，民初國會中的硯台，和今日台灣鬧選舉的亂象，您或許也會同情他底恐懼的。大陸太大，亂不得也。

以上所說的，還只是民國初年，搞議會政治問題的冰山之一角。至於他們如何搞實際政治，則明暗、大小就各異其趣了。在袁世凱時代，他們要參加選舉總統，組織內閣，場面大矣哉。所以要毀黨造黨，從小變大，庶幾人多勢大，進而掌握大政。可是到黎段當政時，總統和內閣人選早定，搞政治變成搞小圈圈，以便爭取實權、實利，搞大黨就不如搞小派運用之方便了。因此政客之間的興趣，就集中於組織小派系，和組織小而收穫大的政治俱樂部了。

在老國會恢復之初，首先老的「國民黨」和「進步黨」都萎縮了。前者的骨幹乃另組其「憲政商榷會」和「政學會」（後來南京國民黨政權中「政學系」的始祖）一類的小組織，以便在當時最熱門的政治事件中，實際參加，並發生影響。一些滄海遺珠的國民黨員，則仍然株守於其老巢，什麼「客廬派」、「韜園派」和「丙辰俱樂部」一類的小組織。總之，原來號稱「國會中第一大黨」的「國民黨」，是被一些親孫、離孫，乃至叛孫的小組織代替了。

至於老的「進步黨」，它也以相同的道理分裂了。其骨幹精英，在梁啟超等人領導之下，與袁世凱時代就存在的老的「研究系」（以梁啟超為首），和「交通系」（原來以梁士詒「財神」為首，把持了財政部、交通銀行，和鐵道運輸的親袁老官僚的無形政團）聯合，也組織了一個實力雄厚的「憲法研究會」。因此，這個恢復了的「民元老國會」，就變成兩個以研究憲法為名的政團短兵相接的戰場了。（參見一辛著，《中國政黨小史》（節錄），載上引《北洋軍閥，一九一二～一九二八》，第一卷，頁二一三～二三〇。）

可歎的是，他兩方傾軋，重點不在福國利民，而是以各該系的本身的利益為主。因為兩系都不是「選民」選出來的，沒有對選民負責的問題。所以他們既不代表任何社會階級，也不代表任何社會團體。因此他們爭吵的內容，就純粹以各該系政客最狹隘的私利為出發點了。這也就把最高級的議會政治，低貶成最低級的幫會政治了。事實上，上述鄧小平和江澤民所詬病的，不是英美式的議會政治，而是畫虎不成，走了樣的中國式、走火入魔的「幫會政治」。

在宏觀史學的遠景之前，議會政治蓋為將來中國必有的客觀實在。但是它在早年的中華民國，和現在的中華人民共和國，都還可望而不可即，一般人民和當國者，都被幫會政治（像文革時期，四人幫那樣的政治）嚇昏了頭，便錯把幫會政治，當成議會政治了。

顧維鈞VS.唐紹儀

經驗豐富、觀察入微的當年的國務總理顧維鈞先生，就曾經告訴我一則他親身經歷的，和他岳父唐紹儀齟齬的小故事：

據顧氏回憶，在他第一次出使華府時，適逢袁死段繼。國庫枯竭，官府薪餉不繼，財政總長陳錦濤，乃連電顧使在美國試舉外債，以度難關。顧氏奉命之後，乃使盡渾身解數，在美國銀行界尋覓不帶政治條件之放款。並儘量避免舊有借外債之陋規，壓低利息，為中國舉債六百萬美元，以濟北京政府的燃眉之急。交涉完滿解決，北京大樂，優電褒獎。顧亦私心自慶，斯為中國政府舉借外債以來，條件之合理與優越，均為前所未有之創舉。殊不知正在此歡慶期間，顧家突然收到岳丈大人、前國務總理唐紹儀拍來的急電。嚴囑顧氏停止此項交涉，註銷此項外債。顧氏接電之後，夫婦皆為之驚詫不已。顧如遵岳丈之囑，一通電話，便可立刻中止此一外債之簽署，則北京政府便立刻陷入經濟危機，段內閣即有倒閣之虞，國家勢必再遭動亂，前途可能也就不堪設想。

當顧氏告訴我這段祕史時，我問：唐前總理此時退休在滬，何以忽然靜極思動，起而干涉朝政呢？顧說：唐紹儀是國民黨員，此時他顯然是奉中山之命行事也。我問顧氏，在此公私兩難的夾縫中，您自己何以自處呢？顧說，他身為國家駐外使節，一切當以國家利益為重。此時國家的安定問題要緊，他們自己私人間的翁婿之情，就不應該越分了。我再問，當時國家統一，國民黨也是支持北京政府的嘛，財政總長陳錦濤，不也是國民黨員參加內閣的嗎？何以唐紹儀還要乘危搗亂，製造政潮呢？顧說，正是這話，他覆電岳父，也就說這次舉外債，是奉財政總長之命行事的。唐紹儀接到女婿抗命的覆電，當然也是氣惱不已。當顧公告訴我這段他們翁婿之間不快的故事時，他也向我感歎，那時反對黨之反對政府，都是遇事必反，不談原則，不擇手段的。這就與先進國家反對黨的作用，迥然不同了。所以當時中國政局之糟亂，亦不能專責於軍閥政府也。（參見《顧維鈞回憶錄》，中文翻譯版，第一冊，頁一四四～一四七。）

制憲、參戰，兩大政治皮球

上面的例子還只是唐氏以親戚身分，私人干政；國會就不同了，它是中央政府中三個分權單位之一。它如遇事必反，把政府所制定的政策，當成政治皮球，在議會中踢來踢去，這個中央政府便要擱淺了。今日台北政壇的混亂，多少也似乎與這個傳統有關。當年的當政者的袁段蔣毛之憎恨議會；後來鄧江諸公對議會政治的顧慮，顯然也在此。

從大處說，當年黎段當政時代的國會裡，就有兩大皮球被踢來踢去，最後鬧垮了段祺瑞內閣，引起軒然大波，使尚在襁褓之中的議會政治癱瘓到底，天下大亂，至今還令人談虎色變。這兩大皮球，第一是「制憲」；第二便是「參戰」。

先談談制憲，前文曾說過，當年搞政黨政治的政客們，最高的理想，和最大的興趣，便是制定憲法。他們認為，只有實行三權分立的憲法，才能約束獨裁，防制寡頭。讓政黨黨魁組織責任內閣，使政黨政治發生實效，才是解決中國政治問題的根本辦法。他們這一理想，在袁世凱時代，被老袁徹底地粉碎了。如今到黎段時代，他們就企圖重振旗鼓了。因此，在老國會恢復之後，國民黨的精英都集中到一個新組織的「憲政商榷會」去了。進步黨的精英則熱中於他們的「憲法研究會」。兩黨的本身，對他們活動分子來說，似乎都是次要的了。

一百年快過去了，今日我們回頭看去，所謂憲政運動，在民初中國，似乎只是笑話一場（且看縱在五十年後，劉少奇還曾手執憲法，向紅衛兵喊叫的慘事，其餘就不必多說了）。這就叫做「文章不與政事同」了。但是在當年的國會裡，他們卻搞得煞有介事。黎總統當時對政黨政治就表示支持，段總理，尤其是段之下的省級軍閥和政客，對他們就存有戒心，而要加以壓制了。

但是國會畢竟是人多勢大的機構，段系只是一些舊式軍人和政客，他們一不會組黨來以毒攻毒；二不會發動革命群眾來助紂為虐。他們只能利用便衣軍警拿零星小錢，來雇用街頭失業遊民，甚或乞丐妓女，來組織所謂「公民團」，以最可笑的方式來包圍國會，作其下流的反擊。反擊無效，他們就動刀動槍來對付國會了。秀才遇到兵，這「民元老國會」，終於被張勳的槍桿解散了。

「參戰案」是怎樣開始的？

第二個更嚴重的政治皮球，就是「參戰案」了。

所謂「參戰案」者，便是一九一四年七月，歐洲的德奧與英法兩幫帝國主義之間，忽然爆發了一場國際戰爭，後來演變成「第一次世界大戰」。這一戰爭雖然發生在歐洲，因為戰爭雙方都是白色帝國主義，它就必然牽涉到交戰各國在亞非拉澳四洲的殖民地了。中國那時正是交戰兩方的次殖民地和半殖民地，而日本其時則是英國的同盟國，因而日本也就學模學樣的，做了個外黃內白的「香蕉帝國主義」，加入了英法一幫的協約國，對德宣戰。日軍既然不能遠赴歐洲去參戰，她就向在我國山東半島的德國租借地開戰了。她不但占領了膠州灣和青島的德國租借地，她甚至把中國整個的山東半島，也給霸占了。並乘歐洲列強無暇東顧之時，向中國政府提出「二十一條要求」，要把中國乾脆變成日本的殖民地，事詳《袁氏當國》。

就在歐戰正酣之時，我國朝野，尤其是對歐戰有「研究」興趣的知識分子和政客，也就發生了中國應否像日本一樣的去「參戰」的問題了。就在這研究中和辯論的當口，歐戰轉劇，德國於一九一七年二月，宣布了她在世界五大洋，各公海中，為封鎖協約國的海上物資供應，而實行其所謂「無限制潛艇政策」。這一來就直接影響了美國的對外貿易了。

這時美國的對歐政策，本是偏向於支援協約國的。只因國內德裔公民阻力太大，一時尚需維持中立。迨德國的無限制潛艇政策一宣布，尤其是美國郵輪被襲擊之後，美國便於一九一七年四月六日，向德國宣戰了。美國既然參戰了，美總統威爾遜也就有各種理由，邀約中國一同參戰。美國對中國的邀請書一旦發出，中國政府如何回應呢？這在北京政府之中，和全國輿論之上，就發生中國參戰與否的現實問題了。

參戰利弊大辯論

當時主張參戰最力的是國務總理段祺瑞，和他底「北洋系」的全班人馬，這批「北洋軍閥」之熱中於參戰，其動機顯然就不像段氏之單純了。其時以梁啟超、湯化龍為首而擁段的原進步黨和研究系等有影響力的政客，也全力附和。他們認為參戰對中國，有百利無一害。理由甚多：

首先是美國參戰以後，協約國在歐戰中的最後勝利已十分明顯，因此中國應該參加協約國，庶幾在將來的國際和會上，有爭取勝利果實的權利。

中國的著眼點則集中在山東半島，因為日本志在戰後，承繼德國在山東的殖民地而擴大之。中國要抵制日本，收回山東半島，就非參加戰後和會不可。要參加將來的和會，目前參戰而成為戰勝國，實為必需也。

再者，中國參戰之後，不特可以立刻收回德奧等國在中國的所有租借地和一切財產，停付對德奧等國的庚子賠款；還可以參戰為藉口，要求緩付對協約國英法美義等國的庚子賠款，其年均總數皆在兩千萬元以上。由緩付開始，戰後中國，更可乘機要求全部停付一切賠款。前途無限，利莫大焉。

抑有進者，在段黨看來，中國參戰還得有其參戰軍。段政府正可乘機擴大國防軍，增加北京政府在國內外的軍事力量。為著擴軍，政府還得整頓稅收，交涉外債。總之，對段政府而言，參加世界大戰，對中國是有百利無一害的，所以段氏主張接受美國邀請，立刻參戰。事實上，段氏為著參戰，幾乎廢寢忘餐，全力以赴。其剛愎自用的個性，在參戰政潮上也表露無遺。

反參戰也另有理由

可是黎元洪何以反對參戰呢？說穿了，黎與段至此已是勢成水火的政敵。凡敵之所好，我必反之，已成為轉型期中國政壇的公式（包括國共兩黨當政時期）。更重要的還是，黎此時是一位徒擁虛名的政治領袖。但他卻有其被利用的政治價值。這時剛剛恢復建制的老國會，和國會之中的多數黨（老國民黨各派系），和他們現時在野的老黨魁孫中山，以及當時盤據西南數省的實力派，像原護國軍首腦、現任雲南督軍的唐繼堯、廣西督軍岑春煊、廣東督軍陸榮廷，也都聲明反對參戰。在他們底影響之下，京滬各大都市中一些商學團體也反對參戰。並在北京政府中公開表示擁黎反段。這一來，中國是否應該參戰的問題，黎段兩派，就旗鼓相當，政府也就隨之一分為二了。那位原無政治實力的黎大總統，在各實力派一致擁護之下，也就頂起了「反參戰」的半邊天了。（關於參戰辯論和輿論的原始文件，上引《北洋軍閥，一九一二～一九二八》，第三卷，頗有選錄，見頁五六～一九九。）

反參戰的理由何在呢？說來也是大可理解的。就以孫中山先生來說吧，站在一個民族革命家的立場來看，第一次世界大戰，原來就是一場白色帝國主義搶奪殖民地的戰爭。我們這個深受帝國主義之害的中國，有什麼理由來參加他們帝國主義之間的分贓戰爭呢？

再者，在一個革命家看來，中國問題之徹底解決，是個革命成功與否的問題。不幸的是辛亥革命半途流產，革命果實被北洋軍閥攔路打劫去了。現在「革命尚未成功」（中山口頭語），弄得民國不如大清。目前中國的當務之急，是打倒軍閥，完成革命。如今袁去段來，軍閥盤據如舊，全國上下，還要擁護軍閥，乘勢壯大，去參加歐戰，豈非捨本逐末？所以孫中山就反對參戰了。孫中山當時在國內是頗享清望的，在他底號召之下，商學各界，就深受影響了。

至於西南各省的軍頭，為何也反對參戰呢？那就更不難理解了。他們所反的事實上卻是北洋系這一政治實體，而非「參戰案」這個政策。因為時僅一年之前，在反袁世凱帝制的「護國戰爭」期間（一九一六春季），他們初次擺脫了北洋系的控制，頗嘗南北分治的政治甜頭。如今袁去段來，北京政府雖然少了個皇帝，然北洋系控制北京政府的本質，卻是換湯未換藥也。加以他們原來又都和革命派甚為接近，雖然無愛於國民黨，但是他們原和黎元洪一樣，也都以民國的締造者自居，對北洋系的軍閥，忌嫉與憎恨兼而有之。如今眼見段派北洋系以參戰自肥，他們以反參戰為藉口，而達其擁黎反段的目的，也就是順理成章的事了。

若論部分國會議員之反參戰，其所反者，實際上亦係北洋系之專政，非參戰之政策也。中國參戰與否，對他們實在非關宏旨。若在任何情況之下，能使北洋系政府垮台，由國會議員來組織責任內閣，則參戰與否，原不在話下也。

一言以蔽之，這也就是「轉型期」政治現象的可悲之處了。各實力派都要利用響亮的政策問題為藉口，來大踢其與政策無關的政治皮球，從事權力鬥爭而已。還是李宗仁先生的話說的好：「在大家鬥到白熱化的時候，哪還想到什麼國家民族囉。」

幕後的經濟暗盤

以上所述都還限於中國政壇上冠冕堂皇的表面文章呢，歷史家如揭開他們舞台後面的幃幕，看看他們台後的運作，就與台前頗有不同了。因為在民國政治史中的政爭，和其他歷史上的政爭，也只是大同小異的，那就是政治背後往往還有其經濟暗盤也。首先是第一次世界大戰期間，也是國際關係史上所謂祕密外交的高潮期。表面的公開外交是一套，暗盤中的祕密外交又是另一套。一次大戰期間，也是世界歷史上國際間祕密條約最為茂盛的時代。君不見，我們轟轟烈烈的愛國「五四運動」，不就是因為中日之間的密約曝光，而爆發出來的？從祕密條約搞起，對本國或異國當權派，和有影響力的政客軍閥作經濟之賄賂，那就更是不在話下了。

在參戰案初起之時，歐洲戰場中對立的協約和同盟兩集團，對中國的參戰與否，都極為重視。對協約國的英法來說，日本既已參加了協約國對德作戰了，中國再隨之加入，德奧在亞洲的勢力，不用說就全部掃地出門了。中國雖是個老大無用之國，她卻有無限的人力資源、廉價勞工、原料和市場，能補協約國之不足。還有就是日本，乘歐戰方殷，在東亞渾水摸魚，已勢不可遏。日本曾為英國在遠東的貿易之勁敵。為久長之計，制衡日本，為戰後重返亞洲著想，英法兩國都有強拉中國入夥參戰之必要。

對同盟國的德奧來說，中國一旦對德奧宣戰，不用說他們在中國數十年來所享有的一切外交特權、租借地和所有的經濟設施，立刻就化為烏有。他們留在中國的所有商人、官吏和情報人員，全部都要被作為戰俘而失去自由。所以柏林也就使出全身解數，派出最資深專家和有影響力的外交家，挾大批馬克，來華活動；並暗中資助（事實上也就是賄賂了）反參戰人士反參戰到底。口頭工作效率不夠，雙方對中國各實力集團，就用美金、馬克作重貲賄賂了。

孫中山也受賄百萬馬克

那時交戰雙方對中國所使用的金元外交，和銀彈攻勢，從公開借款和半公開的酬勞、佣金、手續費用等等，到乾脆的祕密賄賂，是千奇百怪的。歷史本來比小說有趣，我們如把它詳細地紀錄下來，其故事之驚心動魄，就不下於福爾摩斯偵探案了。最難想像的是，連一代聖賢的孫中山先生，也變成他們帝國主義者銀彈攻勢下的受害人。為著「反參戰」，他老人家也曾接收過德國政府祕密奉送底兩百萬馬克的酬勞。雖然他實際上只收到一百萬馬克，另外一百萬，被何人打劫了，或中飽了，至今還是個天大的疑案。

為著「反參戰」，中山接受了德國的大量酬勞，在當時是早有蛛絲馬跡的，國民黨的黨史家，對此也微有所述。但是數目多寡，兩方授受的詳細情況，卻是個不解之謎。一直到二戰後，德國國家檔案被全部公開，再經過精通德語的資深華裔史家李國祁博士，對該項檔卷的細心翻閱，始案情大白的。

李博士二戰後留學德國，返國後曾任台灣南港中央研究院中國近代史研究所所長有年。接觸廣泛，著述豐盛，中外咸欽。關於此項發現，李教授在著述之餘，也曾在南港近史所和台北國史館都做過公開報告。筆者有幸亦曾親往旁聽。國史館主持人，當時是曾經孫國父耳提面命的黨國元老黃季陸先生。黃公也公開認為此項報告乃十分難得的一手史料。既是可靠史料，就該認真處理。

有的讀者，讀拙著至此，不免心有難安。認為國父一代聖賢，怎能收受外國的賄賂呢？須知中山是一位不治私產的革命者。孔門弟子不是也說過，只要大德無虧，小德出入可也。他們那時搞革命的人，往往也認為革命無道德，以成功為道德。為著爭取革命的成功，則何事不可為？這一概念，對倫理學家來說，可能有保留餘地。但是近現代革命家，很多都是奉為圭臬的。當然它也不會有傷於中山先生的日月之明也。

當時馬克的國際匯率，僅略低於美元。百萬之數，在當時中國是嚇壞人的巨款。它對其後的中國內戰，所謂「護法戰爭」，是有其決定性影響的。我們勢將繼續討論下去。留待後文再說吧。

＊二〇〇一年十月八日於北美洲

原載於台北《傳記文學》第七十九卷第五、六期

七、再造民國，段閣復起

——皖系始末之三

我們曾經提到，在袁世凱留下的爛攤子中，黎段二氏首先就為著個人的「意氣」和小小人事的糾紛（徐樹錚和孫洪伊），鬧得不可開交。將人比人，我們寫歷史的可以大膽地說，黎、段二人還都不能算是「小人」。他二人都還算是有氣度的政治家。君子之間的意氣之爭，如上所述，尚且不能化除，一旦碰到更複雜的，小人之間的政治鬥爭，就治絲益棼了。這就是在民初，幾乎把國家鬧翻，其後遺症至今未了的所謂「參戰案」。

政治皮球沒完沒了

在美國正式邀請中國參戰之前，中國國內的各派政客，已為參戰與否，吵得不可開交。早在袁世凱時代，二十一條交涉之前，中國外交人員，就為「調停歐戰」，出了一大烏龍，而騰笑國際。原來那時剛當選美國總統的威爾遜，有意調解歐戰。事為中國駐美公使夏偕復所知。夏乃自作聰明，認為調解歐戰，中國的袁大總統，最為適合，乃未向北京請示，便逕往美國國務院向國務卿建議，說袁大總統有此意向。華府上下聞報大驚，乃電囑美國駐北京公使芮恩施（Paul S. Reinsch），一探究竟。始知是一大烏龍。袁總統聞報大怒，外交總長孫寶琦引咎辭職，乃有密派顧維鈞使美之決定。顧氏在華府接篆未幾，美國便正式參戰。

斯時袁世凱已因帝制而暴卒。顧乃密電北京國務院，力陳中國參戰之重要。其最主要之論點，為日本竟不顧中國之存在，而在國際交涉上，以東亞唯一代表自居。協約國之英、法二強，不特早已承認日本之代表權，並有暗中締結之密約，以加重其法律根據。美國在各方壓力之下，也與日本訂立《藍辛—石井協定》（*Lansing-Ishii Agreement*）[1]，以「地緣關係」為遁詞，予以變相許諾。顧氏認為，欲突破此一惡劣的國際環境，中國非參戰不可。國務總理段祺瑞對顧之建議大為折服，乃不顧各方反對，決定中國非參戰不可，終於引起政潮，餘波至今未息。當我個人在四十年前與顧氏細談參戰政潮時，曾就各方史料，作出最詳細之紀錄。

最近筆者為撰寫本篇，曾複查《顧維鈞回憶錄》之中文譯稿和英文原稿，始知本稿當年在哥大打印期間，被過度刪節，文氣每有錯接，而形成錯誤。甚是可惜可歎（可能是當時主持者，為節省助理費用所致）。謹補誌於此，盼今後使用者慎之。

參戰案，原只是政府政策之制定的問題。在一般正常的國家裡，不論是君主或民主，正反兩方，都要遵守「法律程序」（due process of law）進行政策辯論。是正是反，一二三就決斷下來。除非是一國之內的政治社會問題，發生了無法解決的死結，像美國內戰前所發生的「奴隸問題」。北方廢奴，南方留奴。這個一國兩制，雙方都牽涉到國計民生的，重大的政治經濟問題，因此一拖數十年，無法妥協。最後南方主張，乾脆把「兩制論」，變成「兩國論」，使南北兩部，各成一國，各自分治，各自獨立了事。但是北方人民，在林肯總統的領導之下，卻要維持美國統一，不許南方搞「分裂主義」，這樣一來，南北戰爭，避免不了，就打起內戰來了。結果南方的槍桿沒有打出政權來，北方的槍桿維持了國家的統一。

我們中國那時的「參戰案」，並沒有那麼嚴重嘛。參戰與否，也是一二三就可以決定的政策嘛。它之所以變成沒完沒了的政治皮球者，是踢球的人，醉翁之意不在酒，借題發揮罷了。更慘的則是這場球賽，原也沒個勝負的規則，因而它就踢得沒完沒了。最初雙方所爭的原是制度上的糾葛。漸漸地就變成二人你死我活，有你無我的意氣之爭了。

最不可恕的是黎、段二人之下，還各有一群趨炎附勢，幸災樂禍，渾水摸魚的小政客，來推波助瀾，把府院兩方，拖到毫無妥協餘地的絕境。這群環繞著黎元洪，以祕書長丁世嶧為首的小政客，是所謂「四凶」❷；而圍繞著段氏，則是以傅良佐最為激烈的所謂「四大金剛」❸

。下節所說的「公民團」包圍國會的下流鬧劇，就是傅良佐一手製造，而段竟毫無所知也。俗語說，閻王易處，小鬼難纏。他們這寄生於府院之內的兩組「小鬼」之間的世仇，竟遠遠超過這兩大「閻王」之間的宿怨。因此雙方都把參戰案，當成個政治皮球，就踢得沒完沒了了。

更可悲的是，黎、段二人，都還算是正派人士，不是那種心狠手辣流氓式的獨裁暴君。正因為如此，他二人都易為群小所包圍，聽信讒言。黎元洪原是一位每「為左右所左右」的菩薩；而耿直的段老總，號稱「剛愎自用」，卻每每變成「剛愎他用」。（參見杜春和編，《張國淦文集》，二〇〇〇年，北京燕山出版社，《北洋從政實錄》諸篇。張氏湖北人，原為黎元洪的同鄉好友，亦為段所信任，在府院之爭最激烈時，擔任段的祕書長，折衝於黎、段之間。深知二人鬥爭的內幕。所言亦頗多持平之論。值得推薦。還有章伯鋒、李宗一主編的史料叢書《北洋軍閥，一九一二～一九二八》，第三卷搜集有大量新史料，頗值玩味細讀。至於陶菊隱、李劍農等古典巨著，也未可偏廢。）

不但要絕交，還要宣戰

長話短說。國務院於一九一七年三月三日由國務會議通過「對德絕交」，而黎總統卻於翌日拒絕用印。國務總理段祺瑞，乃以去就相爭，並於三月五日，聲言辭職，躲往天津私邸，向黎總統攤牌。黎不得已，乃請副總統馮國璋，專程赴津勸說，並慫恿國會參眾兩院，於十四日一致通過《對德絕交案》。可是對德絕交，和對德宣戰，還有一段距離。宣戰之權既然操諸國會，段總理乃進一步向國會施壓，要求國會立即通過《對德宣戰案》。國會之內的老國民黨系，和進步黨分子，這時為著制憲和其他小問題，正在搞「肢體抗爭」（且用個目前台灣的政治術語），吵鬧不休，對宣戰大事，無暇討論，有意拖延，而遲疑未決。擁段人士，尤其是所謂「四大金剛」乃迫不及待，慫恿段氏於四月二十五日，在北京召集一個「軍事會議」。出席者凡二十餘省區的督軍、都統、代表等數十人。大會一致通過，擁護政府的參戰政策。且派出軍人代表晉見總統，並招待國會議員，甚至遍訪協約國駐華使領，對宣戰案加以大力推動。

軍事會議之不足，最荒唐的卻是所謂「公民請願團」之出現，並於五月十日，實行包圍國會，強迫國會通過《對德宣戰案》。由傅良佐所一手製造的這個「公民團」，實在是個最荒唐、最下流的政治工具。它是一些便衣軍警，另加一些用小錢收雇的游民和地痞流氓，甚至乞丐娼妓，總共數千人，自稱「公民請願團」，把國會團團圍住，以斷絕飲食等下流方式，強迫國會議員，投票通過《對德宣戰案》。這種下流的勾當，在當時不但激怒了「反派」人士，連「參派」議員也不以為然。對德宣戰，就更難不宣不戰了。

「制衡制」在中國的折磨

從這點荒唐小節，我們不難看到，近現代中國的「政治轉型」，乃至後來所謂「體制改革」，和今日所謂「民主運動」發展的軌跡。單從外表來看，咱中國佬搞「議會政治」（Parliamentary Government）像模像樣的，還是民國初年這一段呢。且看：段祺瑞這個搞責任內閣的國務總理，他制訂了一個《對德參戰案》。首先總統府不同意，他這個國務院就一籌莫展。好不容易，總統答應了，而國會不通過，段總理急得頭大如斗，也還是毫無辦法。

朋友，這就叫做「制衡制」（check & balance）嘛。所以我的老師，近代中國的民主聖人胡適之先生，那時也正在北京，目睹這一政治情況的發展，他恨鐵不成鋼，當時也跟著急得頭大如斗。後來民初的「議會政治」徹底地失敗了，適之老師，為之長吁短嘆了一輩子。認為「可惜，可惜」。他後來在美國當難民，還不斷地向我回味這段歷史。他認為當初國會裡那批議員，很多都是一些「了不起的人物」，議會政治，民主政治，和他們失之交臂，真是「可惜，可惜，可惜，可惜！」

筆者這個學歷史的學生，當時就曾一再向胡老師解釋。人家的議會政治，民主政治，折磨了幾百年，其間也是血流如注，人頭滾滾的。最後才搞出個可行的制度來。我們中國佬，看人家挑擔不重，一下就想照本宣科，哪有這樣容易的事體呢？譚嗣同不是說過？變法必須流血。流血就應該從他譚某開始。所以他竟真的引刀成一快，不負少年頭，把個少年頭顱，捐獻出來了。譚氏殉國之後，又已百年，我們的舊法究竟變了多少呢？撫今思昔，足見變法改革之難也。哪裡一蹴可幾？胡老師認為我這個學生的話，也「不無道理」。但是他還是可惜、可惜地，可惜了一輩子。

事實上，所謂「制衡制」，並不全是洋貨。在古代中國自從出了一個權力無限（unchecked power）的大獨裁者秦始皇之後，儒家大師們，吃一塹，長一智，其後歷朝都有其「內在的制衡制度」（built-in check & balance）。從西漢到清末所實行的「迴避制」，便是其中之一。民國初年，這一制度被徹底地破壞了，才冒出許多「不迴避」（以自己母省為地盤）的地方軍閥來。

漢唐的三公，北宋的參政，都是制衡制度。中國自古讀書人秉持傳統治術為官，對於馬上得天下的皇帝，也是一種制衡，那就說不完的了。因為一個成熟的國家體制，不論是君主或民主，「制衡制」都是必需的。只是現代化的民主政治，或議會政治，特別強調其重要性罷了。

相反地，凡是有獨裁傾向的政治領袖（甚至包括二戰期間的羅斯福，甭說鄧小平了），都是討厭這種制度的。在咱們中國的政治傳統裡，也只有秦始皇和毛澤東，一前一後，才是兩個真正權力無限的獨裁暴君。和他二人相比，縱是我們所最不齒的「軍閥」（像上述的黎元洪和段祺瑞）都還有若干「內在的制衡制度」來加以約束呢。哪像毛澤東那樣，權力無邊的胡搞一泡？

段總理被黎總統撤職

因此在段祺瑞掌權的初期，老段倒是很忠實於《民元約法》的精神。他所搞的倒確是一種「三權分立」（至少是「兩權分立」）的議會政治。但是這種現代化的政治制度，在民國初年，顯然是「躐等」了。我們的祖國那時實在太落伍，還不配採用這種先進的政治制度呢。（縱在百年後的今日，還是有人認為「不配」呢。）引進西方的制度，躐等了。過猶不及，在歷史三峽的「化君權為民權」這一峽內，就要發生「洄水」。宏觀歷史的發展，就要進三步退兩步了。

段派所搞的「軍事會議」和「公民團」，既然發生反作用，反段派就益發氣燄萬丈了。在反對黨和憤激的輿論慫恿之下，五月十一日，段內閣就發生了「閣潮」，導致「外交總長伍廷芳、司法總長張耀曾、農商總長谷鍾秀、海軍總長程璧光在一天內先後提出辭呈。內務總長范源廉本來就在家養病，新任財政總長尚未到任（前總長陳錦濤因貪汙案去職）。這樣，內閣就剩下總理一人，段祺瑞真正成了孤家寡人。」（見黃徵等著，張憲文、黃美真主編，《段祺瑞與皖系軍閥》，頁六七。）

可是段祺瑞卻是個剛愎自用的軍人，據說他還是堅持奉公守法，獨自一人馳車去國務院「上班」辦公。那時去古未遠，總理大人一入公門，站崗軍警，從前門到後院，都大聲傳呼：「總理到。」聲震屋瓦。全體辦公人員，都應聲起立，以示恭敬。不幸這次「總理到」時，卻因為六部皆空，公門冷落，署內小貓三隻四隻，顯得無限淒涼。段氏卻熟視無睹，孤家寡人，獨自據案辦公，旁若無人。情況十分怪異。

這一笑劇，經人報入總統府，黎總統就為這一消息所誤導，再加上「四凶」的慫恿，以為段總理真個成為孤家寡人了。因此一時衝動，竟「為左右所左右」，意圖一了百了，乃於五月二十三日，手令將國務總理段祺瑞「免職」，遺缺由伍廷芳暫代。這一下不得了，這位空頭總統，竟然抓到並非空有其頭的老虎尾巴，惹出了督軍團造反。中央政府尊嚴掃地，近現代中國，變成軍閥橫行的下流國家了。

段祺瑞是有其雙重歷史身分的。第一，他看來是個現代化議會政府中責任內閣的總理。這個閣揆由於政治失策，個人剛愎自用，被國會投了不信任票；同時也為其本閣閣員所杯葛，成為一個獨夫。他那位政敵的黎總統，就想乘勢而去之了。

第二，也是黎總統所嚴重忽略的，則是段的另一個歷史身分，卻是北洋系軍閥和官僚的總頭目。他原想做一個現代化責任內閣的國務總理，可是事與願違，為著自保，他也走回頭路，去搬出其北洋系的老班底了。這些老班底，旁觀政局，早已為段不平，而摩拳擦掌，勒韁以待，不待段氏之乞援，他們就早已蠢蠢思動。再者，黎元洪和國民黨系的政客，原來也是政敵滿街的。黎與段決裂，正為他自己的政敵製造機會，群起倒黎。這一來，以後中國的政局，便按照這兩條相反的路線，而大開其政治倒車了。

黎元洪把段祺瑞撤職這齣鬧劇，顯然是他低估了段的潛勢力，和過高地估計了他自己合法國家元首的權威。前節曾提到，當段於三月五日以去就相爭，對黎攤牌時，黎曾一時為之手忙腳亂。怎麼事隔不過兩個半月，黎總統為何一時又天威大振，竟然主動地把段氏撤職呢？其主要原因是，黎認為段在督軍團中，真正的影響力有限，是個銀樣鑞槍頭。因為那時把持各省的地方軍閥雖有二十多個，並且有個鬆散的督軍團組織，但是這些督軍，相互爭權奪利，彼此明爭暗鬥，派系分明。段祺瑞一旦被中央政府撤職，他們未必就會聯合起來，為這個落水狗，群起對抗中央。就以段的母省安徽為例吧，安徽省長倪嗣沖，就不是段的死黨。倪此次晉京謁黎，暗中對黎有私情請求。但是倪因手中無兵權，只是個空頭政務官，對黎無適當的重要性，乃被黎以官腔訓斥一頓，誠惶誠恐而去。（見上引近版《張國淦文集》，《北洋從政實錄》，頁一七〇。）

再說原任「安徽督軍」的辮帥張勳吧。張勳在民初專任「長江巡閱使」時期，駐節徐州，對黎副總統曾表示十分恭順。如今他威震東南，曾數次召集各省督軍，大開其所謂「徐州會議」，隱然以督軍團領袖自居，但是張勳原不是「北洋六鎮」出身的北洋嫡系。相反地，他是一貫被段祺瑞、馮國璋等嫡系將領們所歧視的北洋外圍。他所統率的官兵，通通蓄髮留辮，是有名的「辮子兵」，對前朝故主的宣統皇帝，胸懷愚忠；對有功民國的段總理，卻永遠陽奉陰違。因此總統只要運用得法，這位貌似菩薩，渾渾而有機心的辮帥，未始不是一張反段的王牌。這樣，黎是在與「四凶」詳議，加上自己深思熟慮之後，才使出一記撒手鐧，把段氏「撤職」的。

從督軍造反到張勳復辟

誰知事出意料之外。首先，段在被免職之後，雖因之再度避往天津，但卻全力反擊，他強調在責任內閣的體制之下，總統所頒任何命令，如未經總理副署，便屬非法。因此這次撤去他本兼各職，未經他自己副署的總統命令，原是違法的府令。他自己不曾宣布自撤其職。因此不接受此項府令。

不幸在那時的中國，任何司法辯論，若無槍桿子為後盾，都是空話。黎沒有為這件法律問題而改變初衷。他還是命令伍廷芳暫代閣揆，接著又發表老官僚李經羲為正式總理繼任人。以便把內閣全面改組。不意就在這緊鑼密鼓之際，張勳卻在其任所，於五月二十三日，召開了所謂「第四次徐州會議」。張的原意是乘此時局動蕩，策動各省督軍，陰謀其擁護清帝復辟的活動。誰知那位黎總統所最不在意的安徽省長倪嗣沖，竟然也乘機公報私仇，首先發難，通電全國，對亂政濫權的黎政府「宣布獨立」。安徽既然始作其俑，陝西督軍陳樹藩，河南督軍趙倜、省長田文烈，浙江督軍楊善德、省長齊耀珊，奉天督軍兼省長張作霖，亦於數日之內，紛起效尤。其後接踵而來的獨立運動，竟遍及十三行省之多。各叛將並擬在天津成立「總參謀處」來聯合造反。張勳雖未獨立，亦致電北京，以中央率先破壞法律，群情激憤，各省勢將繼續「自由行動」。

國會中擁段的研究系、交通系議員，更於此時火上加油，紛紛離京，以示抗議。北京政府遂陷入嚴重政潮。這時西南五省（粵、桂、川、滇、黔）督軍雖也曾通電表示擁護中央，但是遠水不救近火，通電勤王，究屬空話。四顧無門，那位原來就是個孤家寡人的黎總統，不免慌了手腳，窮於應付。黎在四處扳請調人，以和緩政局，均不得要領，在此絕境下，不得已乃乞助於張勳。蓋以張既非北洋系的死硬派，卻是督軍團的首領，至今也沒有宣布獨立。張如肯親來首都，作誠懇之調停，則政潮或可消弭於無形。黎總統乃於六月初，連電張勳，希望辮帥惠駕北京，共商國是。可是黎大總統再也未想到，他這記電召，卻是引狼入室，最後竟弄成個清帝復辟的荒唐局面來。張勳何以要擁宣統復辟，我們還得稍稍溫習點清末民初新舊軍的「轉型」，和所謂「宗社黨」的遺老們，暗中圖謀清帝復辟的老歷史，才能認識張勳這位「辮帥」、

「遺老」，在民國史上所發生的反作用。

新舊軍轉型的一樁「個案」

張勳（一八五四～一九二三），字少軒。江西奉新人。幼年家貧，又遭洪楊之亂，父母雙亡。他年不足十歲便被迫四處流浪乞食。稍長在湖南當兵，中法戰爭（一八八五）時，隨軍調到雲南，曾參加諒山之役，以勇猛過人，立有戰功，被迅速提升至中級軍階。隨後曾被派攜兩萬元巨款，往上海採購軍械。不意他這位大老粗，敵不過十里洋場銷金窟的誘惑，兩萬金瞬即化為烏有。但張勳是條漢子，不願潛逃，挺身返滇受死。果然在昆明為軍法處判處死刑。但是他的老上司，念其功，憐其蠢，乃網開一面，讓他以潛逃銷案。

張氏「潛逃」往華北之後，投效於宋慶的毅軍，參加中日甲午之戰，為袁世凱所賞識，乃隨袁去小站。迨袁於一八九九年調任山東巡撫時，又隨袁在山東率領地方團隊，鎮壓義和團。據近年所發現之當年山東地方檔案所示，這位對袁自稱「標下勳」的張屠戶，有一日殺義和團五百人的可怕紀錄。（見拙著民國通史晚清導論篇《晚清七十年》，遠流版，卷四，「義和團與八國聯軍」專冊，頁六七。）

在那個野蠻時代，能心狠手辣，殺人如麻的屠夫，便有升官的捷徑。張勳經袁世凱的拔擢，至辛亥革命時已位至方面。段祺瑞出任湖廣總督時，張居然官拜兩江總督。與段氏平分長江中下游，東西遙相頡頏。二次革命戰役之後，張軍以紀律敗壞，被調離南京，改任長江巡閱使，再兼任安徽督軍，駐節徐州。徐州交通便利，張乃發起「督軍團」之組織，並以該團首領自居。曾四度召集所謂「徐州會議」，擁督軍團之集體聲勢，議論朝政。一時中外聞名，儼然是當時督軍團中，最具影響力的軍事領袖。

但是張與段的軍事背景和政治信仰上，卻是絕對的南轅北轍。段是一位德國留學的現代軍人，崇拜德國，連服用阿斯匹靈都要以德製為準。並曾領導諸將領，通電強迫清帝退位，有開國功勳，因此他對維護民國國體，原是生死不渝的。張勳則是一位行伍出身的草莽英雄。對大清故主的皇恩浩蕩，則肝腦塗地，沒齒難忘。他雖曾奉袁宮保之命，大肆屠殺義和拳匪，但他的政治信仰，卻也是「扶清滅洋」，終身無悔也。

新軍多半同情維新和革命，舊軍卻是保皇的死硬派，這本是清末軍界的通例。兩者之間的衝突，往往是你死我活，各不相讓的。李宗仁將軍當年在軍官學校畢業之後，便屬於新派，他告訴我許多當年新舊軍人之間衝突的老故事（見《李宗仁回憶錄》第四、五章），頗足發人深思。

張勳是屬於舊軍那一派。他為感念故主之皇恩，不但終身不剪辮髮，他所統率的「定武軍」，約一萬二千餘人，也是長辮繞頭，從不剃髮的。在當年國際旅遊史上，「辮帥」、「辮兵」，乃是外人來華旅遊的一大景觀呢。

據說，張勳在官儀禮節上，對「磕響頭」有特別偏好。所謂磕響頭者，便是磕頭時，以前額觸地，磕得叮咚作響，愈響愈為虔誠。忠臣面聖時，往往磕得滿頭鮮血而不能自已。張勳喜歡的正是這一套。朋友，您說這是糊塗，下流，虐待狂？但是一代有一代的不同風氣嘛，文化大革命時代，跳忠字舞，把像章掛在肉體上，鮮血淋漓，有何不同呢？您說張勳信仰帝制，崇拜皇上是下流無恥。現代人信仰主義，崇拜主席，還不是一樣？時代不同，大同小異而已。因此，他段、張二人在近現代中國軍事轉型史裡，也代表著兩個絕對相反，互不相容的型態。

張段是軍事轉型前後期

張勳所代表的是清末，曾經盛極一時，湘淮軍的老系統。軍中得力官兵，往往不是無知農民，便是江湖出身的死士。所謂「砍掉頭，碗大疤」，所謂「頭有刀疤，屁股有板子花」，視死如歸的草莽英雄（「板子花」，是江湖好漢犯法，被官府打板子的傷痕）。他們所憑藉的是血氣之勇和實際戰場經驗。但是這一老系統卻只是近現代中國軍事轉型的前半期的舊軍制，是要被淘汰掉的。

段祺瑞所代表的則是轉型的後半期，所謂學生軍。那是以歐美的現代化軍制，由海陸軍官校訓練出來的青年軍官，淘汰舊有湘淮軍的老系統。因此他們在陸軍中的起步和升遷，是以軍校文憑為準。他們是軍事專業化的技術人員。專靠血氣之勇的時代，已成過去歷史。這也可說，是宏觀歷史發展中的一樁「客觀實在」。

因此這新舊兩系統在清末民初，軍事轉型的歷史上，相互嫉忌排斥，也是血淚斑斑的。（參見上引《李宗仁回憶錄》）首先是湘淮舊軍，尤其縮編以後的淮軍，把持了大清帝國的軍政，力拒新軍的蠶食。但是他們逆水行舟，首先在甲午一戰中，淮軍舊部被日軍摧枯拉朽，消滅殆盡。六年之後，再經八國聯軍之役，淮軍被消滅得了無孑遺，於是就被新建的六鎮所取代了。這六鎮就是後來「北洋派」的嫡系班底了。張勳不幸，他行伍出身的舊軍背景，使他雖攀上袁宮保，卻打不進六鎮，因此終身只能是北洋系的邊緣軍閥，始終進不了北洋系的核心。

可是事有蹺蹊的是，就在這舊軍日趨消滅之時，張勳的辮兵「定武軍」迴光反照，不但在當時軍制中，是一支碩果僅存的「舊軍」。辮帥張勳，居然做了督軍團的首領。也算是個異數吧。張辮帥效忠大清故主，拳拳以重扶大清王朝復辟為職志。他四次召集「徐州會議」，其真正目的是要說服各省督軍，恢復大清，以救中華。各省督軍對張勳的一派苦心，也都深有同情，並無強烈反彈。（注意：當時縱是南方反袁、反段的軍頭，像岑春煊、陸榮廷、譚浩明，都有其戀清情結。）這就使辮帥對廢帝溥儀的一片愚忠，益發不可收拾了。

其實這種在近現代中國，軍制轉型期中，新舊之對立，縱在張、段之後，仍然不斷地發生。在國民黨北伐之前，蔣介石之趕走許崇智，改組粵軍，討伐劉震寰、楊希閔；廣西李（宗仁）、白（崇禧）、黃（紹竑）之定桂戰爭，新桂系趕走老桂系的陸榮廷、沈鴻英等內戰，也都是軍事轉型的一部分。再看張作霖、張學良父子所統率的東北軍，老帥是「舊軍」的總頭頭；少帥則是新式軍校出身的改革派。他們父子兩方的新舊之爭，最後竟然弄出個擁護兒子，打倒老子的郭松齡叛變，幾乎把老子真的趕出了滿洲。

這種新舊之爭，縱在共產黨政權中，亦不能免。在他們解放軍系統中，劉伯誠，彭德懷，乃至林彪，都是力主「正規化」的新派。而毛澤東和他晚年最寵愛的少林寺出來的小和尚許世友，則是解放軍中的張作霖和張勳。他們永遠要維持它那用小米加步槍，搞敵進我退，敵退我進的老八路打「人民戰爭」的傳統，甚至把原子彈也當成紙老虎。毛對井岡山時代的游擊戰，有其極濃厚的戀舊情結。動不動就說，他要回井岡山打游擊。毛如不死，解放軍要想打高科技戰爭，是格格不入的。

民初段、張這兩造的對立，是黑白分明得太明顯了。所以我們要把他們當成兩個個案，多說幾句，做近現代中國軍事轉型史的注腳。

宣統復辟鬧劇始末

現在言歸正傳。讓我們再看看，張勳這個忠於大清皇室的舊軍頭，是怎樣搞起復辟來的。長話短說。民國六年（一九一七）六月七日，張勳在數度電勸黎大總統「解散國會」以息眾怒之後，乃親率辮兵五千，專車北上。但是張沒有逕去北京，在路過天津時便停下。原來他要在十三省聯合造反中心的天津，為清帝復辟，製造點政治氣候。有人說，他曾試探過段的意思，而段不置可否，然後他才大膽上馬的。但是據張國淦的回憶，段曾明告張勳，「你如復辟，我一定打你。」（見上引《張國淦文集》，《北洋從政實錄》，頁一七八。）事實上這是故事的兩面，並不衝突。原來段、張二人，都是不善於搞口是心非，陰謀詭計的直腸人。但是他二人身邊，卻多的是蘇秦張儀和鬼谷子之流。

段派的策士，這時顯然是不顧一切地，慫恿張勳及早晉京，幹掉黎元洪再說。而張派謀臣，則顯然希望宣統早日復辟，庶幾他們的老總，也可以爬上李鴻章和袁世凱都坐過的寶座：直隸總督、北洋大臣。隨之大家也好雞犬升天。設有不測，自有長辮子的頭顱去引頸就戮，與他們何涉？所以大家就起鬨了。因此段、張對話之後，段的警告顯然立刻就被一些蘇秦張儀所淡化了。

事實上，段氏當時也確實只是個孤家寡人。手邊有將無兵，他能打誰？（見下節）張勳這位黑旋風大屠戶，顯然是被他自己的左右和段的左右說服了。他如搞起復辟來，段是既無此心，也無此力去打他的。所以這個張李逵，不顧一切地幹了起來。

六月十三日，黎元洪被迫解散國會，張勳乃於六月十四日偕李經羲、段芝貴等專車抵京。十五日晤黎，商討重建政府。十六日張勳身著黃馬褂，頭戴紅頂花翎，逕往故宮跪謁廢帝溥儀，請聖安，並恭請幼主復辟。這時才十三歲的溥儀亦盛服接見如儀。他雖只是個十三歲的幼童，但是面諭群臣，議論國事，態度沉著，見識深遠，有模有樣，殊非諸大臣始料所及。更不像四十餘年之後，新鳳霞女士筆下，那位顢頇老朽的「皇帝」。

這位英明的幼主，在接見那些老官僚和軍閥時，首先以朕躬年幼，當此大事，恐才力不勝而謙辭。諸大臣則力奏，當年聖祖皇帝（康熙），沖齡踐祚，還幼於今上，只要輔佐有人，年幼何妨？溥儀驟聞「聖祖」二字，不禁歛容起立，一再自謙：「朕何敢比聖祖？」他謙虛而莊重的態度，使面聖諸大臣，更是讚歎不已，由衷敬服。在輔弼大臣一再跪請之下，幼主始俯允所請，願意重行登基，君臨大清帝國，以慰億萬臣民喁喁之望。但是他也囑咐群臣，應慎重將事，不可將此御前密謀，告訴「王爺」（他的父親，前攝政王載灃）。因為王爺膽小，畏首畏尾，可能僨事。溥儀這番話，說得簡直不像出諸十三歲的幼童之口。使輔政者更覺得聖上英明天縱，對復辟運動也就更具信心了。（據參與者事後追憶，張勳此次「面聖」，確是十分戲劇化的，見冷汰（陳曾植）著，〈丁巳復辟記〉，載上引《北洋軍閥，一九一二～一九二八》，第三卷，頁二三八。）

此後再經過外事人員，向駐京各使領疏通一番，張勳乃於二十二日專訪日使林權助，密談四小時，以爭取日本對復辟之認可。翌日，更遍訪各國駐華使節，以爭取普遍的國際奧援。六月二十五日，他更安排李經羲正式出任閣揆，以安定北京政局。六月三十日，張再祕密入宮，除與陳寶琛等清室遺老計議之外，並與新近祕密抵京的康有為飲宴密談。康仍主張仿效英國式虛君實相的君主立憲制，頗不為張所理解。因此二人所談，並不太投契，其後康遂不能參與密勿云。（見同上）

在一切安排穩妥之後，張辮帥乃擇定吉日良辰，於七月一日清晨四時，率領康有為、勞乃宣等清室遺老，及陸軍總長王士珍、步兵統領吳炳湘、首都警察總監江朝宗等數十人，恭請廢帝溥儀，於故宮太和殿升座復辟。並改元，以中華民國六年為宣統九年。這齣清帝復辟的活劇，就在張親自導演之下，正式地禮成了。

隨後且由皇帝陛下，御詔封黎元洪為一等公，張勳、陳寶琛、王士珍等為內閣議政大臣。張勳兼任直隸總督、北洋大臣。馮國璋為兩江總督、南洋大臣。陸榮廷為兩廣總督。其他官職，也各有其選。隨後乃由張勳、王士珍等領銜通電，將此項喜訊，布告全國，通報世界。因此，亡了六年的大清帝國，在一日之間就驀地復活了。

此時新皇既然登基，臨朝主持帝國大政，當時有的議政大臣竟主張立威，將黎元洪殺頭，以謝天下。並擬具「聖旨」，恭請幼主「用寶」（蓋印），事為新皇帝「三請三斥」而作罷。足見這位小皇帝，頗有帝王資質，殊不平凡也。（見章士釗著，〈張勳復辟記〉，同上書，第三卷，頁二二五四。）

馬廠誓師，收京討逆

這幕復辟活劇在七月一日清晨上演時，黎元洪於前晚深夜始得知確息。深恐為帝制派劫持勸進，黎大總統乃夤夜逃往東交民巷，希圖在法國醫院暫避烽火。誰知該醫院以夜深，雖總統亦不納。黎乃改投日本使館，請求庇護。黎與隨從計議之後，乃於翌日電請時駐南京的副總統馮國璋為代理總統，起兵討賊。另免去李經羲國務總理職，發表段祺瑞復任國務總理，囑其火速率兵返京、定亂、討賊。（密派專人通知之外，並在上海發布公報。）

張勳這幕鬧劇，演得太荒唐了。消息一經公布，老張立刻變成過街老鼠，人人喊打。不用說孫中山和西南五省，早已摩拳擦掌，計畫乘勢興師北伐。但遠水不救近火。其近水樓台，討張最有效力而方便者，那就企望於在天津蓄勢待發的段總理了，可惜這時老段孤將無兵。其時京津一帶雖不無少數零星部隊駐防，但是自從袁世凱死後，王綱解紐，將專其兵，兵為將有。部隊多半變成了帶兵官的私產。誰也不情願自告奮勇，為空頭民國和數千的辮子兵一拚死活。

老段在四顧乏術之時，忽然得報，駐防在京津之間的馬廠，還有一支人數眾多的陸軍第八師。師長為李長泰。但是李是否聽話，則殊不敢必。後經人獻計，李長泰對民國雖無特殊的忠蓋之忧，但李某懼內，其夫人倒頗可動以利害。經識者疏通，果如所傳。李長泰既遵閫令，效忠民國，並願聽命於國務總理兼陸軍總長，段乃單騎馳入馬廠，用句古語，便叫做「奪其軍」。段氏既有一師之眾，就可以號召零星部隊來歸。加以原在北京的步兵統領吳炳湘、警察總監江朝宗，均係舊部。段既手上有兵，他們也就服從命令，裡應外合了。

段氏起兵討張，既如此得心應手，遂正式組織其討逆「共和軍」，自任總司令，於七月四日誓師馬廠，通電討賊。此處值得一提的是，這一通擲地有聲的討逆反帝通電，竟出於才子梁啟超之手。而在北京附逆，被討的帝制派、保皇黨的中堅之一，卻正是梁某的老師，保皇舊黨的黨魁康有為也。梁氏大義滅親，亦是當時再造民國史上一篇佳話也。

復辟君臣的末路

一九一七年夏季，共和討賊軍的段總司令，在馬廠誓師之後，便率領三軍直趨北京。沿途設防的辮子兵，全無鬥志，一觸即潰。北京城內外，其他駐防軍警，則相率附義如儀，服從總理節制。段軍師長李長泰、陳光遠，旅長馮玉祥、吳佩孚、王承斌，於七月十二日，兵不血刃，長驅直入，光復北京。張勳遁入荷蘭使館。宣統皇帝則於十三日，第二次下詔退位。段祺瑞總理乃於十四日，率大批討逆大員，凱旋首都，「再造民國」。黎總統亦於同日離開日本使館，返回官邸，並立刻通電宣布辭職。遺缺由尚在南京的代總統馮國璋轉正。這一來，那糾纏了一年多的府院之爭，至此乃正式結束。北京就是段派的天下了。

再回頭看看，張勳復辟這齣滑稽劇。他老人家和幼主，從頭到尾只表演了兩個星期（一九一七年七月一日到七月十三日）。卻搞得民國二度死亡，國會解散，總統退位。那時北京如沒個帝國主義者霸占的東交民巷，我們真不能想像黎大總統和張辮帥，要躲到哪個胡同裡去呢？

據報，當張勳知道大勢已去，曾上表幼主，恭請「開缺」。十三歲的幼主，覽奏淚如雨下，奏摺盡濕，實在也是怪可憐的。張大臣復辟失敗，據說原是預備盡忠殉節的。當他左右力挽荷蘭使館的洋朋友，馳車前來解救時，張辮帥把辮子一甩，力拒登車。幸好這輛荷蘭汽車的司機，是個德國大漢，他夥同荷蘭保鏢，二人把張辮帥連辮子一道，抬入汽車。張大臣不得已，才中止了他底殉節之志，又苟活了十來年，才隨同先朝諸帝，頹然而去，也是愚不可及的一代遺老吧。較之陸秀夫，又何多讓哉？中山聞之曰：「文對於真復辟者，雖以為敵，未嘗不敬之也。」（見《國父全書》）國父之言，真是深得我心。

思想轉型雜亂的實例

梁啟超原是力倡君主立憲的保皇巨子，何以這時忽然又變成反帝英雄呢？這兒我們得從「

轉型」二字說起了。轉型原是一轉百轉的。思想轉型，便是其中極其重要的方面之一。梁某是位博學多才之士，對新舊思想接觸之廣泛，時人鮮有其匹。因而在不知何擇何從之間，就經常發生，如他自己所說的，「今日之我，與昨日之我挑戰」的現象了。您說，梁啟超是個特殊的例子嗎？非也。這是那轉型期，知識分子的普遍現象也，各人多少不同而已。

那時國人，由於對固有的思想和生活方式，發生了懷疑。因而對外來的思想和生活方式，就發生了擇善而從的心理了。有原則、有思想的正派人士，對不斷湧現的外來思想，和不同的生活方式，擇善而從，眼花撩亂之餘，不免就要發生今日之我，對昨日之我挑戰的現象了。沒有原則，不忠實於自己人格的人，就難免要唯利是圖，趨炎附勢，而變動不停了。這種人就是所謂變節無恥的小人了。

筆者在拙著《晚清七十年》論「戊戌變法」中，對梁曾頗有論列。他在青少年時期，中舉之後，被個康秀才老師，一日之談所啟發，竟然盡棄所學而學焉。終至康梁並列，成為保皇黨的伏龍、鳳雛。康老師由於多種主、客觀條件的限制，其思想永遠在原地踏步，終身不改。梁學生則不斷接觸外來思想，今日對昨日不斷挑戰，民國後他一反青少年時期所篤信的「君主立憲」思想，而改從民主共和了。這也可以說是此一時也，彼一時也，師生時代不同吧。

梁啟超之外，我們還可看看，和他同時代的其他知識分子嘛。楊度原是策動袁世凱稱帝的六君子之首，大大的一個帝制派。您可曾想到，他晚年竟然加入了共產黨。他那樣的轉變，吾人搞歷史的，不可輕率地便以「投機」二字，一筆帶過也。再看蔣介石，他在北伐前期，曾面對美國記者，痛斥基督教的「偽善」。曾幾何時，蔣卻變成虔誠的基督徒。您也可以說，蔣是為著要討個新式老婆而「偽善」一番，事實也非那麼簡單也。

再看最近謝世的張學良，他是在中國推動「法西斯主義」最早的、最高級的和最重要的領袖之一。曾幾何時，他又向第三國際申請加入共產黨，並痛詆蔣介石「太洋，太右」。及至被關起來了，他又大搞其佛學。佛學不搞了，又和趙四大信其基督教來，連西安事變都認為是「上帝安排」的。我曾勸少帥，把歷史真相留下來。他夫人不同意，他也跟著叫說，有什麼好留的？「一切都是上帝安排好的嘛。」您說這叫做信仰呢？還是叫做迷信呢？

站在楊度、蔣介石、張學良對立面的，那就是康有為、張勳、毛澤東這一類的人了。他們抱著一個教條打滾，至死不渝。海枯石爛，都要「信仰」到底。筆者在多種拙著裡，就曾一再提過，康有為迷信的圖騰是一匹「公羊」。毛澤東的圖騰則是一匹「老馬」。張勳所最愛向其磕響頭的，則是一個十二三歲的滿族娃兒，「宣統皇上」。他三人對這三種圖騰的頂禮崇拜，雖頗有不同，卻都是一分不讓的。但在一個思想上發生了王綱解紐的情況之下，他們各自迷其所信，和誤人誤己的心態，則是大同小異的。這是個時代現象，在咱們那個新舊思想雜陳的歷史三峽中，是很普遍的現象啊。但是在一個一切有定型常規的國家裡，就不是如此了。

筆者在一九四〇年代留美的初期，曾和幾十個華裔男女同學，共同接受美國幾十家中產階級基督教家庭的招待住食，至數月之久。我發現這幾十家美國人的生活方式、政治社會文化思想和價值觀念，簡直是一模一樣，找不出不同的語言來。而我們自己接受招待的幾十個華裔男女青年的生活方式，和政治社會文化思想，以及價值觀念，卻各異其趣，各說各話，彼此之間往往大有不同，使我們的居停主人，對我們這些來自東方的古怪年輕人，大惑不解。

這一現象，朋友，其實沒啥費解也。他們是住在一個一切都有個「定型」的社會裡。彼此有其共同的語言。一切都有其一致性。我們來自中國的這批寶貝，在生活方式、政治社會文化思想和價值觀念上，尚處於高速轉型的狀態之中，各說各話就是必然的現象了。這就是我個人十分相信的，我們要把這個各說各話的轉型期，逐漸地搞到生活思想，漸漸趨向一致的「定型」（書同文，車同軌，行同倫）。等到我們也搞出個過得去的「定型」，轉型結束，就天下太平了。

再者，我們轉型後期的一些華裔高知，自命為自由主義者，現在自覺時髦了，竟然不時做了洋人的尾閭，反對我們自己的所謂「民族主義」。杞人憂天，言之鑿鑿。問題是：根據吾人在西方五十餘年的觀察，美國的白種公民自動自發的民族主義，遠非我們華人所能望其項背呢。這次「九一一事變」之後，我們華裔，雖然也跟著在車上懸掛國旗。但我們哪能和白種公民的虔誠相比？

我也記得，十多年前，老美打波灣戰爭時，大家懸掛黃色絲帶的往事。見那種黃帶如潮，和今日的花旗似海，始覺得這才是真正的，格調極高的民族主義。我們中國人所搞的，那一丁點小兒科，還未脫離醜陋中國人的階段呢。民族主義云乎哉？自我臉上貼金罷了。再看看那日益團結擴張的歐盟（EU），朋友，他們白種民族的民族主義，今後可能還要統治地球五百年，而不稍讓呢。我們五分鐘怒髮衝冠的民族主義，算個啥？自命清高，自命世界化的華裔士大夫們，未免太自我膨脹，自以為是了。

再造民國，一切從頭來起

黎元洪、張勳一時俱去，北京剩下個段總理，又作何打算呢？吃一塹，長一智，在段派的算盤裡，那個專肆搗亂的國會，是不能再有了。儘管南方各省，乃至全國輿論都在叫囂，要恢復國會，段老總是充耳不聞了。但是民國既有個總統，也有個總理，怎能沒個國會呢？可是將來的國會，只能聽話，不能遇事搗亂，才是個正常的國會嘛。段祺瑞和他的策士們，經過了多年的折騰，這下才恍然大悟：要組織國會，就得組織個「御用國會」。國會議員，只許聽報告，舉手贊成，不許搗蛋，就庶幾乎天下太平了。

其實這項從實踐得出的真理，原始發明人是袁世凱，而不是段祺瑞。袁世凱在搞垮「民元老國會」之後，本來就要再組織一個御用國會，來聽他指揮。不幸這個御用國會還未組成，袁就和他的皇帝之夢，一道死掉了。

【附註】老國會始會於民國二年（一九一三）四月八日。同年十一月十五日，因袁驅逐國民黨議員，被迫閉會。袁死後，老國會於民五（一九一六）八月一日復會，至民六（一九一七）六月十三日，黎元洪為張勳所迫，明令解散國會。復辟失敗後，段祺瑞「再造民國」，乃拒絕恢復舊國會。

這次民國再度死亡。段在「再造民國」之後，就輪到他來組織五千年中華通史上的第一個「御用國會」了。段祺瑞的御用國會，雖然還不太成功，他後來的接班人，蔣、毛二公再繼續加以改良，就大派用場了。在毛主席時代，欽「選」的人大議員諸公，連個不舉手的自由也沒有了。遇事無法搗亂，毛公就可以為所欲為，甚至無所不為了，此是後話。

朋友，相信嗎？在毛主席當政時代，我們要是有個「民元老國會」，來把他老人家的後腿拖一拖，約束約束，不讓他土法大煉鋼，亂搞一泡，我們數千萬可憐的同胞，也就不會被他餓死了。您能說，三權分立的「制衡制」，沒有其若干真理嗎？但是要把這套本領學會，非兩百年不為功也。咱們軍閥時代，在歷史三峽中轉得幾轉，畫虎不成反類狗，歷史三峽之水，竟開始回轉倒流。結果弄得無數知識分子和士大夫階級，寡廉鮮恥；可憐老百姓、小士兵，也就人頭滾滾了，言之可歎。

話說回頭，段祺瑞那時拒絕恢復老國會，一切從頭來過的要賴政策，其背後最大的智囊，不是旁人，卻是名滿天下的梁啟超也。段祺瑞當時那個皖系的軍閥集團之內，還找不到像梁舉人那樣的高級參謀呢。

根據梁啟超政治邏輯的發展，這時才不過六歲的民國，已經猝死過兩次了。第一次是袁世凱稱帝，民國死了八十三天而復活。這次張勳復辟，民國又死了十三天，又再次復活了。既然死而復生，則一切典章制度，都理應從頭來起。但梁氏認為，既然恢復民國，則民國賴以生存的《民元約法》，則不可廢。這也是當時南北一致的意見。現在民國復生，則民國的一切的典章制度，就得按民元「開國」的舊例，一切復活起來。但是那個已喪失其作用和尊嚴的「民元老國會」，既已解散，卻不應該讓其復活。

如何從頭來起呢？老段、老梁就認為按民元舊例，應由全國各省區自行選送二三代表來京，先行根據《約法》，組織個「臨時參議院」，來代行國會所應有的職權，改組政府，制定《憲法》。然後再由憲法取代《民元約法》。再按憲法由各省重行選舉國代，來組織正式「國會」。因為制憲和另選國會，都是百年大計，有待仔細琢磨，現政府的當務之急，則是組織個和民國初年一樣的「臨時參議院」了。

這一政治邏輯，顯然是經過梁和段派策士詳議之後，始由梁啟超執筆，撰成通電文稿，才用國務總理段氏之名，於一九一七年七月二十四日，通電全國，再由北京政府明令執行。這就是那篇當時百禍之源的所謂《敬電》了（「敬」是二十四日的代日韻目）。這篇《敬電》，根據《梁啟超年譜長編》所記，是梁氏起稿的，其內容顯然就是他的智慧財產之精華了。（「敬電」全文，見上引《北洋軍閥，一九一二～一九二八》，第三卷，頁二九六～二九七。載自《東方雜誌》，第十四期，第九號。當時中國主要報刊，均曾刊載。外國媒體，乃至國家密檔，亦有節譯或全譯。）

梁啓超政治智慧試評

梁啟超是胡適出現之前，在近代中國思想界影響最大的人物。晚年雖然與北洋系軍閥合作，他顯然也是想藉北洋系的權勢，來推行他自己的政治理想的。他這次和段派合作，反對恢復國會，而要重行建立人數較少的「臨時參議院」，這項政治設計，如果不出於卑鄙的政治投機，是否也有若干可取之處呢？我們在八十年之後，愛人以德，虛心地翻查百年舊史，是否也能為這位前輩思想家，找出點由實踐所檢驗出來的真理呢？

第一，從近百年政制轉型的史實來回頭檢討一下。辛亥革命之後，全國朝野都把「共和政體」，也就是所謂「議會政府」，看成一種天經地義的制度。其實這一制度，不但在當年中國，縱是在目前中國，都還是無法實行的理想。因此，在民國初年，幾乎所有最重要的政治糾紛，都是從這個躐等引進的，不切實際的西方制度所惹起來的。遲至二十一世紀，還不是有人（江澤民）在說中國如實行西方議會政治，十二億人口都要挨餓？

台灣呢？宋楚瑜先生不是也在問，今日台灣的制度，是「總統制」、「內閣制」，還是「亂七八糟制」？（見《世界日報》美東版，二〇〇一年十一月五日，A4版。）台灣政壇元老趙耀東先生，提起台灣現狀，不也是「老淚縱橫」，認為「台灣的民主，根本不是真民主」（見同上）。今日兩岸情況尚且如此，那麼八十年前的中國，還用說嗎？所以民初的國會，弄得天怒人怨，實在也是它本身有缺憾，不可全歸罪於軍閥們的。

第二，議會政治搞不成了，在那時代，似乎就只有回頭再去搞帝王專政，或個人獨裁了。所以袁世凱要稱帝，張勳要復辟，孫中山要搞「盲從領袖」和「個人獨裁」。因此袁世凱的美國憲法顧問古德諾教授才建議，與其搞最劣等的「非承繼式的獨裁制」（像後來的法西斯或共產黨），倒不如搞「承繼式的獨裁制」（乾脆做皇帝）之為佳也。（見拙論古德諾專章，載民國通史北洋政府篇《袁氏當國》專冊。）

第三，中國除掉搞「議會政治」和「獨裁政治」之外，有沒有第三條出路呢？路是人踩出來的；真理是實踐出來的。梁啟超輩有心人，顯然就想，試試這既非議會政治，也非個人獨裁的，第三條路的中間路線。它雖然不如先進的議會政治，但卻優於反動的個人獨裁。這第三條路，在現代政治學裡，原有個專用名詞，叫Aristocracy，老的漢譯叫做「貴族政治」，我們可試譯為「集體領導」，或「精英專政」。事實上，中共政權在毛澤東絕對獨裁前的打天下時代（一九三五～一九五六），和改革開放後的「毛後時代」（一九七九年至今），所搞的就是這個制度。二者都是成績斐然的。這至少表示，它在政治轉型期中，是個暫時「可行的制度」嘛。

可惜在國民黨的「百年老店」裡，老K就始終未嘗有過這種「集體領導」的經驗。在上一世紀的二〇年代，汪、胡、蔣原有其三雄集體領導的契機，不幸這契機，未經掌握，一縱即逝。蔣中正先生在我民族史上，功高不賞，兩千年來，初無二人，而他老人家最後竟弄到不能埋骨故土，就是他搞一人獨裁的後遺症所致也，實在是十分可悲的。

話說回頭，梁啟超要作帝王師，他那時顯然是想利用段的聲勢，把中國推向這個「集體領導」的中間路線吧。可惜他一介書生，手無寸鐵，影響力極其有限，而他本人且久處醬缸，身有餘臭，就號召不起來了。這也是政治轉型初期，免不了的現象吧。我華族在民族翻身史上，該有如此折磨，夫復何言！

從宏觀視角看黎段在爭些什麼？

讓我們再回頭看看，我們的黎大總統和段總理在爭些啥子？

在那個「袁後時代」，他二人的工作關係如何界定，就只有依靠《民元約法》之中的幾十個字了。《民元約法》原是革命先烈宋教仁在一夜之間草就的。府院兩造對這幾十個字的意義，焉能沒有歧見？啥叫法治（制），兩個老軍閥的木石頭腦，都是搞不清楚的。所以在黎段聯合當政時期，北京政府變成個既非「內閣制」，也非「總統制」的非牛非馬的政府。此即當時派系鬥爭底最大的亂源所在了。

按政黨政治國家的常規，在內閣制的國度裡，一般內閣總理或首相，照例是由國會中多數黨領袖出馬來組其政黨政治的責任內閣。可是在中國這一制度就不按理出牌了。段祺瑞沒個政黨，他做內閣總理，是靠他在北洋系裡的元老聲望和潛勢力。

北洋系不是個政黨。它是個辛亥前後，以袁世凱為精神領袖的北京政府中的老政客、小和尚，和老北洋六鎮與衍生支派中，高級軍官相結合的歷史共同體。在這個無形的北洋系之內，段祺瑞和馮國璋二人，是最有聲望和實力的兩個軍政領袖。他二人所倚靠的，都是門生故吏對他們的擁護。因為北洋軍閥，很少不是他的門生；北洋政客，也很少不是他的故吏。老段就憑這前朝殘餘的潛勢力，坐上北洋政權的第一把交椅。在袁世凱死後，北洋系就變成以馮、段為首的兩頭馬車了。他二人底下的門生故吏，難免各有所偏。後來就逐漸形成直皖兩系了。

至於在當時北京政壇上，縱橫捭闔的大小政客，再從大黨變成小派，那就看政治上的實際需要了。像段祺瑞這樣的實力派，卻沒個自己的政黨，國會內外的政客黨人，就要組織個精密的政治社團，狐假虎威，來擁段自重。這便是當時最活躍的「安福俱樂部」了。

意氣之爭和黎、段其人

首先，他二人鬧的是極其無聊的意氣之爭。但你卻不能小視這種政客之間，最無聊的意氣之爭的時代和文化背景。這也是個政治文化社會「轉型中期」的特有現象也。按《民元約法》，北京中央政府所實行的是所謂「責任內閣制」。總統只是個榮譽職位，政府的真正首腦是內閣總理。按法律，他二人的關係原是英國女皇（伊利莎白）和首相（邱吉爾）的關係。在英國，他們搞革命，搞復辟，搞了幾百年，最後才能搞出個制度來，而相安無事。朋友，美國的布希、高爾的政權之爭（詳下節），之所以能匕鬯不驚，和平解決者，這是他們幾百年才磨鍊出來的所謂「英美（政治）傳統」（Anglo-American tradition）。非一朝一夕之功也。

我們的老黎、老段搞「責任內閣」，才搞了幾個月，您怎能對他二人解決政治問題，有「匕鬯不驚」的奢望呢？二人之間的面子和意氣都太多了。怎能不「鬥」一下呢？因此，單說意氣鬥爭這一項，細說從頭，就說不完了。筆者在《袁氏當國》的末章，曾略敘原委，這兒就不再嚕嗦了。

不過我們要知道，黎、段二人不但在民初軍閥之間，算是具有現代知識的軍人政客（他二人都是很有成就的歐洲留學生，參見哥倫比亞大學所編的《民國名人傳》），縱與後來的國共兩黨的黨魁們相比，黎元洪、段祺瑞二人，都還算是開明寬厚，而識大體的政治家和民族領袖呢。黎原有「菩薩」之名；段也以剛正而「素有廉潔之美譽」。（參見黃徵等著，張憲文、黃美真主編，《段祺瑞與皖系軍閥》，一九九〇年，河南人民出版社，頁四一。注意：這是大陸上最近出版的新書。段氏享此「美譽」，應該含笑九泉。）雖然他二人也跳不開轉型中期，半新不舊的政客，所丟不掉的文化包袱和時代烙印。

且說點他們私生活上的小事，以舉一反三：段祺瑞一人便公開地討了五個姨太太，試問哪個號稱現代化國家的國務總理，能享此豔福呢？後來政壇中的好色之徒如毛澤東等，也只能搞搞偷雞摸狗，而不敢公開包二奶呢。毛澤東權大如天，段祺瑞何能相比？而段能公開討五奶，毛連個二奶也不能討，何也？這就是社會文化轉型程序中，「中期」與「晚期」之別了。轉型中期的政客，他們還可以搞搞多妻制，不搞白不搞。到「晚期」就不能再搞了。且看今日台灣的當政諸公，毛式的偷雞摸狗都不敢碰，何也？這就是社會文化轉型的「晚期」與「末期」之別了。晚期還可躲在深宮永巷之內，去偷雞摸狗。到「末期」，政治就逐漸「透明」了，國家監察制度逐漸完善，正當的媒體報導也逐漸放寬了，甚至專事搜尋貪汙腐化新聞的「扒糞隊」（muckrakers），乃至專找刺激故事的「狗仔隊」（paparazzi），他們利用新聞自由，就更是無孔不入了。在他們鑽隙之下，政治社會名人，都成為玻璃水缸裡的金魚，和熊貓館裡的熊貓，日夜都在社會大眾監督之列，他們的私生活就不一樣了。

筆者試舉這種「老嫗能解」的最簡單的實例，來幫助解釋那最玄妙、最不易說明的社會文化轉型的現象。社會文化之從中古、近古，漸漸地轉向近代、現代，是一時不停的。也是潛移默化的，是肉眼不易覺察的。雖然歷史三峽之內，多的是洄水、漩渦、逆流，但是三峽之水，無不東流，潮流永遠是前進，非人力可以倒轉也。我們試舉出個像上述討姨太太的小事，就一目瞭然了。

筆者就這樣主觀的，對黎元洪、段祺瑞這兩位歷史人物，臧否一下了。不怕不識貨，就怕貨比貨。朋友，不信您就從國共兩黨的領袖名單中，找幾位出來比一比嘛。相比之下，我想很多賢明的讀者，是會和在下有相同看法的。

人事和利害之爭

再者，中山說得好，「政治是管理眾人之事」。政壇之上，沒有真正的「單幹戶」。其大則有幫有黨；其小則有婢僕妻妾，馬弁副官，幕友智囊。在兩千年的傳統中國的衙門裡，一衙之主是「老爺」。老爺照例是不親細務的。為老爺大小細務，上下一把抓的，照例則有個「二爺」。這在國民黨時代，便是什麼「侍從室」、「祕書長」、「幕僚長」、「總務長」一類的建制。在共產黨內就是什麼「小組」、「XX辦」，如「林辦」、「鄧辦」一類的東西了。在專制時代的宮廷之內，那就是高力士、李蓮英、小德張一類的太監了。

幹這種「二爺」工作的，不用說都是些最為精明強幹的人物，當然更是「老爺」最最信任的心腹股肱。因此，時在「轉型中期」，以黎元洪、段祺瑞為首的總統府和國務院兩大衙門，自然也各有其「二爺」。前文已言之，徐樹錚便是段氏國務院內，總攬一切大小事務的二爺。而孫洪伊則是黎總統安插在國務院內的「心腹」。國務院內有了他，則國務院對黎總統來說，那就是個無事不可洞察的水晶球了。

作這種「心腹」和「二爺」的人物，不用說都是極其精明強幹的幕僚人才，是那些只管大事，不管小事的老爺們，所不可一日或缺的貼身助手。當然他二人也是兩個最善於狐假虎威，也最善於為老爺背黑鍋，當惡人的風雲人物了。

我國的俗語說：「閻王易處，小鬼難纏。」有時小鬼與小鬼之間，發生了糾纏，彼此原本十分友好的閻王之間，也會因之發生彌補不了的裂痕，而不可收拾。筆者在論袁的專著，就曾細說過徐、孫之間的人事問題，而引發了黎、段之間的府院之爭。再強調一下，搞政治是沒有什麼真正的單幹戶。小徐和老孫，也各有為政治利害，而依附於他們的黨羽。這一來黎、段之間的「利害之爭」，也就說之不盡了。

無法解決的政策之爭

本來，在一個中央政府之內，兩派政客，為著某項政策，而發生爭執，是最正常不過的事了。在古今中外，任何政治體制中，都是不免。只是在一個有定型制度的國家裡，這種政策之爭，都是有其正常的、制度性的解決方法，來加以解決。可是在個轉型期的中國，沒個固定的制度來加以仲裁，它就變成政治死結了。

老實說，在尋找這項解決辦法，我們的國共兩黨，磨鍊了大半個世紀，死人如麻，筆者個人大膽推測，大致還要再磨鍊四、五十年，海峽兩岸才能建立一個真正能解決問題的制度來。在民初軍閥年代，當然就是政治死結了。

這一死結，差不多已過去一個世紀，今日的史學家才能看出，它原是一個歷史上的「客觀實在」，在那個轉型前期軍閥年代，是沒有解決方法的。黎、段二人解決不了這糾紛，實在也怪不得他們。朋友，那是個轉型期的死結，解決不了，雖賢者不免，怎能厚責於兩個「軍閥」呢？

既然民國不如大清，我們也就想到，共和不如帝制，民主不如獨裁了。因此我們的毛主席，和他的鄉前輩楊度，乃至孫國父中山先生也就想到，還是秦始皇那一套，最適合中國的國情。可是，如果我們搞來搞去，最後還回到秦始皇的老路上去，那還要革啥鳥命呢？

鬥爭的類別和解決的方法

老實說人就是人，不管是洋人、華人，他（她）們都是具有七情六欲，極其複雜的脊椎動物。尤其是那些最歡喜搞政治的脊椎動物，聚在一起，為著政治利害，就必然要鬥個你死我活。人與人之間的友情，乃至國家民族的利害，對他們來說，就是屁話了。想起了我的前輩老友，李宗仁將軍所談有關國民黨內政治鬥爭的那一句極有趣的「桂林官話」。他說：「在大家鬥到白熱化的時候，哪還想到什麼國家民族囉。」這是那位誠實的李宗仁先生，向我所說的最誠實的話。

美國的杜魯門大總統，不也說過：「你如在華盛頓想交個朋友，那就只有去買一條狗。」換言之，若論人情厚薄，則華府的白宮內外，和國會山莊上下的八千政客，都不如一條狗也。華府如此，北京、南京就不然哉？朋友，人就是人嘛，不管是洋人、華人，今人、古人，大同小異而已。

但是話說回頭，這些萬千政客，究竟在鬧些什麼呢？社會心理學家，和事後才知的歷史家，大致可以把他們所爭之事，分為數類：一、最普通也是最無聊的，蓋為個體之間的意氣之爭；其次則為人事之爭；再則是公私利害的權力之爭；最高級的應該是政策之爭，這就包括共產黨的所謂路線鬥爭了。朋友，這是古今中外，世界政治圈內的通病。當年的黎段之爭，也沒有跳出這四大範疇呢。

只是這種政治鬥爭，在一個現代化的國家裡，有個鬥爭雙方都能一致服從的解決辦法，是謂之法治。法治不一定公平，但是法治可以解決問題。君不見近在目前的美國大選，共和黨的布希（George Walker Bush）和民主黨的高爾（Al Gore），為著在佛羅里達一州的幾百票之差，而僵持不下，最後只好由聯邦最高法院開庭來加以仲裁。仲裁結果，竟以一票之差，而底定了共和黨的天下。那文化低劣的「德州牧童」布希，當上了「少數總統」（Minority president），而得選民票多數的民主黨候選人高爾，竟然落選。使投票占多數的選民，氣得嘴歪頭大，但是還不是接受了這項法治仲裁的事實？終使美國政權依法易手，世界政局也為之大變。此事如果發生在當年的蘇俄，那孟什維克（少數）與布爾什維克（多數）之爭，豈能憑法官一票而決？如發生在過去和現在的中國，不用說，幾十萬人頭落地了。

但是法就是法；壞法雖壞，究勝於無法無天。根據美國憲法，最高法院有此仲裁權力。它雖然仲裁不公，但可以解決問題。由最高法院用投票方式來加以判決，究竟比用槍桿或紅衛兵來解決政治問題，要文明得多了，老百姓省下多少性命，這就是法治國家的好處。朋友，就憑這一點本領，你能說，美國不應該做現時代的「世界警察」？

帝制轉民治急不得也

本篇我們所要討論的原是黎、段二人的「府院之爭」嘛。怎麼又把國共的汪、胡、蔣、毛、鄧都請出來，陪斬一番呢？朋友，這就叫做比較史學，叫做效驗明時方論定。我們如不把汪、胡、蔣、毛、鄧都請出來比較一下，專談黎元洪、段祺瑞的鬥爭，讀者可能就認為，那是單純的「軍閥現象」了。把他們汪、胡、蔣、毛、鄧，乃至胡耀邦、趙紫陽、江澤民，甚或李登輝、陳水扁，都乾脆搞到一起來比比看，我們就知道，這不單純是個軍閥的問題，黨棍的問題，而是一樁近現代中國，「政治社會文化轉型的大問題」之各階段而已。這也就是所謂宏觀史學吧。

更確切一點地說，從政治制度的轉型來看，那就是，從傳統的「帝制」，慢慢地轉向「民治」；從傳統的「人治」，慢慢地轉向現代西方型的「法治」。這項轉變，工程實在太大了。但是這一轉型程序，我們今日回頭看過去，也是階段分明的。

「辛亥革命」就是這項從帝制轉民治的一個重要階段，它至少把「皇帝」這個政治名詞給轉掉了。名詞之外轉的就不多了，袁世凱做總統的獨裁權力，比皇帝還要大。但是在轉型過程之中，他再也不能頂用皇帝這個頭銜了。袁氏不明此理，他還要恢復這個頭銜，開倒車，他就遺臭萬年了。

後來毛主席的權力，比袁世凱還要大，當然就更大於光緒「皇帝」了。毛主席據說對做皇帝的興趣也特別大，偶爾也自稱一兩聲「朕」什麼的，過過乾癮。但是他老人家也知道，「帝制」在中國歷史上是一去不復返了。但是毛澤東政權，有沒有若干「民治」成分呢？比光緒時代還要差幾寸吧。所以毛公只是在歷史三峽裡，搞逆水行舟的老梢公，沒啥神祕難解也。

因此在近現代中國，從帝制轉民治的「轉型史」上來說，袁世凱時代，我們只轉掉一個「皇帝」，其他轉變甚少也。從袁大總統轉到毛主席時代，我們簡直是王小二過年，一年不如一年了，可見政治轉型之難也。

不過，朋友，從一部近現代中國之轉型史的整體來說，請稍安毋躁，通過這條歷史三峽，是急不得的，過急是會翻船的。老江、老朱那一夥，轉型後期的領導班子，畢竟與袁、蔣、毛、鄧那夥轉型前期的草莽英雄，不是一類動物。

現在話說回頭，我們只要把二十世紀的中國政治史宏觀地溫習一下，如上幾節之所述，我們就不會厚責於黎元洪、段祺瑞那夥「軍閥」了。他們在這條歷史三峽裡，也只是較早的一個階段而已。明乎此，我們對中國近現代史裡的一切難題，就可以像「庖丁解牛」，迎刃而解了。

從政治制度的轉型來看，那就是從傳統的「帝制」，慢慢地轉向「民治」。這項轉變，工程實在太大了。但是這一轉型程序，也是階段分明的，「辛亥革命」就是這項從帝制轉民治的一個重要階段。

人治轉法治同樣困難

再者，從帝制轉民治，還有個同步進退的舞伴。他倆必須同步轉變，不能一個轉，一個不轉。這個舞伴，便是：「人治轉法治」。從帝制轉民治，一定要和從人治轉法治，同步轉動。二者不同步轉動，這個舞就跳得不像樣了。甚至乾脆停舞出場，跳不成了。原來帝制是一個人的獨裁專制，全國大事，全民休戚，由當皇帝的一張嘴說了算。他金口御言，句句發金光，一句頂一萬句。全國大眾，唯命是從。可是在民治時代，再沒有任何人，能搞啥金口御言了。國家大事的處理，全民休戚的保障，全民都有分。大家七嘴八舌，解決不了問題，那麼，大家就依法行事。法律之前，人人平等。沒那個雜種，可以一人說了算。至於如何立法，則全國老百姓，人人都有個代表，能參加立法。一法既立，則人人都得依法行事。斯之為有「法制」；斯之謂「法治」。

近年中國「改革開放」以來，「民主法治（制）」的口號，被叫得震天價響。筆者每在拙著裡，要顛倒其次序，而改叫「法制（治）民主」，何也？在中國近現代的歷史三峽裡，先要把法制弄好，然後才能談民主和民治。蓋搞民主政治，守法實為第一要務。有法未必盡善，有的法甚至其壞無比。但是壞法也勝於無法，守法與無法，則更是文明與野蠻的分野了。

但是，親愛的同胞們，守法二字的經緯大著呢。不客氣地說，你我也都是不愛守法之人，開車闖紅燈，被警察抓到了，一肚皮氣，要發洩呢。終於低聲下氣，領了罰單，非心甘意願也。法律之前，不敢反抗也。我記得以前在祖國時代，有個小朋友學開車，被警察抓著了，他只輕聲告訴那警察他爸爸的名字，警察向他敬個禮，就揮起白手套，讓他專車前進了。子仗父勢的兒子尚且如此，有特權的爸爸，那還得了？兒子小人也；開車小事也，無關宏旨。但是爸爸是黨國要人，幹的是黨國大事，像毛主席那樣的無法無天（毛治下的人民共和國一共只有兩部法律：憲法和婚姻法。他也向不遵守），這種國家，就不配自稱為國家，只能算個部落了。朋友，咱們中國人，搞革命，搞現代化，搞了幾十年，最後竟然退化成為一個第三世界的部落。人治轉法治之難，蓋可思過半矣。

國共兩黨目無憲法的實例

讀者如不憚煩，讓我們再搞一點比較史學：國民黨不幸，在「行憲」之初，就搞出「總統引退」（一九四九年一月）的事故來。按現行憲法，總統蔣中正因故不能視事，副總統李宗仁理當依法繼任，為（正）總統。可是退休總統，卻只許繼任總統做「代總統」。老李不幹，非做「正總統」不可。他底老友，手握重兵的白崇禧也勸他：「要做皇帝，就做真皇帝。」老李因而堅持要做真皇帝。可是他的「祕書長」，同時也是蔣公當年曾託妻寄子的老友吳忠信，卻勸他說：「您現在還要吵什麼代不代呢？您身邊的衛兵都是蔣先生的人。」（見《李宗仁回憶錄》第六十五章）老李一聽，此話有理，就不吵了。此事給書酸子胡適知道了，他大為老李不平，硬是要叫他「李大總統」，不叫「李代總統」，叫得我們「代總統」飄飄然，認為究竟胡適懂得憲法。

再舉個共產黨的小例子：一九五九年毛澤東搞大躍進，死人數千萬，出了岔子，引起黨內（尤其是國防部長彭德懷）憤憤不平。毛為拉一派打一派，乃扶劉制彭，使劉少奇當上了國家主席。劉當得頂呱呱，大得人心。毛大為驚恐，乃再扶林制劉，並要老婆和林彪一道出馬，以流氓加強盜的辦法，帶領無知的紅衛兵，首先把現任國家主席的夫人，抓到清華大學去公審一番，並橫加人身侮辱。

清華大學是享譽國際的世界級學府，「大清帝國」末期培養人才的搖籃。這一崇高學府，竟然發生這一可恥的現象，也是匪夷所思吧。清華大學的校園之內，尚且如此，則一般社會上，對憲法的認識，豈不更是個鴨蛋？王光美被辱也就罷了，後來劉少奇竟以國家元首之尊，就那樣無法無天的被虐待侮辱至死，而死得那麼慘，讀史的朋友們想想看，這樣的中國，還算個什麼國家呢？無他，人治轉法治，比帝制轉民治，還要難上加難呢。

我們舉這點小例子，讓大家來比較比較，就知道從人治轉法治是多麼困難？後來的國共兩黨是牛皮多大？他們無法無天的鬥得那麼下流。稍微溫習一下歷史，我們就不能厚責於黎元洪和段祺瑞這兩個「軍閥」了。事實上，把國共兩黨如上所說的流氓土匪作風，和黎、段二人鬥爭的方式相比，則黎、段二人還算是兩個君子也，哪像國共兩黨那樣的下流無恥？

意氣之爭加人事糾紛

總之，在民國初年的中國還不是個法治國家，因此，黎大總統和段內閣總理之間的行政關係，在法律上本來就搞不清楚。縱使搞清楚了，也不會有人遵守。加以他二人之間又各有強大的黨羽，和無限的攀龍附鳳的文武官吏，蠅營狗苟，縱橫捭闔，各為私利，乘隙鑽營，各取所需。這一來，你要他二人和平相處，那就完全要靠朋友之間的私情和「義氣」來維持了。要不，那就是兩造之間的力量和聲威，絕對的不成比例，在一邊獨享的盛勢之下（像袁世凱之與唐紹儀，蔣介石之與翁文灝，或毛澤東之與華國鋒）使弱者不得不屈服，糾紛就不會發生了。

可是黎段的關係就不然了。他二人在聲望、地位和講不清的法律之前，卻是個「兩頭大」。兩個頭發生了爭執，沒個政治權威可加以仲裁，沒個大眾媒體、社會輿論，可以主持公道，而唯恐天下不亂，推波助瀾的政客和軍人，則日夜挑撥，他二人之間的糾紛，就永遠不得解決了。

但是，朋友，人與人之間的私情和義氣，那只有從《三國演義》和《水滸傳》裡去找了。一般社會上，尤其是政治圈內，是找不到的。歐美人士的友誼圈，有時還比我們中國人的友誼圈還稍大一些。他們至少可與狗交朋友。並有句名言說，狗是「人類最好的朋友」。中國人卻最歧視我們「最好的朋友」。把社交上一切的壞名詞，都給「狗」來承擔了。例如什麼「狗男女」、「走狗」、「狗屁」、「狗屎」、「狗娘養的」等等，惡言惡語，實在對狗同志有欠公平。因此我們中國人搞政搞黨，在絕無朋友的情況之下，連「買條狗」也是枉然了。黎大總統和段國務總理的關係，正是如此。他們之間，沒有劉、關、張那套桃園結義的友誼；也沒有袁、唐之間，權力一頭大的形勢，他二人勢均力敵，又沒個法制來加以仲裁。兩造一旦發生不論是小的「意氣之爭」，或大的「政策之爭」，就沒個轉圜的餘地了。明乎此，我們對近現代中國黨政之糾紛，就可思過半矣。

民主不是忍讓，是法律之前，實力平衡

朋友，話說回頭，洋人之間的人際關係，並不比我們中國人好呢，他們養條狗也是枉然。

因此他們才搞出一個有效的補救辦法來：一曰法治，二曰民主。法治和民主，都是兩種以上的社會力量的較勁，而不分勝負之時，大家止鬥息爭，依法和平共存的。所以，民主不是姑息，不是忍讓；民主是兩雄對立，互不相讓之下，在法律之前的妥協行為。而這一妥協是以法為準的。沒個兩造都認可的法制，鬥爭的雙方，不論鬥的是個人的「意氣」，或是政府的「政策」，尤其是後者，便無法妥協了。

再概念化地說一下，在帝制時代，皇帝便是法律，在法治時代，法律便是皇帝。從皇帝法律，轉型變成法律皇帝，其中間至少有一百年以上的空白呢。這就是民初黎段之爭的契機所在了。在黎、段之間作仲裁的，既沒有皇帝，也沒有法律，兩者之爭，就沒法解決了。

【附註】二〇〇〇年的美國大選，民主共和兩黨勢均力敵，有些地區，投票者數百萬人，高爾、布希之間相差往往只有數十票，尤其是佛羅里達州票匭出了問題，需用人工數票，佛州原為民主黨的天下，人工細數的結果，高爾可能遠超過布希，使現任美國政府由民主黨連任。共和黨有鑒於此，乃在選舉法上找漏洞。蓋人工數票，曠日費時，而法無明文。共和黨乃向最高法院告上一狀，由九位大法官投票仲裁之。而最高法院近年來卻是保守派得勢，竟以一票之差的多數，終止了佛州的「人工數票」，使高爾敗選，布希登上大寶。高爾只好到哥倫比亞大學去教書了。天下事之不平，無有愈於此者。這甚或是一項政治陰謀，使無數民主黨選民氣得鬍鬚亂飄。但是法就是法。民主應從守法開始。我民族要做到把法律當皇帝的這一步，最樂觀的估計，恐怕最少還要等四十年。

＊二〇〇一年十月八日於北美洲

編者註

❶一九一七年十一月二日，美國國務卿藍辛（Robert Lansing）和日本特使石井菊次郎換文，承認日本因領土接近，在中國擁有「特殊利益」。日本表示按照美國要求，遵守中國的「門戶開放」。美國事實上變相承認了日本的「二十一條要求」。

❷丁世嶧、金永炎、哈漢章、黎澍。

❸徐樹錚、靳雲鵬、吳光新、傅良佐。

八、談談打打的護法戰爭

——皖系始末之四

中國是當今世界史上，獨一無二的文明古國，源遠流長是我們的特色。甚至打了幾千年的「內戰」，也不例外。打內戰對咱們中華民族來說，那真是與生俱來的好本事。但是咱們打了數千年的內戰，也沒有哪場內戰，像美國內戰那樣，痛痛快快的，說打就打，說停就停的。它們總是婆婆媽媽的，打打談談，談談打打。最後結果則往往是當勝者敗，當敗者勝。然後才分久必合，重行來個天下一統。再出個偉大的太祖皇帝，讓老百姓來享受幾年沒有內戰的清福。

在民國五年（一九一六）開打的「護國戰爭」，總算打出了個結果，打得袁世凱做不了皇帝，一氣而終。但是從民國六年（一九一七）開打的「護法戰爭」，卻打不出個結果來，最後無疾而終。可是，南北戰爭雖消滅於無形，卻又搞出南打南，北打北的兩個內戰之內戰來。

一國兩府，禍延至今

在民國初年的政治史上，段祺瑞雖然始終是個關鍵人物，但是所謂「皖系政權」，從一個頗為像模像樣的「責任內閣制」，逐漸變質，一直發展到段氏「馬廠誓師」，趕走張勳；把溥儀二度拉下寶座，並要仿效民元「開國」的舊例，來「再造民國」之時，段祺瑞才真正地獨斷專行起來，走向槍桿子出政權，個人獨裁的死胡同裡去。段祺瑞所走的這條「回頭路」，節要而言之，便是近現代中國的政治體制，向議會政治前進的轉型發展中，躐等而行，一旦發現「此路不通」，轉而走其回頭路的客觀形勢也。

段氏當時的「責任內閣」，被三權分立（事實上只是兩權分立）的體制，弄得一籌莫展。只有掛冠而去。所幸天如人願，半路上殺出個「復辟」運動來。國會被解散了，黎元洪也被趕跑了。段氏借兵回京，懲前毖後，痛定思痛，他就要組織個只發生橡皮圖章作用的國會，和選個聽話的總統，然後來他個「武力統一」，搞個「槍桿子出政權」，就是順理成章的事了。他這個新模式，是他從痛苦的政治經驗中實踐出來的。實踐才是檢驗一切真理的標準呢。其後他在中國政治上的繼承人，蔣介石，毛澤東，搞虛君實相，要橡皮圖章，就青出於藍了，此是後話。

正當段祺瑞發現了這條新路之時，那早就有意在華南另立革命政權，來從事三次革命的孫中山，這時也天如人願地，利用了來自柏林整麻袋的鈔票，率領了老鄉親，時任海軍總長的程璧光，和大批失位、失業的國民黨系議員九十餘人，乘艦南下廣州，組織護法政府，自稱大元帥，和北京老段分庭抗禮，對幹起來，中國就一分為二了。

在此之前，整個中國雖早已砲聲隆隆，內戰打個不停。但交戰各方，向未否定北京民國政府的合法地位。占領了北京的軍閥，所搞的只是挾天子以令諸侯而已。反對北京的地方軍閥，也只是搞搞古代所謂「清君側」的把戲，打倒所謂竊政的權臣罷了，從未否定北京政府的合法性，來搞其「一國兩府」也。縱是袁世凱稱帝時，蔡鍔、唐繼堯、岑春煊等，組織其都司令部和軍務院一類的機構，亦未嘗作此想也。

可是中山這次南下，組織軍政府，開非常國會，自立為大元帥時，並正式與北京政府爭奪「關餘」[1]；後來又在「巴黎和會」中，與北京政府爭奪中國的代表權，那就是在中華民國之內，搞起「一國兩府」的「分裂運動」（Secessionism）了。這一分裂運動，由中山開其端，其骨牌效應，像中山逝世後，一九二五年國民黨在廣州所建立的「國民政府」；到一九三一年，共產黨在江西所組織的「中華蘇維埃共和國」，至抗戰期間建於延安的「邊區政府」，以至今日的兩岸，事實上都是當年的「一國兩府」、國內有國的分裂現象綿延未絕而已。

至於李登輝的「兩國論」、「去中國化」，就更是這個分久未合的走火入魔的現象了。因此，那些在實際政治圈裡，搞爭權奪利的政客和只著眼於目前現象的政論家，就和熟諳宏觀史學的歷史家之所見頗有不同了。因為前者所看的，只是一時的平面現象，而後者所看的則包括這一平面現象之後的縱深背景。知道他打哪裡來，才能預料他向哪裡去也。

這宗一拖九十年，分而未合的現象，欲知其緩緩發展起來的縱深背景，我們得先了解段祺瑞所導演的「參戰案」，看看府院之爭是如何終了，再探討探討，孫中山先生如何在廣東，另立山頭，敗部再起的這一串骨牌效應，然後再慢慢看這本連續劇，就不會為之暈頭轉向了。

孫中山是反段主力

在段、梁集團大搞其「再造民國」，主張一切從頭來起時，反對力量最大的就是孫中山先生和他底老國民黨的集團了。其中包括政學系、韜園派等許多小派系和西南五省中，三數個老護國軍系統的地方軍頭，像雲南的唐繼堯，廣西的岑春煊、陸榮廷等人。這個南方集團和北洋系有其相似之處。在得意期間，他們是四分五裂的，誰也不能為他們整合組織個統一的「反對黨」（opposition），但是一旦這個集體，遇到全面威脅，像袁氏稱帝和段氏獨裁之時，他們又會在一個「強勢領導」（且借用當代名詞）之下，搞團結奮鬥。因此這次反段鬥爭，就輪到資格最老，聲望最高的孫中山來統一領導了。

中山在民二「二次革命」失敗之後，老國民黨集團，四分五裂，他自己雖然組織了一個中華革命黨，來繼續奮鬥，實質上中山本人也變成個灰溜溜的失業政客，一籌莫展。所幸中山有個最倔強而不服輸的個性，對他自己所「發明」的主義，有其最堅強的使命感。（和他同時的俄國列寧，也是如此的。）

像列寧和孫中山這樣個性的革命家，就有他們的特色了。由於他們從不消極，工作態度永遠積極，他們是隨時勒韁以待，準備行動，準備出擊。因此一有機會，他們就可以立刻抓住，而幹了起來。不像一些懶漢，只會守株待兔。真是兔子來了，懶漢也是抓不住的。像列寧和孫中山這樣的人，就是捉兔子的好手了。中山這次領導全國反段，做了護法運動的總頭頭，就是他抓到了一個稍縱即逝的時機，而大幹起來的。

上文我們曾約略提過，德國出巨資支持孫公反段、反參戰的故事。那時歐戰兩方，對中國參戰與否，都在大肆活動。合法的外交活動之不足，雙方都使用銀彈政策，大搞其「錢進」活動。協約國方面，因為國多，勢大財足，他們對中國朝野的銀彈攻勢，也是多樣的。包括借款，發行公債，販賣軍火等說不盡的花樣。在一般對付政府、政團、政黨等等整體之外，還有單獨對個人的花招。例如佣金（commission）、回扣（kickback）、折扣（discount）和走私（smuggling）等，加上市場中的非法（illegal）或法外（extra legal）的陋規等等，各種辦法，藉滿足當事人的私欲，而各為其國也。

德國檔案中的賄華巨款

但是，朋友，可別把貪汙受賄，看成中國醬缸的特產。其他國家也是一樣呢。俄國當年要把阿拉斯加賣給美國，美國國會有無數議員投票反對，不願出高價，去購買那個無用的「大冰箱」。最後國會還是通過以美金七百五十萬元購買了。國會何以如此出爾反爾呢？後來俄國革命爆發，帝俄檔案公開，謎團就揭穿了。原來賣掉阿拉斯加，俄國政府只實收五百萬。另二百五十萬，都分別用去賄賂那些投反對票的美國議員去了也。所幸那張受賄議員的名單，被帝俄銷毀了。因此哪些美國議員收過俄國的賄賂，就不易查出了。

這件美俄交易的趣事，想不到無獨有偶。二次大戰後，德國的檔案也被公開了。在這些密檔中，竟然發現了大宗早年德華外交的密件。其中就暴露出，在第一次世界大戰期間，德國駐華公使辛策（Paul von Hintze，編者按：或譯為辛慈）身懷巨款，俟機對中國政府中決策官員行賄的計畫和事實。當民六（一九一七）三月一日，中國對德絕交已箭在弦上時，辛策晉見段祺瑞，告以中國如不參戰，德國除給予中國政府一切如停止賠款、退還租界等優惠之外，他對段個人，亦當以一百萬元相贈。段微笑說：「協約國所給遠較此為多。」云云。

【附註】辛策向段行賄，對柏林曾有詳細報告。見德外交部未刊政治檔案，China 7, Bd. 8-9, A24099, Hintze an Eethmann Hollwag, Kristiania, 3. Juli. 1917；及A27424 A. A. an Baron Bussche, 18. August. 1917。中文節譯，載李國祁著，《民國史論集》，一九九〇年，台北南天書局，「第八章：德國檔案中有關中國參加第一次世界大戰的幾項記載」，頁三一一～三二六。以下本篇所引用之德國檔案，除另行說明外，均取自李書。

據辛策向柏林報告，協約國所費賄款，多至一千三百萬元之巨，遠非德國所能望其項背。錢雄者勝，因此辛策對段氏行賄就失敗了。失敗之後，他乃繼續對投反參戰票的國會議員行賄。據報是每票二千元。同時辛策也向其他中國官員行賄。重要性僅次於段的便是副總統馮國璋了，據辛策報告，馮原為反參戰派，因收協約國重賄，乃變成參戰派。辛策欲再以重賄扭轉之，終未如願。

中央官員和議員之外，辛策也曾向督軍、省長、巡閱使等地方官員行賄，希望他們起而反抗中央的決策，這就毋須多贅了。

德使辛策對中山的接濟

在政府官員之外，辛策的另外對象，就包括孫中山先生在內的在野黨了。這時孫公正在摩拳擦掌，準備武力反段。但是無錢困倒英雄漢，正當他在上海一籌莫展之時，忽然間辛策公使（或辛氏代表）翩然而至，真是天賜良緣。根據各種跡象顯示，德國當時用金錢在中國支持反參戰運動，似乎不是什麼嚴守的祕密。根據德國密檔所記，當時一位留德粵籍學生程光耀（Tsing Kwong-yao，音譯），即曾向德國外交部毛遂自薦，願作是項交涉的中間人，並接受六千馬克的補助，返華活動。（見李書，頁三一七～三一八。）

其後中德於三月十日正式絕交了，辛策公使於三月二十六日被迫下旗回國。其情報工作乃由美籍傳教士里德（Gilbert Reid）、在華的兩個德國人（Dr. Krieger與Dobrikow）和德國駐滬總領事克里平（Hubert Knipping）接替。克里平乃透過原與德方有聯絡之國民黨幹部Abel Tsao（曹亞伯）[2]與中山聯絡。德方並允以最高額可到二百萬元的經援，來支持國民黨的倒段運動。克里平同時也祕密聯絡其他反段人士，如岑春煊、康有為、孫洪伊、唐紹儀，甚至張勳，多管齊下，共同反段。

中山在曹亞伯安排之下，親自會見克里平的情報員西爾穆爾博士（Dr. Shirmer），顯然是四、五月間之事。中山答應起兵反段，但是他獅子大開口，要獨吞這兩百萬元的德援，據報德方也欣然同意。德國佬原是近代世界上做事最有效率的民族。他們既然答應了，不久這宗德援百萬元鈔票，據目擊者馮自由等人的回憶，就裝滿幾麻袋，用黃包車拖到孫公館了。福無雙至今朝至，孫國父在一夕之間，就從一個升斗不繼的窮老漢，變成百萬富翁了。

事有蹺蹊的是，根據德國密檔，孫所應得的財富，應該是兩百萬馬克。但是根據國民黨的紀錄，孫只收到一百萬。李國祁先生向我說，另一百萬可能是被經手人曹亞伯中飽了。余不謂然也，因為此事雖祕，但是畢竟數目太大，中山也不是個省油燈，曹君何能吞下百萬之巨？再者，曹君且於翌年奉派去德國活動。他如有中飽行為，就不可能再有另次使命了。因此關於中山被打了折扣，最可能的解釋是，德國人先扣下一半，視孫中山反參戰活動的成效再付。孫中山反參戰不成，乃不了了之。

有人懷疑，可能是由德國經紀人，直接送給另一反參戰巨頭的岑春煊了。然耶？否耶？就有待更深入的考據了。❸

參戰案的另一面：軍火貿易油水最大

在拙著《晚清七十年》中，曾提到滿清中央機關中，「最肥的肥缺」，便是醇親王所掌握的海軍衙門（見卷三，「甲午戰爭與戊戌變法」專冊，頁四〇～四六）。海軍衙門「肥」在何處呢？那就是衙門的主管有購買船砲之權。船砲在當時軍火貿易上的國際價格，已經是天文數字了。而國際軍火商，對買主負責人的酬勞，照例都有或明或暗的佣金回扣，這佣金照例大致是售價的百分之六。在千萬元的軍火交易中，這佣金的數目，是大得嚇壞人的。據筆者個人所認識的可信的知情者言，無孔不入的軍火商，往往在酬勞大主顧、大掮客之外，還有回扣之回扣，以酬勞主顧或掮客底下的辦事人員。這「回扣之回扣」，既然是從天文數字裡扣出來的，其數目也不會太小。因此一樁軍火交易完成之後，買方上下有關的大小官員，可說是見財有分，雞犬升天。這也就是傳統衙門裡所謂「無官不貪」的成語之所從出了。（記得當年看梅蘭芳主演的京戲《蘇三起解》，當蘇三姑娘在哭訴官府不應該昧良心收受賄賂時，那位解差崇公道聽不過去了，分辯曰，官家收賄賂，只是例行公事嘛。在這場黑金交易中，他崇老伯也分到了一雙全新的棉鞋呢。雖是戲劇，它所反映的，卻是古今官場的現實也。）

在近代經濟史中，現代化企業，最先以千萬富翁出現的，原來就是軍火商人。如今頒給我們學術界最尊貴的諾貝爾獎金的諾貝爾先生（Alfred B. Nobel, 1833-1896）便是十九世紀歐洲最大的軍火商，享有國際專利，無煙火藥的發明人和製造者。他發了億萬大財之後，晚年才轉為慈善家的。

這種無本生意的軍火掮客，在滿清時代的中國，差不多都為控制中國海關路礦和銀行的「洋員」所包辦。尤其是李泰國（Horatio Nelson Lay, 1832-1898）、赫德（Robert Hart, 1835-1911）這一類的海關監督，兼做掮客生意，那真是百萬腰纏（見上引前書，卷三，「甲午戰爭與戊戌變法」專冊，頁一〇～一一）。到民國時代，這類工作就逐漸為洋行大班、外貿採辦官員所分享了。而在這種軍火交易中，更可悲的是，當事者收受回扣，往往視為當然，認為是軍火貿易的當然報酬，取不傷廉也。加以此一陋規，實源自洋人，白人，老外，並非我們「醜陋的中國人」所發明的土產也。如今肥水不流外人田，當事人能與老外分享之，楚弓楚得，還是愛國的行為呢。

這樁從晚清七十年就延續下來的風氣，不因國共兩黨革命政權之崛起而為之中斷。試看喧騰中外，發生在巴黎和台北之間的「拉法葉購艦案」，其不知何往的佣金，還不是天文數字？分享此佣金的法裔和華裔的掮客們，還不是取不傷廉，視為當然？要不是搞出人命來，誰又來亂管這些「例行公事」呢？台灣「購艦」購了半個世紀了，這也不是第一遭。二十世紀五〇年代之初，不學如愚，為著職業上的好奇心，就曾翻閱過所謂「毛邦初案」被抖出來的原始史料。毛邦初將軍當初就是主持中國空軍在美國購買軍火的負責人，拜讀他們的公私密檔，對學歷史的人來說，真是閱人多矣。

朋友，你我小民的容量窄小，可能認為掮客們的佣金太大了。不知那也是人家挖空心思得來的辛苦錢呢。就以這次價值連城的法製拉法葉型高科技的軍艦來說吧，英、美、俄製的類似產品多的是，怎樣說動台灣主顧中意於你的巴黎特產呢？這就要靠足下的三寸不爛之舌，和其他相關的掮客本領了。

讀者賢達之中，擁有私家住宅的，應該是所在多有吧。您對房地產掮客的百分之六的佣金，還不是照付不誤嗎？買賣軍火的佣金，只是大上幾百十倍罷了。同樣是佣金嘛，有啥稀奇呢？房地產貿易（也就是俗語所謂炒地皮），原是現代大都市倫敦、紐約、香港、東京，乃至今日的上海，交易最大、利潤最厚的企業。孫中山平均地權的學說，就是針對炒地皮而發展出來的。國際軍火貿易也是類似的商業，只是一明一暗罷了。

升斗小民買賣房地產，各方牽涉甚多，勞人心思，眾所周知也。殊不知買賣軍火的牽涉，就更是說不完了。且看拉法葉的法國賣主，怎樣才能說動台灣的買主，出重價來購買，固屬不易。但是法國的賣主，還要怎樣去說動北京的反對派，不反對這項軍火買賣，那就難如登天了。因為人民中國最恨有人售軍火給台灣也。又是法蘭西共和國之友邦也，夥伴也，貿易主顧也。北京如對此項法、台之間的軍火貿易，作出不快之聲，則巴黎政府上下，就要手忙腳亂了。因此，如何能促使北京有關當軸，對此項貿易悶聲大發財，這就要有通天的本領了。據說，巴黎和台北之間，這項有天文數字的國際貿易，假若沒個大陸上大官的幫忙打點，縱然是大手筆的巴黎生意人，對台北的金倉銀庫，也只有望洋興歎了。朋友，就憑這點飛天本領，您能怪人家巴黎掮客們，挖空心思，歷盡艱難，賺點辛苦的「黑心銅鈿」（上海黑金專用的土語），為不應該哉？

內外債也是熱門股票

本篇的主題，原是討論黎元洪總統和段祺瑞總理的府院之爭，以及參加歐戰與否的國家大事。怎麼又節外生枝，大談其軍火買賣來，豈非離題萬里哉？其實善讀史者都知道，參戰案是表面文章呢，而買賣軍火和協談外債，才是政治糾紛的主要內容。在民國初年，為政府協談外債，乃至發行公債（Bond），都是經緯萬端，機關無窮的。讀史者如對這些微觀小史實，初無所知，只是抱著官家檔案，誇誇而談其國家大事，就要被官樣文章所誤導了。欲知當年內債外債的底細，當然非經濟史家的百萬言專著，不能道其詳。但是通史家也有對讀者的義務，不讓認真的史書讀者，為官樣文章的迂闊之言所誤導，而畫龍點睛地，試以三言兩語交代之。

原來在二十世紀初年，中國政府公債（Chinese Government Bonds）在倫敦股票市場都是藍籌股（Blue Chips）。何也？因為當年軍閥政府，受洋人特許，發行公債時，都存五日京兆之心，急於成交，折扣甚大。至公債到期，歸利還本之時，由於有洋人管轄的關餘、路礦、稅收等為擔保，本息均按十足票面價值核算實付。因之利潤高而風險少，宜其位躋藍籌也。（此種公債，在今日大陸上則叫國債，也是一種Blue Chips，朱鎔基總理曾說，每次發行，只要一個上午，便賣得足額了。其原因是國債穩定，利息又高於銀行存款，以故引起搶購也，這就是另一種故事了。）

以上所說還是「公債」（內債）。若向洋人銀行商借「外債」。則折耗之大，機關之深，就更是一言難盡了。據曾迭任公使、大使、財政總長、外交總長，乃至攝閣總理，並曾實際經手、交涉外債的顧維鈞先生告我，當年外債之發行，中國政府的實收，均不到九成。至其所需的政治和經濟的擔保，則侵蝕國家主權之至深且巨，實是一言難盡。（見《顧維鈞回憶錄》，中文翻譯版，第一冊，頁一四四～一四七。顧氏之外，筆者曾為此專題與張公權、陳光甫等諸財經巨子，及前北京政府的老財長和攝閣黃郛的遺孀，作過深入的探討。粗知其內幕操作的情況。但口述者類多堅持只能作Off Record的談話，而不願作出正式紀錄。然有火候的經濟史家，根據此一線索，實不難追蹤也。）

有關太炎先生的傳聞

中國的政情既然如此，則歐洲交戰國，為中國的參戰與反參戰，就使盡渾身解數，各盡所能。他們最後一著的撒手鐧，便是對中國政壇實力派的兩方，加以鋪天蓋地的金錢賄賂了。我做口述史所訪問的顧維鈞先生，和我的史學老師郭廷以教授，都肯定這大宗賄賂是事實。但他二人都找不到絕對的史實，來加以佐證。

那時在北京作名流的胡適之先生，後來曾告我說，他聽說，當時在北京被袁世凱「軟禁」，而終於恢復自由的章太炎先生，便在活動，想當一任交涉外債的掮客。讀者千萬不要被這「掮客」二字所誤導。認為太炎先生，這位望重乾坤，清名蓋世，而又瘋名遠播的國學大師，革命元老，一句洋文不會，如何能做協談外債的掮客呢？這樣想，那就是被官書誤導的標準實例了。殊不知當外債掮客，乃是當時政府的一種掛其名義而收其實惠（往往是銀元數萬乃至數十萬）的變相賞賜。一朝邀賞，終身康樂。太炎先生當時名滿天下，人人敬畏。只是終年鬧窮，晨炊不繼，或許真想幹一任掮客，一勞永逸也。

適之先生當年只是與我這個學生清客聊天，而無意中說出此民國掌故。我個人亦從未想到把這樁「無徵不信」之閒談記之於史書。只是後來發現已出版的《胡適日記》，似乎也有此記載，才想起與胡老師這段聊天的故事，而略記之耳。

這段小小底無徵不信的小傳聞，卻也提供一些實例，說明歐戰的交戰國兩方，對中國政府中的參、反兩派，都可以用銀彈政策，而達到他們的目的。有關章太炎先生這記小傳聞，顯然不是事實。太炎先生縱有此意，他所牽涉到的，也不會超過五位數，為數甚微也。

借外債與反外債的是是非非

總之，當時南方反對派，反對舉外債，和反對購買軍火以擴建所謂「參戰軍」，才是他們反段的主要內容。外債之弊，已如上述。擴軍之弊，就更不用多說了。不特當時的中國，縱遲至今日二十一世紀，中國也不會派遣遠征軍，赴歐洲參戰。擴軍的主要目的，既然是內戰，則南方反對派，就非反對不可了。因此，那位養反對黨以自重的黎大總統，就變成南方反對派的中樞代言人了。

據顧維鈞先生告我，在他第一次出使華府時，適逢袁死段繼。國庫枯竭，官府薪餉不繼。財政總長陳錦濤，乃連電顧使，在美國試舉外債，以度難關。顧氏奉命之後，乃使盡渾身解數，在美國銀行界尋覓不帶政治條件之債主。並盡量避免舊有之陋規，壓低利息，為中國舉債六百萬美元，以濟北京政府的燃眉之急。交涉完滿解決，北京大樂，有電褒獎。不意顧家突然收到岳丈大人，前國務總理唐紹儀拍來急電，嚴囑顧氏停止此項交涉，取消此項外債。我問：唐前總理此時退休在滬，何以忽然靜極思動，起而干涉朝政呢？顧說：唐紹儀是國民黨員，此時他顯然是奉中山之命行事也。

可是以後接踵而來，向日本舉借的所謂《西原借款》，就是另外回事了。因為段內閣當時的財政危機，原是個無底之洞。六百萬美元，真是杯水車薪，解決不了大問題。繼續舉債，別有用心的日本，就乘機而入了。

協約國當時利用銀彈，在中國實力派上下各階層中製造影響，單刀直入之外的輔助手段，大致就是這樣轉彎抹角的了。

日本在袁世凱時代，是強烈反對中國參戰的。其理由很明顯，毋待細述。誰知後來在段政府時期，尤其是美國正式邀請中國參戰，而參戰派在中國也漸占上風之時，日本態度忽然作一百八十度之逆轉，乃至堅邀中國及時參戰。段政府一時未決，日本竟誘以巨額借款，是所謂《西原借款》是也。

可是那感到事急而不擇手段的同盟國的德意志，就開始對反參戰的中國實力派，來鋪天蓋地行使馬克政策了。

中山南下廣州

孫中山原是個窮人，做了百萬富翁，於願已足。接著他便坐上了在廣州開府的軍政府大元帥寶座，反段才是孫公主要目的也。廣州是個有錢的都市，可以派捐派餉，有了政權，此後民國史乃打開新篇章了。

在孫公之外，反段人士，多的是餓鬼。雖然記錄無多，據說岑春煊也曾收過數十萬之多。至於康有為、唐紹儀等又分潤了多少，就無從查考了。一年之後，德國戰敗。在兩年後的巴黎和會上，老日爾曼被套上了一個天文數字的賠款。百萬元的數目不足道矣，也就被人們遺忘了。

一百萬馬克對一個立志定國，打天下的人來說，本也不能算多。但是我們國父卻是個上海人所說的「窮大手」。他老人家雖家無擔食之貯，卻是個一擲百萬的革命英雄。發了一筆百萬橫財，我們也發現孫公館門庭若市起來。他的訪客之中，有大批南下的國民黨各派系，尤其是政學系的議員、策士、軍人也多的是，最令人矚目的，可能要算海軍總司令程璧光了。

程璧光（一八六一～一九一八），廣東香山人，是孫中山（一八六六～一九二五）的小同鄉和少年夥伴，長中山五歲。幼年也曾僑居檀香山。嗣在馬尾水師學堂畢業。甲午戰爭時任「廣甲」艦的幫帶（副艦長），是黎元洪的上級。民國以後加入國民黨，並迭任海軍要職。在上述黎段當權期中，任段內閣的海軍總長。為擁黎而反參戰，並曾與伍廷芳等四總長聯合辭職，把段祺瑞逼成個光桿總理，而引起政潮，已如上述。

在民國六年五、六月間，擁段的督軍團造反，逼黎總統解散國會之時，一向與陸軍對立的海軍，在總長程璧光和第一艦隊司令林葆懌的領導之下，乃策動黎總統乘艦南下，在上海另立中心，以鎮壓督軍團。黎氏不願離京，程、林二人乃於六月九日，逕自率領海軍七艦，脫離中央，駛往上海。中山顯然要抓住這一千載難逢時機，乃約同唐紹儀、岑春煊等反段要人，於六月二十三日公宴程氏於上海哈同花園。力勸程氏率領海軍，加入南方集團，開府廣州，共同護法、討逆、反段。程氏以海軍經費無著為辭，中山慨允負責籌募。隨即於六月二十七日，「飭人送交璧光軍費三十萬元，以為護法進行之需。」（見《國父年譜》，頁七五九，及《革命文獻》，第四十九輯，頁三七一～三七二。）

當年在上海專搞黑金，而聲勢喧天的青幫巨頭杜月笙，曾有名言曰，「化錢比賺錢更難。」如孫國父者，這次可說是得化錢之三昧，鈔票是用在刀口上了。

孫公開府西南計畫試釋

上節已言之，孫國父這時只發了一百萬元的橫財，在六月二十三日一桌酒席上，眉眼不皺，就化掉他三十萬。也真是氣魄豪邁，膽識過人。更可討論的則是收款者，程璧光其人。他雖是中山老友，但是他向無服從領袖，或在政治上從一而終的習慣。這時溥儀尚未復辟，南北的界限並不明顯。而程總司令也只是以海軍為籌碼，擁戴黎大總統，和陸軍爭雄。他底政治態度，一直是游移不定的。程氏竟以此於翌年二月二十六日，在珠海被刺殞命。刺客為何方所主使，當時彼此衝突甚劇的桂、孫兩方，俱蒙嫌疑，可見程之不洽於雙方也。而中山竟能對這樣的人，幾乎罄其所有，下若斯之賭注，也可見國父之所以為國父了。（參見關國煊著，〈程璧光傳〉，載《民國人物小傳》，第七冊，頁三八三。）

中山之所以如此孤注一擲者，乃是有他革命計畫的。蓋革命家都有他們革命的最後目標。

其他中途妥協行為，都被認為只是過渡的安排。孫公革命的最後目標，便是他自己所發明的《三民主義》、《五權憲法》之徹底實現。要徹底實現，就得把國民革命進行到底，而控制他自己的母省廣東為革命根據地，實為第一要務。可是廣東其時，卻在桂系督軍陳炳焜的掌握之中，所幸陳的掌握並不嚴密，留有足夠的空間，可讓革命黨切入而就地生根。再者，陳是在陸榮廷、岑春煊、唐繼堯的領導之下，和國民黨又同在反參戰和反段的聯合陣線之中，兩派可以和衷合作。因此孫公如能說動程璧光，率艦南下，國民黨就可以與陳炳焜平分廣東。論聲望，論實力，孫公都變成這一新局面的最高領導人，使廣東成為他的革命基地，所以他老人家就不惜一切地下此巨注了。

孫公對此一計畫似早有腹案，今番復得百萬巨款，他就付諸實施了。在七月一日張勳擁溥儀復辟，黎大總統失去自由之後，國家無主，中山乃一方面電邀黎氏南下，另方面通電西南六省（兩廣、湘、川、滇、黔），以中國不可一日無主，西南各省，「應火速協商，建設臨時政府，公推臨時總統，以圖恢復。」（見上引《國父全書》）

一切初見眉目，中山乃於一九一七年七月八日，偕大批隨員，章炳麟、朱執信、陳炯明等，登上程璧光總司令所特派之「海琛」、「應瑞」兩艦，浩浩蕩蕩，離開上海，駛向大洋，直奔廣東去也。從此開府廣州，出任大元帥，後又改任非常大總統。孫公先例一開，中國自此就一國兩府，逐鹿者前仆後繼了。論其始也，不能不上溯自辛策公使之百萬馬克也。撫今思昔，夫復何言！

＊二〇〇一年十月八日於北美洲

編者註

❶鴉片戰爭後，中國屢戰屢敗，結果海關落入外人之手，由外國人管理，所收關稅先扣除賠款本息後，才以餘款繳交中國政府。對外借款也以關稅擔保。廣州成立軍政府後，一九一七年南、北政府協議分配，廣州軍政府只分到關餘百分之十三點六九三八六。執行半年後，由於南方政局不穩，外國公使團停止支付。

❷據李國祁先生研究，Abel Tsao，此人在德國檔案中的中文姓名是Tsao Kun-chen（Kung-chen），其事跡與革命元勳曹亞伯相近，疑為曹亞伯之化名。參見《民國史論集》，頁三一四～三一五。

❸近年對德使辛策賄賂國父的事，學界有種種不同結論，衆說紛紜。自李國祁教授根據戰後公開的德國密檔，揭露此事後，葉陽明教授認為德國駐上海總領事克尼平（按：克里平之異譯）透過曹亞伯，向孫中山提供二百萬美元，請孫反對參戰。見〈國父對中國參戰之態度及國父與德國人之關係〉，《近代中國》，一九八五年，第四十五期，頁四九。

但是，哥倫比亞大學韋慕庭教授（C. Martin Wilbur）在所著*Sun Yat-sen, Frustrated Patriot*（Columbia University Press, 1976）一書中，根據美國駐廣州總領事亨茲曼（P. S. Heintzlmen）呈國務院的報告，則認為德人實交中山先生一百五十萬銀元。隨後孫把五十萬元交海軍總司令程璧光，三十萬元給南下的國會議員，餘款由荷蘭銀行與日商台灣銀行匯廣州備用。這兩個數字差別很大，因為按照胡適家書所載，一九一七年一美元相當銀元二・六六元。則二百萬美元就是五百三十二萬銀元，與美國的紀錄相差極大。同時，以常理推斷，德國總領事應以馬克或銀元交付的可能性較大。然而美國的領事報告，以廣東督軍陳炳焜所說為依據，陳並不支持軍政府，給美國領事的情報不一定準確；而且孫交程璧光的數目與李國祁教授所說也有出入。因此，上述兩種論斷可能都還有商榷餘地。

民國史軍閥篇餘緒

【外編】

民國軍閥概述

(一)歷代的軍閥及其定義

以民國史上半期而論，大概可以分為三個主要階段，即軍閥時期（一九一一～一九二八）、國民政府時期（一九二八～一九四九）和中共統治時期（一九四九～），其中軍閥統治的時代超過三分之一。

但是，究竟軍閥是什麼？我們必須簡要說明，才能展開討論。

幾年前雲南軍閥龍雲在中國大陸出了問題，成為《紐約時報》頭版頭條的大新聞，當時他的幼子龍繩勳（Shing S. Lung）尚在大學商學院念書，就寫了一封信給《紐約時報》，其中寫道：

> 編輯先生：
>
> 我堅決反對你把家父稱為軍閥。根據字典所載的定義：軍閥是以金錢為目的的戰爭販子，這當然不適用於家父，他老人家參與的各大戰役都是為了維護中國的利益。
>
> 龍繩勳
>
> 一九五七年六月二十八日

龍繩勳所引字典的定義正好適用於他的父親，不過他所說的，在有些情況下也沒有錯。中國的確有些不錯的軍閥，為了民族利益而戰，可是我們仍然不得不把他列入軍閥的範圍。所謂「軍閥」者，便是軍人擁兵自重，甚或割據一方。既不受政府法令約束，而且不管好歹，他的話就是金科玉律。在名義上擔任政府官職或軍職，但是無論何人都不能依法把他撤換。如果由一個軍閥統治全國，他就是獨裁者。假如一個國家由幾百個這類軍人統治，這個國家就淪為軍閥割據的局面。我們要討論的中國正是面臨這種狀況。

我國歷史悠久，軍閥割據並不是新生事物，自秦代在公元前二〇〇年覆亡後，歷代王朝垮台時往往出現這種現象。漢朝開國之君本身就是一個大軍閥，結果削平群雄，才建立一個新王朝。自西漢以還，在中華帝國的悠長歷史上，類似的軍閥割據局面一再出現，不下三十次之多。描寫各代軍閥割據的大部頭歷史小說很多，最著名的當然是《三國演義》和《說唐演義》，而最新的就是《民國演義》。後者的故事非常有趣，而且言之有據，十分可信。作者可說是一個很糟糕的小說家，然而卻是優秀的歷史家，現在還沒有一本軍閥史比這本小說寫得更好。

(二)軍閥知多少

現在讓我談談一九一六年六月六日袁世凱暴斃的情況。袁是一個大獨裁者，也是一個大軍閥。他死後，龐大的北洋軍就土崩瓦解，於是中國近代的軍閥時代就應運而生。由於中央和地方政府都非常脆弱，國家大權落入無數軍閥之手，大小軍閥數千人在全國各地展開混戰，廝殺不休。我對這個時期的軍閥做了概括的探討，並且取得一些統計數字如下：

1. 大小軍閥人數：按照保守的估計，這個時期的大小軍閥最少有二千[1]。
2. 軍閥控制的地區：最大的軍閥有一個時期控制四省[2]，小軍閥僅盤踞一個小地區，甚或只有幾個村莊。
3. 部隊規模：其中以直系軍閥為最大，曹錕和吳佩孚擁有軍隊三十八萬人。奉系軍閥張作霖約有十七萬人。皖系段祺瑞在一九二二年前後只有四萬人。在同一時期，最小的軍閥僅有士兵一百人，甚至有不足百人的，大多數躲在廣西和四川的山區裡。在這種情況下，軍閥和土匪就很難區別了。

(三)軍閥橫行的成因

民國時期在軍事上沿襲滿清制度，脆弱不堪。清代後期，全國有訓練精良、配備齊全的部隊四十師，其中只有四個師由清廷直接控制，其餘部隊歸各省指揮。因此，有時候省政府的軍事力量可能比中央政府還大。一九一一年十月十日武昌起義後，各省紛紛響應，先後宣布獨立，清廷束手無策，原因正在於地方的部隊一般都由各省直接節制，中央政府能夠調動的軍隊不多。這種軍事制度上的弱點在民國時期基本上沒有改變。

中央政府崩潰的另一原因是，袁大總統在民初是個大軍閥，他的部隊能夠削平任何一省爆發的叛變，例如他輕而易舉地擊敗一九一三年的二次革命。但是袁氏暴斃後，北洋軍驟然失去領導核心，立刻分崩離析。既沒有強有力的中央政府和強大的國家部隊，各省督軍或文職省長自然形成半獨立狀態。督軍變成獨立的軍閥，互相攻擊，而各省軍閥混戰的結果又導致強有力的省政府也土崩瓦解。

在督軍敗亡和省政府崩潰後，其結果與大獨裁者的暴卒異曲同工，這是造成軍閥橫行的第三種原因。如果一省的強人倒台，麾下諸將一躍而成為小軍閥，由於區域或地域主義作祟，這些小軍閥很難控制，也很難剷除。

軍閥堅持效忠同一區域派系可以說是第四種原因，這是哥倫比亞大學韋慕廷教授（C. Martin Wilbur）特別向我強調的。效忠區域派系是中國的老傳統，在民初省裡人把外省人視為外國人看待，這是很平常的事，一點不奇怪。毛澤東很自豪地說，如果把中國比作東方的德意志，湖南就是中國的普魯士。蔣介石也認為浙江人比其他區域的人優秀。為什麼？要回答這個問題，恐怕可以寫一篇博士論文。

對主子效忠的中國傳統是形成軍閥橫行的第五種原因。以儒家經典而論，孔子講「忠」或「忠君」時，意指對主子效忠，這是針對個人，而不是針對國家。因此中國官兵的訓練傳統上要求他們對指揮官效忠，不是對國家效忠。

貧窮和無知是最後一種原因。對貧民、失業工人及農民以至知識分子來說，軍人是不錯的職業。如果所屬部隊解散了，他們就立刻失業。但是只要一槍在手，就可以像土匪一樣隨意搜括人民。而且元帥、將軍、上校、中校、中士、下士等軍銜多麼冠冕堂皇，否則，淪為小偷、土匪，怎能相比？

㈣軍閥派系

一般而言，軍閥可以分為三大派系，即北洋系、地方軍閥和革命派軍閥。

■北洋軍閥

按一般用法而論，「北洋」與「軍閥」是不可分的，我們談到軍閥時，一般都說北洋軍閥，事實上北洋軍閥僅指軍閥中的一個派系。一八九五年第一次中日戰爭爆發後，清廷打算推動軍隊的現代化，計畫訓練三十六鎮（師）現代陸軍，人稱新建陸軍。中國有十八行省，規定每省負責訓練兩個師。結果不如理想，因為很多省政府都沒有認真執行朝廷的命令。即使切實執行訓練新軍計畫的，最多只有一個旅的規模。袁世凱的仕途原是從負責訓練新軍開始的，他切切實實地執行了清廷的命令，一九〇一年晉升直隸總督、北洋大臣，並擴大新軍為六鎮，即六師，這是北洋新建陸軍的支柱。而王士珍、段祺瑞、馮國璋就成為北洋的龍、虎、狗三傑。後來華北的著名軍閥都來自這個集團，如曹錕、吳佩孚和徐世昌等。曹錕曾任袁氏新軍第三鎮統制，自命為中國最優秀的軍人，事實上也確實如此。北洋新建陸軍許多較低級軍官都受過十二年的嚴格軍事訓練，才能晉升將校，而蔣介石的黃埔軍校的學生僅接受六個月的軍事訓練。值得注意的是，從日本學軍事回國的士官生永遠不得其門而入，因為袁世凱對士官生十分懷疑。

■地方軍閥

主要是東北的張作霖，「紅鬍子」出身；山西的閻錫山，曾在日本受訓；湖南的譚延闓，進士出身；雲南的唐繼堯，曾在日本學軍事；廣西的陸榮廷，原為土匪。他們都曾先後受到各方的拉攏。

■革命派軍閥

大多數都加入了同盟會，在辛亥革命和一九一三年的二次革命爆發時都支持孫中山，例如四川的熊克武，江西的李烈鈞，雲南的朱培德，湖南的程潛，廣東的許崇智和陳炯明，河南的樊鍾秀，陝西的陳樹藩等。

(五)軍閥如何領導政府

袁世凱死後，中央政府先後由安福系、直系和奉系三派軍閥控制。為求保持平衡，軍閥通常推一個傀儡當總統（如黎元洪、徐世昌），卻極力爭奪擁有實權的總理一職，一九二二年第一次直奉戰爭就是直系和奉系爭奪總理寶座而起。

在地方一級，軍閥競相爭奪督軍的職位，視督軍為禁臠。自民國創立以來，省裡有兩位首長，負責軍事的最初稱為都督，一九一三年改稱將軍，袁世凱死後則稱督軍。文職首長起初稱為巡按使，一九一六年袁氏死後則稱省長，國民政府改稱主席。

勢力雄厚的軍閥可以各種方式出任一省的都督，到了勢力太大，並征服了鄰省時，中央政府只好給他一個特別稱號，例如兩廣巡閱使、直魯豫巡閱使，或長江四省川粵湘贛經略使。反過來說，如果一個軍閥不幸被另一軍閥打倒，中央政府便撤銷其巡閱使等頭銜。

以省級而論，小軍閥可能控制一兩個區，就授為鎮守使或護軍使。鎮守使也可以同時擔任縣長。簡言之，軍閥在他的勢力範圍內猶如一個專權君主，可以為所欲為。

(六)軍閥小統計

現在列舉在一九二四年之前倒台的五十四個主要軍閥的個人資料如下：

擔任政府的最高職位

都督或督辦	30
統制	14
總司令	4
鎮守使	11

統領……3
皇帝……1
巡按使……1
經略使……1

籍貫的地理分布

安徽……6
雲南……6
直隸……5
廣西……5
不詳……4

教育水平

日本軍校畢業……11
不詳……15

行伍出身……7
（滿清開辦的）北洋軍校……5
滿清將校……3
國內師範畢業……2
日本師範畢業……1
保定軍校……1
革命派……1
土匪……3
進士……1
舉人……1
秀才……1
地方軍校……1
海軍見習生……1

倒台原因

被迫出國	29
被殺	21
監禁	1
自願退休	1
死亡	1
背叛後淪為土匪	1

編者註

❶據新近研究資料顯示，一九一六～一九二八的大小軍閥約三千多人。見上文頁一四九。

❷一九二五年，張作霖控制八省三市。見下文頁二八七。

論桂系

「桂系」，這個當年在大陸上，國民黨中炙手可熱的政治派系，現在四十歲以下的中國人，恐怕對它都感覺很陌生了；雖然我們學歷史的人，卻永遠不能忘情於它。

在今日世界上政黨橫行的國家裡，「黨外有黨，黨內有派」，本是很正常的現象。孫中山先生說：「管理眾人之事，便是政治。」因此在一個國家之中，有興趣來「管理眾人之事」的人太多了，他們就必然要結黨。一個「黨」太大了，黨內必然就要發生派系。這是個人類政治史上，自古而然的現象；否則孔夫子也不會在兩千多年前，就說什麼「朋而不黨」、「周而不比」的一類的話了。所以從大處看，「桂系」便是這個歷史通例中的產物，沒啥稀奇！

當然，國民黨之有派系，亦不自桂系始。它遠在一八九四年「興中會」成立時期，派系的形成便已開始。「輔仁文社」的領袖楊衢雲，那時便是中山以外的一個派系的領袖。到一九〇五年「同盟會」時代，派系就更多了。「同盟」一辭，顧名思義，便是個綜合詞。「同盟會」本身便是一些小團體——華興、興中、共進……等等的綜合體。等到一九一一年武昌起義時，革命軍便由於派系不同而打出三幅不同的旗幟來，並且互不相讓。

當「同盟會」於民國元年（一九一二）改組成「國民黨」時，黨內的派系那就更多了；有的分子甚至脫黨組黨，支持起袁世凱來！中山先生那時身為黨魁，便深感黨內思想不一，分子龐雜，而有指揮不靈之苦。所以在一九一三年「二次革命」失敗之後，中山便覺得要繼續革命，就非組織一個「一鼻孔出氣的一種獨裁」的政黨不可了。

無獨有偶，當中山先生在這一方向的思想尚在醞釀的階段——也就是「國民黨」被改組成「中華革命黨」的時期（一九一四～一九一九）——俄國的列寧居然後來居上，搞出個行之已見速效的獨裁政黨的模式來。所以中山於一九二四年十月便正式提出「以俄為師」的口號了。

不過孫中山先生畢竟是一位民主政治家，他認為一黨專政只是「手段」，不是「目的」。他要利用這個「手段」，通過他所預定的「軍政」和「訓政」兩個「時期」來達到他實行「憲政」的「目的」。到「憲政」實行之時，他底「黨」便「還政於民」，然後就由人民自己所組織的多種政黨，來輪流坐莊，實行憲政了。

中山先生這套理論是合乎邏輯，言之成理的。當他還健在的時候，以他個人的威望，和革命同志的朝氣，也確能使這套理論發出無限光芒，使全國人民聞風景慕。可是在中山於一九二五年逝世之後，再由以他傳人自居的胡漢民、汪精衛來傳其衣缽，談什麼「黨外無黨，黨內無派」，便漸漸行不通了。

就拿汪精衛自己做例子來說吧，他在一九二六年掌握了「二全大會」之後，為對付黨內同志的反對，他遇事便提出個「黨統」來。但是等到他在一九二九年「三全大會」中失勢之後，汪氏就再也不談「黨統」，而另搞其「改組派」；並與其他反對「中央」的勢力相結合，來「護黨救國」了。

胡漢民先生亦復如此。胡氏這位書生，自始至終以黨內一人自居，領袖群倫，決不搞小圈圈；但是「三全大會」後不久，他也在中央失勢了。胡氏倒還淡泊，但是和他一道失勢的黨人——多半是他底華南同鄉——卻扛起他底招牌，於「四全大會」（一九三一年冬季）前後，搞出個有實無名的「胡系」來，和南京的「中央」、上海的「汪系」相對抗。

這些黨內元老們原都是一些「黨外無黨，黨內無派」的專家；為什麼血口未乾，自己便大搞其派系來呢？無他，文章不與政事同也！在一個「一黨專政」的政體之內——如今日的蘇聯和中共，及當年的德、義——「黨外無黨」是可以硬性地做到的。「黨內無派」，那可就不容易了。大家都是同志嘛！「管理眾人之事」是大家都有分，也是大家都有「匹夫之責」的；怎能讓少數人包辦呢？要搞「輪流坐莊」——甚或單純為著自保——大家也就黨而不朋、比而不周了。這就是一個一黨專政的政體內，「黨內有派」要發生的必然因素。國民黨內的「桂系」，也就是在這個必然因素之下逐漸形成的。

桂系三大特徵

如上節所述，國民黨在總理逝世之後，派系便逐漸興起。但是「桂系」和其他各派系相比，則另有其特徵。第一，國民黨內其他派系（包括「清黨」前的中共），都是在黨內寄生長大的。黨是他們的保母；脫離了黨，他們便無法生存了。「桂系」則不然。它發端於一個單獨發展的地方武力。這武力發展的經過，事實上與山西的閻錫山；東北的張作霖；沒地皮的馮玉祥；雲南的唐繼堯和龍雲；湖南的唐生智；四川的劉湘、鄧錫侯、楊森；乃至後來新疆的盛世才，都是大同小異的。他們都是在一個中央集權解體之後，正如曹操所說的，「不知幾人稱帝，幾人稱王」的情況之下崛起的王和帝。這些小王小帝在國民黨的勢力逐漸擴展以至於統一中國的過程中，乃相率附義。但是在這些附義的群雄之中，只有「桂系」這一個實力派，卓然成家，成為國民黨內的一個重要派系，垂名黨史，為其他附義的地方勢力所望塵莫及。

由於第一個特徵也就必然產生了桂系的第二個特徵：它是國民黨中唯一擁有相當獨立的武力、地盤和財權的派系。它和閻錫山、龍雲一樣，始終沒有放棄它底老巢，廣西。它也始終沒有放棄它對它那部特殊武力的領導權。若說抗戰期中，各系統軍隊的獨立性，恐怕除了共產黨所掌握的「第十八集團軍」之外，便是桂系的「第二十一集團軍」了。而桂系那時所統治的廣西和安徽兩省，雖然沒有中共的「邊區」那樣不聽中央政令，但是他們也有他們單幹的作風和力量的。

因而桂系的第三個特徵也就是它底「區域性」。它自始至終是個偏才。割地稱尊是它拿手好戲，真要擠入「中樞」，為一國之主，它也就捉襟見肘了。

再者，正因為它區域性太濃，它也就始終難以洗掉它底地方色彩而真正地加入「中央」的大鎔爐。不論它底領導成員是怎樣地內為宰輔，外為封疆，他們也無法洗涮掉它原有的土氣息，泥滋味。所以在國民黨當年在大陸上二十多年的執政期中，「桂系」便始終以一個有半獨立管理氣味的「分公司」姿態出現。對「中央」只是「合作」而不是「認同」或「一體」。

但是國民黨在「行憲」之前，畢竟是一個搞一黨專政的革命黨；革命黨是有其革命紀律的。在理論上、在實際行為上，桂系這個分公司，都不能脫離它的總公司來「脫黨組黨」。它和「中央」是有「休戚與共」、血肉難分的關係的。它不能搞「合則留，不合則去」的美國辦法。相反地，它和黨中央的關係，則是「合亦不全合；不合亦不全去」，不即不離的古怪關係。它不能作為「中央」的棋子，完全聽命於中央。但是「中央」如乾脆讓賢，這個只有「偏才」的「桂系」，也代替不了「中央」。這就是「桂系」與生俱來的內在矛盾；這矛盾一直維持到一九四九年它全部瓦解為止。

國民黨中何以產生這樣一個古怪的派系呢？這個派系的產生與消滅，在中國近代史上，又有什麼特殊的意義呢？我們學歷史的倒要搜搜它的根。

桂系的崛起

我國以前的歷史哲學家羅貫中曾有句名言：「天下大勢，合久必分，分久必合。」他這句話真是把我國兩千多年的政治史的關鍵，一語道破。但是羅公沒有學過現代的社會科學，因而他只知其然而不知其所以然。筆者在這一問題上，因其非關本題，所以也不想節外生枝，來略抒拙見。我只敢說，羅貫中這句話，是兩千年國史上不爭的史實。同時在這分合之間，則「合」難於「分」。「分」往往起於旦夕之間；而「合」則有時要經過數十年乃至數百年的折磨才能達到。

遠的不說吧，且說最近的史例：

我們的中華民國，於辛亥革命之後，在「非袁不可」的時勢之下，本是個「合」的局面。無奈袁大總統見識太小，智囊團太草包，他嫌「終身總統」還不夠，偏要做皇帝。結果皇帝未做成，於民國五年（一九一六），一氣而死。

袁氏死後，這個「合」的局面便立刻瓦解。從此王綱解紐，皖、直、奉諸系軍閥，來他個天下三分。接著便形成南北各省軍閥混戰的局面。

在我國古代歷史上的王綱解紐，往往是一「解」到底的。中央集權一旦崩潰，則大小軍閥、英雄好漢、土豪劣紳、地痞流氓……都要一時並起，割據稱尊的。在這個無法無天，各以刀槍相向的局面裡，江湖好漢們便叫他做「遍地黃花開」，誰也管不著誰。因此在袁氏死後，軍閥混戰的十餘年間，有的歷史家估計，那時各不相讓的大小軍閥，就有三千餘人之多。在這遍地黃花的局面中，然後再強凌弱、眾暴寡，以大吃小的方式，慢慢兼并；由小地方作局部的統一，由下向上，由小及大，才漸漸走向由小「合」而大「合」的局面。

參加這種「大吃小」或「小剋大」的各路逐鹿英雄的成敗，卻又受兩個客觀力量所支配。一是「適者生存」；二是適者的機運。要做個生存在特殊環境中的「適者」，其中便有很多人為的努力的因素（如「意識形態」的選擇，如「行政作風」）。但是要掌握時代的「機運」（chance），那就往往是非人力所能決定的了。

袁世凱死後，廣西便落入一個以陸榮廷為首的「老桂系」手中。這個老桂系，不但統一了廣西，它還控制了廣東。但是這個老桂系的作風太「老」了，不「適」合民國初年新的政治要求，因而在一九二一年，它就被比較「新」的孫中山和陳炯明領導的革命力量把它打垮了。打垮了桂系之後，孫陳二氏又因革命策略問題失和，陳炯明於一九二二年叛孫，無力兼領廣西；

廣西一時無主，成了一個群雄並起，「遍地黃花」的局面。而後來領導「新桂系」的所謂廣西三傑李（宗仁）、白（崇禧）、黃（紹竑），也就是這時廣西的三朵小黃花，成為一些散兵游勇的小頭目。由於各種因素的配合與巧合，他們能以數千之眾於三年之內，削平群雄，於一九二五年，用武力統一了廣西──這便是「新桂系」的老底。他們就憑這個老底子，加入國民黨，參與革命。它以後的窮通榮辱，全以此老底子為依歸。這就是本文所要討論的「桂系」。

兩件奇事

李、白、黃三人之能統一廣西，並不算什麼稀奇。因為他們都是一些「新」人物；廣西當年一時並起的群雄都太「老朽」。除舊布新，原是時代的趨勢，歷史的軌跡。但是在統一廣西之後，所最難能可貴的是這三位青年將領的和衷合作，至死不渝的精神。在我國社會和政治傳統上，照例都是單幹的，尤其是英雄人物，而政治圈子的英雄人物更甚一籌。試看國民黨元老中的汪（精衛）胡（漢民）；中共領袖中的毛（澤東）劉（少奇），我們就可以體會李、白、黃三人的友誼與合作維持到底是如何地不易。他們三人都是雄才大略野心勃勃的英雄，而他們彼此之間所表現的則是能忍能讓。這一點實在是他們「桂系」所以能一直全始全終的最重要的條件。

第二件難能可貴的事，是他們能看清大局，盡率所部來接受國民黨的領導。廣西是他們三人打下來的。其間，國民黨對他們並無一槍一彈的接濟。但是勝利之後，他們竟願率所部投向國民黨——而不像閻錫山、龍雲、劉湘、張作霖以割據稱尊為滿足。

關於這一點，當然也是環境使然。廣西地近廣東，得革命風氣之先。再者，便是得人和——這一點李濟琛實是個最要緊的居間人。李濟琛是當時中山部下粵軍中最重要的領袖，而李氏卻是「廣西人」，這個地域觀念的「封建傳統」，卻把他和這個新桂系聯繫起來，作為他們加入國民黨的介紹人。

但是我們讀歷史的人，如撇開「現時觀念」來看往事，則他們那時的加入國民黨實為「虧本交易」。國民革命之成功，實始於「統一兩廣」。但是在統一兩廣的過程中，廣西之統一實先於廣東。再者，他們之加入國民黨，並沒有得到國民黨中應有的尊重。那時在國民黨中央，連僅有黨員百餘人的中共，也分得中央執行委員三人，候補委員七人。而擁有精兵數萬，地占一省的桂系，只有李宗仁才分得一席「候補監察委員」。而此後，國民黨的黨務也自始至終不讓「桂系」插足，這分明是對「搞黨」無經驗的「桂系軍人」的輕蔑。而李、白、黃三人始終不以為意，這也可看出他們的不凡——識大體，能忍能讓；不像一些心胸狹窄的小黨油子們的把持。

北伐和清黨

兩廣統一不久，國民革命軍便「北伐」了。北伐之成為事實，可能是不像李宗仁親自告我——那完全是他一手促成的。促成的可能還有更多其他因素，但是有個不爭之論便是，沒有桂系的全力支持，北伐是不可能發動的。

等到民國十六年（一九二七）的「清黨」和「寧漢分立」，那桂系的作用就更大了。在十七年春季，當國民黨三中全會和一、七兩軍之外的幾乎全部國民革命軍，對蔣總司令都一致杯葛，未受中共滲透的七軍是擁蔣的唯一支柱。李宗仁說：「那時總司令對我們（李、白）真是言聽計從……。」的確如此，那時如沒有七軍對總司令忠貞不貳，一部民國史，今天是絕對的不一樣了。那是任何公正的史家所堅信不移的。

李宗仁和他的桂系對「北伐」和「清黨」確是個關鍵因素啊。沒有他，歷史就得重寫了。可能連孫傳芳也都打回京滬了。

三年內戰

國民政府的確立，桂系的支持固然是個必要條件，然國民政府其後未能完成統一中國之大業，最大阻力的發端也是這個「桂系」。一九二八年北伐完成之日，在表面上看來也是桂系勢力如日中天之時。那時由於「中央集權」和「地方分權」的理論之爭，同時也由於事實上的需要，北伐後的中國軍隊分成四大系統——四個「集團軍」；在這四個集團軍之上，又有四個「政治分會」。總攬國內四大區域中的一切黨政軍大權。李氏受任為第四政治分會主席，兼第四集團軍總司令。但是那時桂系的真正力量則遍及全國，它底司令部已自廣西移至武漢核心。那時白崇禧以一時名將，收編唐生智的舊屬李品仙、廖磊等部（李、廖二人皆是廣西人）數萬人，虎踞華北；李宗仁坐鎮華中；李濟琛、黃紹竑把守兩廣；由於李、白在「清黨」時在上海尚有餘威，那時上海市長張定璠亦是桂系人物。我們如試把中國地圖一看，那桂系真是掌握半壁山河。

回想起三十年前的威風，郭德潔夫人於一九五九年還得意洋洋地告訴我說；「那時我們（桂系）的力量可真大啊！」

可能就因為力量太大了，「功高震主」，加以這批張牙舞爪的青年軍人，也不會韜光養晦，結果引得全國側目，一旦中央拿他們來開刀削藩，當時也弄得人心大快。加以桂系本身發展太快，也百孔千瘡。它基本上是個軍人的集團，衝鋒陷陣是其所長，至於統兵百萬，運籌於帷幄之中，決勝於千里之外，搞大的戰略，他們就難免才有不濟。至於搞大小政治，羽扇綸巾，折衝樽俎，這批只知喊「臥倒」、「放排槍」的小軍官就無法勝任。因而民國十八年（一九二九）二月所謂「武漢事變」一起，桂系便一敗塗地。不數月，當年統百萬雄師的虎將，只有躲到香港去作政治難民了。回看當年七軍和第四集團軍的戰績，真是「天亡我楚，非戰之罪也！」

「桂系」在「武漢事變」中所表現的紙老虎的成績，也增加了中央以武力削藩的信心——接著便是討伐閻馮的「中原大戰」。這個中原大戰，把個中原打得太糜爛了。這個爛攤子收拾不了，併發症便一個接著一個，舉其大者：

一、張學良於一九三〇年九月十八日應召率師入關參戰；一九三一年九月十八日乃引起了「九一八事變」。自此以後倭患便一發不可收拾了。如果，張學良不因中原大戰而入關，有他坐鎮瀋陽，「九一八事變」可能就不會發生，沒有日軍占領東北——或延緩占領東北，中國歷史就又不一樣了。

二、江西朱毛的坐大。國民政府如果沒那三年（一九二九～一九三一）的內戰，那麼肯定毛澤東那點「星星之火」，也就不會燎原了。

三、龍雲、劉湘、盛世才，乃至後來的何鍵、陳濟棠、韓復榘……等等一些地方軍閥，也就不會長期割據一方，稱王稱霸了。中央政府只要一紙文書，就可以把他們撤職。

換言之，沒有一九二九年「武漢事變」所引起一連串削藩內戰，國民政府的大一統江山，也就穩定了。外無強寇，內無反側，那中國也就早走上現代化之路，可能早就富強康樂，物阜民豐了。而這個一著之錯，全盤皆輸的第一槍卻是「桂系」放的！

至於「武漢事變」的是非問題，我斷定今後歷史家是永遠搞不清的。但「武漢事變」和「西安事變」一樣，都是中國國運的轉捩點。而這轉捩點的當事人，則是「桂系」。

俗語說：「一個指頭打不響！」不論是非何在，桂系！桂系禍國殃民的責任，你是永遠無法推卸的。

剿共和抗日戰爭

「九一八」（一九三一）前後的中國，民不聊生的情況（一九三一年長江有大水，華北有旱災），天災人禍真有甚於軍閥時期。倭寇的侵略，雖使國民黨的南北內戰暫時息兵，但接著便發生了「五次圍剿」的重大戰役。因為中共乘中原大戰之機，在贛南、鄂西和「鄂豫皖邊區」坐大，迅速成長，到三〇年代初期簡直如火燎原，竟至喊出要「發展百萬紅軍」的聲勢了。在這內外交煎的情況之下，南京中央擬定了有名的「安內攘外」的國策，而這國策實行的方針則是所謂「長期抗日，積極剿匪」。

正當南京中央為著「抗日」和「剿匪」弄得手忙腳亂之時，「桂系」諸領袖，反能忙裡偷開，龜縮於廣西境內，心安理得地專搞他們的「三自政策」去建設其「新廣西」。

抗戰前五六年中，廣西的建設也確是值得稱頌的，譽之為模範省亦不為過。當時地方領袖廉潔奉公，有眼光，有作為，把廣西這個有名窮省，建設得容光煥發，也確是難能可貴的。抗戰一旦爆發，他們能全省動員，數週之內便能配備出四個軍來，開上前線而戰績輝煌。我們治民國史的人是應該大書特書的。抗戰一開始桂軍便加入滬戰，軍中六個旅長，五位殉國，確是可泣可歌的。一九三七年十月南京棄守後，戰場轉入皖北，當時擔任這一帶防禦戰的便是「桂軍」。他們那時士氣之旺，紀律之佳，是筆者所親見。其後李、白二公所領導的台兒莊血戰（一九三八年四月）更是戰功彪炳。

要歷史家秉筆直書，在抗戰初期的戰功來說，「中央軍」之外，最值得稱道的應該是「桂軍」。在「五戰區」，它卡住津浦南段，教敵人不能揮軍北上，直迫徐州，使大後方有個喘息之機，是功不可沒的。

桂系的腐爛

但是桂系的光榮，在台兒莊一役也算是到了巔峰。武漢失守（一九三八年十月）之後，我軍退入山岳地帶，日軍也就勢窮力竭，無力再進，我軍亦無力反攻，雙方膠著。加以這時共軍在敵後坐大，吃盡一切小型游擊力量，敵後所有游擊根據地，幾全入共軍之手，所餘者唯大別山一區而已，而這大別山則在桂系掌握之下。一九四一年春「皖南事變」之後，桂軍也就捲入剿共之戰，防共甚於防日。

在這戰事膠著狀態之下，雙方屯兵不戰。在人類的戰爭史上，尤其是中國歷朝戰爭史上，屯兵不戰是最可怕的現象，因為它的結果必然是師老兵疲，兵驕將惰，相率腐化。唐朝的節度使、明朝的屯衛都有前例可循。在抗戰後期，桂系所掌握的地區，除廣西老巢之外，便是豫南皖西一帶的「五戰區」了。迨一九四三年，把「五戰區」分割，另立「十戰區」。嗣後李宗仁再調長「漢中行營」（遺缺由劉峙繼任），桂系所直接控制的區域便只剩下大別山區——也就是以前張國燾「紅四方面軍」所占據的「鄂豫皖邊區」。張國燾的老巢「金寨鎮」，後改名「立煌」（一九三三年衛立煌逐走紅軍後改名），也就是桂系所掌握的「十戰區」的首府了。

在李宗仁調往漢中之後，桂系的實力大將就是「十戰區司令長官兼安徽省主席」李品仙了。而李氏主皖這一段期間，也就是桂系走向墳墓的開始。

這時論武功，他們除了零星的剿共戰事之外，那真是百分之百的屯兵不戰了。論文治，他們倒能統治大半個安徽省。徵兵徵糧還可取之不盡。地處敵後，天高皇帝遠，在大別山區做起土皇帝來，那就可為所欲為了。這樣，這批廣西的統治者把當年他們統治廣西有效的保甲制度搬到安徽，來個科學方法的組織和統治，結果就上下交征利，無惡不作了。西方政治家有句名言，叫做「無限制的權力，必然無限制的腐化」，這就是桂系當年在安徽的寫照。筆者當年大學畢業後曾在故鄉做過短期的政府小職員。觀察所得我可大膽而誠實地說，那時十戰區和安徽省境內作「主管」的大小官吏——上至司令長官，下至連長，自省主席以下至鄉鎮長——可說是「無官不貪」。貪而無不花樣繁多，窮凶極惡！貪到甚至以大量戰略物資，走私資敵。

當然那時官吏之瀆職與貪汙，十戰區並不是個突出的例子，不過本文只談桂系，桂系至此政治的生命也就壽終正寢了。

從北京政變到皇姑屯期間的奉張父子

——為「紀念『九一八』六十周年國際學術討論會」而作

在本世紀二〇年代的中段，也就是中國南北軍閥混戰的末期，那發源於東北的「奉系」，可說是一枝獨秀了。奉系自一九二四年秋，在「第二次直奉戰爭」中，一面以二百萬日元的重賂（一說「是奉天官銀號一百多萬小洋買來的」——見全國政協《文史資料選輯》第五十一輯，頁七七，韓玉辰文），爭取了馮玉祥對「直系」倒戈，發動了「北京政變」（十月二十三日），幽禁了曹錕，摧毀了他的「賄選政府」，由黃郛組織「攝政內閣」，以作過渡。

同時奉軍以其重建的「一三聯軍」的精銳，在少帥張學良的指揮之下，突破了直軍防線，在山海關、秦皇島一帶包圍了吳佩孚的主力，繳械納降三萬餘人。吳大帥僅率殘卒數千，浮海逃遁，使「第二次直奉戰爭」成為奉系全勝之局。

奉系羽翼下的「段執政」

自此奉系大舉入關。主帥張作霖（時任「東三省巡閱使」）亦於十一月初抵天津，晤馮玉祥商討善後，並決定公推前「皖系」軍閥首領，其時退休在天津閒住的段祺瑞，暫時出山擔任「中華民國臨時執政」，以後再另作安排。

段祺瑞這時原是個孤家寡人。但是他畢竟做過「北洋軍閥」的總首領。百足之蟲，死而不僵，還有其剩餘價值，足資利用。所以張、馮二人公推他作「臨時執政」，實各具「挾天子、令諸侯」的私心。而段氏寶刀未老，在各派公推之下，依違其間，也頗有乘機再起的一廂情願的打算。但是他也知道，論實力，馮則遠非張之對手；論歷史，他原是馮玉祥這位有名的「倒戈將軍」第二次倒戈（民國七年）的受害人。所以他對張則一直是折節服從，對馮則難免陽奉陰違，虛與委蛇了。

就在這同床異夢的情勢下，段祺瑞便於十一月二十四日在北京就職。張作霖亦率奉軍千人入京觀禮。就職之後，段執政便按他自己一廂情願的安排，假戲真唱了。第一他要廢督裁兵、偃武修文，來解除各省實力派的兵權。「廢督裁兵」原是前大總統黎元洪發明的。在中國軍閥時代，凡無兵權的當政者都主張廢督裁兵；有兵權者，則反對之。可是這一次段顯然是得到張作霖之諒解的。張乃自請撤銷他原有「鎮威將軍」的「將軍府」並解除「東三省巡閱使」名義（仍「節制東三省軍務」），改任「東北邊防屯墾督辦」。

由於張的支持，段也發表馮玉祥為「西北邊防屯墾督辦」，駐節蘭州。馮在曹錕政府內原為「陸軍檢閱使」，屯重兵於京畿南苑。至是，段亦裁撤「陸軍檢閱使」名位，促馮去西北任所就職。段亦以同樣方式電其他各省，廢督裁兵，雖收效甚微，然其後凡以北京政府名義外放之省區武官，一律稱某省「軍務善後督辦」。雖換湯不換藥，然「督辦」的名義在「執政」時期，就與「督軍」頭銜，混雜使用了。

段之另一著棋，便是他的「善後會議」。他要網羅全國實力派，如孫文、黎元洪甚至吳佩孚等，及清流如胡適、王寵惠等百餘人，來開個全國性的「善後會議」（頗像後來國民黨的「國民參政會」和共產黨的「人民政協」），然後通過這個會議，他想或可炮製出一部新的「憲法」或「共同綱領」一類的東西。如此，則他底「臨時執政」或可名正言順的變成「永久執政」或「大總統」了。——這顯然是段執政的一廂情願的打算。他自一九二四年十一月二十四日就職，至一九二六年四月九日逃往東交民巷，一共幹了一年多的「臨時執政」，他底如意算盤，就是這麼打的。

孫中山的「最近主張」

再者，為著他的「善後會議」——善後會議的名單中，怎能沒有「孫文」呢？——段祺瑞乃附和張作霖和馮玉祥的主張，聯電奉請屈居廣州的孫文大元帥北上，為和平統一，共商國是。

一九二四年秋第一個電請中山北上的原是馮玉祥。馮在幽禁曹錕之後，無以善其後。眼看他底「首都革命」的果實就要落入張作霖、段祺瑞兩大軍閥之手，因而他就想起有盛名而無槍桿的孫中山。以馮的槍桿捧孫的牌位，豈非天作之合？加以馮那時已與赤俄的「第三國際」早有往還。與一位「以俄為師」的革命領袖相提攜，也是最順理成章之事。

奉張父子之邀請中山北上，也自有他們自己的主意。蓋雨亭（張作霖字）、中山原為老友。他兩人的兒子學良、哲生（孫科別號）也占「民國四大公子」的一半，交情不惡。雨亭曾以巨款濟中山之急；而中山亦在雨亭危急時，為他賣過命。真是交非泛泛。

原來在一九二二年「第一次直奉戰爭」時，奉軍被吳佩孚打得潰不成軍。當全國都在幸災樂禍之時，空谷足音，孫中山卻在桂林通電援奉，大罵「吳賊」。蓋此時中山正率陳炯明的「粵軍」，打垮老「桂系」，師次桂林，欲乘勢「北伐」。為此中山竟與陳炯明鬧翻。弄得葉舉叛變，「砲打總統府」，中山幾乎把老命送掉；而慶齡夫人受驚，竟至當街小產……，孫公為之狼狽不堪。這在奉張看來，真是其志可嘉，其情可感。

一九二四年九月，當「第二次直奉戰爭」已箭在弦上時，中山又捨命相陪，指揮一些蝦兵蟹將，什麼粵軍、桂軍、滇軍、湘軍、贛軍、川軍、豫軍……，御駕親征，北上韶關參戰，討伐曹吳。但是這時他在廣州的革命根據地，竟危至一城難保。與近在香港的英帝國主義呼吸相關的大班陳廉伯，和他配備精良的「廣州商團」正陰謀「倒孫」、「殺蔣」，並摧毀黃埔軍校。因此黃埔校長蔣介石和政治部主任周恩來等，均在一夕數驚之下，向孫公連電告急，而此時孫之內戰興趣正濃，為著他那絕無可能之「北伐」，他老人家廣州也不要了，黃埔也不要了。遠交近攻，聯張反吳「孤注一擲」（孫公致蔣函）而去。

一九二四年九、十月之間，孫中山在韶關的鑾幹，在當時獨守孤島的黃埔蔣校長看來，可能是荒唐透頂，但是在北方的奉張父子眼光中，孫文還是夠朋友的。當他們在十月底打垮吳佩孚之後，有志以武力解決長江各省時，遠在兩廣的「孫文」（「孫文」是當時北方軍人對中山的習慣稱謂），還是要交結的。所以奉張當時也歡迎孫文北上，是有他父子自己底主意的。

可是我們這位國父卻是一位私心極少的正人君子、愛國者、直腸人、理想家，甚或「大砲」，他底考慮雖然全屬空想，卻是從民族整個利益出發的。正如他在後來的《遺囑》上所說的，他應約北上是有兩大「最近主張」的。這兩大主張便是：「開『國民會議』及廢除『不平等條約』。」

中山先生要開個什麼樣的「國民會議」呢？像「民元國會」或像他自己在廣州搞的「非常國會」（一九一七）；或是「安福國會」（一九一八）？或段氏正在搞的「善後會議」（一九二五）？抑或是像國共兩黨後來所搞的「擴大會議」（一九三〇）、「國民參政會」（一九三八）、「人民政協」（一九四九）、「國民大會」（一九四七、一九四八）、「人民大會」（一九五四）……？他老人家並沒提出具體方案。縱是提出了，歷史也會證明它是一場無用的鬧劇。

至於「廢除不平等條約」，則更屬空想。那時神州大陸，各省均在關門砍殺，遍地槍聲。那些戰敗了的軍閥官僚（包括中山本人，除掉吳佩孚一人），都還要靠「不平等條約」體制下的「使館區」（東交民巷）和「租借地」（旅、大、南滿日本站、威海衛、九龍，甭說香港和沿海沿江的租界……）亡命存身呢。那些戰勝者，也要靠這些地方去吃喝玩樂呢……，「廢除不平等條約」，豈是中山號大砲一放，就可立刻做到的？

不過在我們的民國時代，朝政失綱；在野者總比在朝者有輿論聲望、有道德權威。他可喊口號、講大話、唱高調以贏得全國喝采而成為「君子」、「聖人」，名滿天下。何況中山的確是當時中國最高層政壇上唯一的「現代人」（Modern Man），和無私忘我的聖徒（Saint）。

不怕不識貨，就怕貨比貨。人民的眼睛是雪亮的。所以中山先生當時在中國聲望之高，是舉世無匹的，雖然他所唱高調之不切實際，也是與他的聲望成正比的。因此當他在一九二四年（民國十三年）除夕抵京，至翌年三月十二日病歿，在全國的愛國情緒上，是打了一劑強心針，而在實際政治作用上，確未泛出應有的漣漪。奉張父子對他也就不太重視了。

張作霖「武力解決」的腹案

「北京政變」後，張作霖對時局的腹案，顯然就比孫中山的實際多了。——張搞的是「槍桿出政權」，用武力統一中國。「武力統一」這四個字是段祺瑞在搞「安福國會」（一九一八）時發明的。繼之而來的接班人是吳佩孚；吳之後才是張作霖。其實奉張之後，蔣、毛二公所搞的還不是「武力統一」？反觀我國三千多年來的歷史，哪有什麼「和平統一」這回事呢？所有「分久必合」的現象，都是「武力統一」的結果嘛。民國哪能有例外呢？

作霖當時的腹案分明是：屯重兵於華北，壓制馮玉祥，最好能不戰而屈之。然後招降或中立那善於觀風的山西閻錫山；再揮軍南征「以武力解決長江各省」；消滅直系的殘餘勢力，如盤據滬寧一帶的齊燮元、閩浙一帶的孫傳芳，甚至包括仍然寄生於武漢、洛陽一帶的吳佩孚本人。長江既已在掌握中，則華南、西北，不難傳檄而定也。事實上奉軍於一九二五年春季南征，便是循這條腹案脈絡前進的。

張少帥的震主威權

這次奉軍（第三次）入關南下的編制，是自「東北陸軍」中編出六個「軍」，由姜登選、李景林、張學良、張作相、吳俊陞、許蘭洲分任第一至第六軍軍長。每軍之下各轄三至六個「旅」及若干「獨立團」，如砲兵、工兵、輜重兵等等。另加空軍、海軍由少帥張學良直接指揮。六個軍的總人數，蓋有二十餘萬人。

在這六軍之中，再以最精銳的一、三兩軍合組「一三聯軍司令部」，以張學良為司令，而以第三軍副軍長兼第六混成旅旅長，也是當時奉軍中最具現代化頭腦和最幹練的將才郭松齡為副司令。第二次直奉戰爭後，奉軍再次擴編；改旅為師、改軍為軍團。改「一三聯軍司令部」為「京榆駐軍司令部」，駐天津。直轄步兵六師十二旅，騎兵一師兩旅，砲兵兩旅，工兵一團。少帥張學良任第三軍團軍團長兼司令，郭松齡副之。共有步騎砲工輜各兵種七萬五千人。奉軍六大軍團的張家父子兵之精華，悉在此中矣。張學良若非「少帥」也就權高震主了。

至於「京榆（或作津榆）駐軍司令部」設立之確切日期，當事人如張漢公（張學良字漢卿）本人及郭大鳴（松齡之弟）等之「回憶」及諸史家著錄，均略有出入。蓋「軍團」之設立，「司令部」之改制，均發動於一九二五年（民國十四年）春，而完成於同年九月也。

奉軍南征與諸將分封

可是當奉軍於一九二五年春季沿京奉、津浦線南下，志在以武力解決長江各省時，少帥這支奉軍主力並未動用。它底主要任務顯然是穩定華北、控制北京，並監視正在迅速發展中的馮玉祥的「國民軍」。

至於奉系其他次級部隊和雜牌軍的首領，則隨奉系地盤之擴張而就地分封為各地軍政長官。第二次直奉戰爭後，東三省老巢之外，第一塊落入奉軍掌握的地盤便是「熱河特別區」。第五軍副軍長闞朝璽乃奉命率兩個奉軍混成旅及若干地方部隊，出任熱河都統，駐節承德。

第二塊落入奉軍掌握的則是直隸省（今河北）。第二軍軍長、直隸人（滿族）李景林乃奉命出任直隸督辦，駐節天津。所轄奉軍及改編後的地方部隊凡六萬餘人。

自北向南的第三塊地皮，便是山東了。一九二五年四月，第二軍副軍長、山東人張宗昌，乃衣錦還鄉出任山東督辦。

張宗昌（一八八一～一九三二）少年貧困，「跑關東」（山東人去東北謀生的習慣語）謀生。曾在海參崴賣過燒餅，在東三省當過「鬍子」，並學會了一些下等俄語。嗣後經過招安當兵等一系列行伍過程，終於能在直皖各系軍中逐漸升遷，最後回東北投老少帥，至此竟做了山東督辦。他所統率的除少數正規奉軍之外，也改編了大批直魯兩省地方部隊，號稱「直魯軍」，及少數「白俄軍」。盛時竟擁眾十萬以上。雖然這位出名「三不知」的「狗肉將軍」，並不知道他自己有多少兵，多少老婆，多少銀子。

一九二五年初，張作霖以張宗昌凶猛善戰，又在長江流域有作戰經驗，乃予以「蘇魯皖剿匪司令」名義，囑其挾前「淞滬護軍使」、因戰敗而投奉的盧永祥，揮軍南下。張、盧於一九二五年初擊破直系齊燮元軍進占南京。盧永祥並於南京一帶網羅一些淞滬舊部增組「宣撫軍」，仍以張宗昌為總司令，率軍循滬寧路東進。一路取常州、奪無錫、占蘇州，終於一九二五年一月底占領上海；再循滬杭線南進，與直系另一悍將孫傳芳（一八八五～一九三五）所部相持於滬杭之間。奉系勢力發展至此，可說是臻於極盛了。然奉軍此次南進遠及蘇杭這塊天堂地區，張宗昌實居首功。

因此當張宗昌得勝班師之際，論功行賞，張作霖乃授意段執政將山東督軍鄭士琦他調，遺缺就由張宗昌這位民國史上的「標準軍閥」遞補了。張宗昌督魯一督三年，直至「濟南慘案」（一九二八年五月）爆發之後，才被北伐軍趕出山東。最後被白崇禧在灤東繳械，始結束了他的政治生命。一九三二年他返魯掃墓，誤入韓復榘的圈套，終被槍殺。

一九二五年四月張宗昌北返督魯時，張作霖乃派心腹智囊總參議楊宇霆任「江蘇督辦」，第一軍軍長姜登選為「安徽督辦」。並統率長江下游的奉軍。

奉軍既占蘇、皖，則奉系此時所奪地盤已擴及八省三市——關外：黑吉奉熱（熱河是省級特別區）；關內：冀魯蘇皖，及北京、天津和上海。天津、上海在政治區劃上雖直屬冀、蘇二省，其實際影響力較其母省容有過之。

以中比西，則此時的奉系地盤實較中古歐洲的「神聖羅馬帝國」或近代西歐之英、法、德、奧、義、荷、比、西八大列強疆土之總合，猶有過之。

奉系此時擁有精兵三十七萬人。陸海空軍俱全。訓練、裝備、補給皆舉國無雙。奉張父子之權力，至此可謂登峰造極了。

就在這奉系勢力如日中天之時，民國史上最大的國恥之一的「五卅慘案」（一九二五年五月三十日）在上海爆發了。一時舉國沸騰。學運民運的目標都集中於「打倒帝國主義」，而上海的各國租界也就成為眾矢之的了。正當這華洋對峙，雙方於春申街頭摩拳擦掌的緊要關頭，少帥張學良奉老帥之命，忽於六月十三日率奉軍精銳兩千餘人，進駐上海。這時被中國工運學運嚇慘了的英法租界當局，見奉軍入滬，竟聯銜向少帥要求派軍入駐租界加以「保護」。

此次中國軍隊進入租界，不論各方解釋如何，也是中國租界史上的創舉。這時的少帥，年方二十五，官拜中將，風華正茂。其為人也，又面如冠玉、瀟灑風流。周旋於這五光十色的十里洋場之中，真是如魚得水。

在一次前國務總理唐紹儀女公子（顧維鈞博士的大姨子）的高級宴會上，他這個「小把戲」也結識了其後名播國際，在「西安事變」中發生決定性作用的蔣夫人宋美齡女士。沒有他夫人于鳳至的這位「結拜姊妹」的不時翼護，則漢卿在其後五十年的「管教」期中，也就要辛苦多了，危險多了。此是後話。

郭松齡叛變的歷史意義

不過話說回頭，這時不論奉系勢力是如何地強大，它終究是個「北洋軍閥」的一支。它上下所搞的還是劉邦、項羽那一套——窮兵黷武、逐鹿中原。誰把鹿捉到了，誰就做皇帝。這個老套套，在「民國時代」就不夠用了。

知父莫若子。張學良總歡喜把他老子與他底上司蔣中正作比。他說前者是「有雄才、無大略」；後者是「有大略、無雄才」。所以他二人是各以短取敗。要各以長相輔就好了。

「雄才」者何？「水滸」英雄，「說唐」好漢也。隋唐之際最大的雄才，便是秦王李世民了。「大略」者，建國方略、建國大綱，民主專政、農村包圍城市等等是也。換言之，你得對你自己的政治措施、政治布局有認識，有遠見，有策略也。斯為張老帥之所無。他老帥口口聲聲要「以武力解決長江各省」。長江各省，真的被他武力解決了，則「以暴易暴」耶？這點他就講不清楚了。講不清楚則不但長江各省武力解決不了，他用武力強占的蘇、皖二省，在一九二五年秋又被南方軍閥孫傳芳等奪回去了。——軍閥失之、軍閥得之，於我老百姓何有哉？這就是沒有「大略」的毛病了。

再者，對自己的政治措施無認識，則連自己內部的問題，都無法解決，這樣就爆發了一九二五年冬的「郭松齡倒戈」的鬧劇。

郭松齡（一八八二～一九二五）於一九二五年（民國十四年）十一月二十二日，突然叛奉自立，號稱「國民四軍」或「東北國民軍」。歷時不過一月零一天。雖是曇花一現，而功敗垂成，意義深遠。當時若天如其願，在東北取張而代之，則其後國民黨的聯俄、容共、北伐、清黨一連串的歷史故事，也都不會發生了。今日的中國甚至整個東亞，也不是這個樣子了。「歷史的偶然性」，可不信哉？

郭松齡叛變是怎麼回事呢？簡言之，它是奉系內部矛盾的表面化；而奉系內部矛盾又是當時整個中國內部矛盾的一部分。

蓋奉系在二十世紀初年張作霖接受招安開始，二十年中他們就建立一個偉大的神聖羅馬帝國，在這帝國之內因而也就派系叢生。而派系中矛盾最尖銳的蓋有三大集團。第一是隨張作霖招安而來的「元老派」，包括張作相、張景惠、湯玉麟等人。這元老派原是一群綠林豪傑，略識之無的老粗。當他們覺得他們的帝國之內需要充實一批新人才時，他們便延攬了一批留日歸國的「士官生」——這是當時中國各省區的普遍現象（只有袁世凱的嫡系「北洋六鎮」是個例外。袁不用士官生）。士官生既在地方武力中得勢，奉軍中因而也有一個「士官派」。它在二○年代的首領便是楊宇霆（一八八五～一九二九）。士官派本依附於元老派，漸漸地它卻掌握了元老派，成為奉系中的當權派。至於奉軍的中下級骨幹，則又是「陸軍大學」和它自己「東北講武堂」訓練出來的畢業生。無形中他們也就形成一個強有力的「陸大派」或「講武堂派」。這一派的精神領袖原是該校一九一九班畢業生張學良；而張學良是「少帥」，是全軍的副統帥，職責繁多，又歡喜聲色狗馬，不常在軍中，因此他們底實際領袖便是出身陸大並曾任講武堂教官的郭松齡了。松齡掌握了「京榆駐軍司令部」，也就掌握了奉軍精銳。

上述三派在奉軍之中不特時為權位而傾軋，他們底生活方式和思想傾向亦大有不同。要言之，則元老派與士官派早已形成一個官僚集團，在位攘權；思想生活也都比較保守，甚或腐化。而講武堂派則比較年輕、篤實，所受當時的潮流——如「十月革命」（一九一七）和「五四運動」（一九一九）——的衝擊也很大。他們反對禍國殃民的內戰，同時對元老派的舊軍閥統治，也有反感。其中尤其是郭松齡影響最大。郭的夫人韓淑秀是學風比較新穎而激進的燕京大學畢業生，與馮玉祥的老婆李德全同學，感情甚好，過往亦密。而馮此時已與「第三國際」掛鉤，北與蘇聯駐華大使加拉罕（Lev Mikhailovich Karakhan），南與中山的俄籍顧問鮑羅廷（Mikhail Borodin）都在暗中往還。至於蘇聯對馮氏「國民軍」的彈械支援，和國際共黨在馮軍中的顧問活動，也早已不是祕密。凡此種種，對郭松齡都是新鮮的刺激。尤其是馮玉祥對直系的「倒戈」，以及馮軍在「北京政變」後的迅速發展，郭氏顯然也不勝羨慕。他既然深知他在奉軍中所掌握的實力，遠超過一年前馮氏在直系中之所有；他也深信他如揮戈「倒奉」，那真如探囊取物了。倒張之後如再與馮玉祥連成一氣，並得蘇聯之奧援，則華北可大定也。因此郭氏於十一月中在日本觀操奉召歸來，席不暇暖，便與馮玉祥訂了七條攻守同盟的密約，隨即於十一月二十二日發出通電，公開反奉了。

反奉倒戈必敗的原因

郭松齡的反奉倒戈，其軍中顯然是有文人（如他所特請的林長民、饒漢祥）無策士；不像馮氏倒戈，有個黃郛為他出謀畫策，所以他一出手便鑄下大錯。為著與馮玉祥的「西北國民軍」相呼應，郭把他手下奉軍番號改成「東北國民軍」。馮的「國民軍」那時與共產國際掛鉤是盡人皆知的。郭之叛奉，一開頭就與馮玉祥擺出個沒有必要的搭配；這就未蒙其利，先受其害了。郭不要馮的支援，馮也不支持他並乘機渾水摸魚。

那時唯一能左右郭張內戰的是日本的「關東駐屯軍」。日本人本不喜歡奉張父子。但是兩害相權取其輕。日本人更怕帶有共產色彩的「國民軍」進入滿洲。日本人終於決定不讓郭軍穿過南滿路，並將他們的「駐屯軍司令部」移入瀋陽。這一來，奉天便成為銅牆鐵壁，張老帥也就決定率殘部反攻了。

再者，兵驕必敗。郭氏自信心太大了。兵未發軔，他就要搞個原一、三軍團的嫡系。把那些有心投靠的雜牌地方軍，如熱河的闞朝璽、直隸的李景林，以及其他的吉林軍和黑龍江地方部隊等，均拒於圈外，太阿倒持，化友為敵。

郭君也忽視了，二〇年代中國的道德觀念的基礎仍是君君臣臣的「封建道德」。他所統率的原是張家的父子兵。奉張父子雖「大略」不足，卻各有「雄才」。有禮於士大夫，亦有恩於士卒。他們將帥士卒之間，是有深厚的情感，離間不易，而郭氏懷偏將之才，反而疑忌成性，如今卻要奉「少帥」以伐「老帥」，然其對少帥亦口是而心非。如此司馬昭之心，將士之間亦何嘗不洞若觀火呢？

所以郭氏如早懷異志，欲成大事，則應效法他底小東人搞「西安事變」的幹法：出其不意，劫持統帥；然後以三兩天工夫，底定奉天，才是有效的辦法。捨此不圖而稱兵犯上，一經膠著，曠日持久，則叛軍就要鳥獸散了。——這就是郭松齡原本克榆關、取錦州，勢如破竹，然終於十二月二十四日兵敗巨流河（瀋陽西南），單騎走麥城，而夫妻雙雙被擒伏誅之原委也。治史者走筆至此，有餘慨焉！

馮玉祥是衆矢之的

郭松齡兵敗身死固然是他夫婦的悲劇，而郭之倒戈對奉張父子也是個致命的打擊。郭在日本觀操，奉老帥之召回國的目的，原是要借重這位猛將西伐馮玉祥，南征孫傳芳的。他的突然叛變把奉張父子這一軍事計畫，完全扭轉了。他的叛變也使奉軍內部的裂痕更為表面化。雖然郭氏死後，張學良曾仿效曹操「官渡之戰」（二〇〇～二〇一）焚卷的故事（曹操把自己將士與敵人勾結的信函擄獲之後，未加查閱便全部焚毀，並說：「斯時孤且不保！」），把麾下將士與郭松齡私交的證據全部焚毀，既往不咎，然軍心究非昔比。有的郭氏死黨如參謀長兼砲兵旅長魏益三便拒不歸隊，終率餘黨數千人，仍稱「國民四軍」，依附了馮玉祥（見魏氏自述，載全國政協《文史資料選輯》第十五輯，頁二一五）。

可是儘管郭之對馮頗有敬慕之情，而馮之於郭，則顯乏投桃之報。當十二月初郭氏「討奉」戰事正烈之時，馮忽揮戈東向。他不是援郭而是挖郭的牆角，向已宣布「脫離奉系」的直隸督辦李景林大舉進攻，搶奪了直隸省的地盤，並霸占了天津作「出海口」；他也乘鬩朝璽鼠首兩端時，突然奪取了熱河。鷸蚌相爭，漁翁得利。這時馮玉祥的聲勢自然直線上升。東起天津、西迄蘭州，長城內外的草原牧場，盡成馮氏「國民軍」的天下。在北京他驅策段祺瑞，挾天子以令諸侯，也炙手可熱。因此郭松齡死後，奉軍重振旗鼓的第一個對象便是馮玉祥了。

一九二六年春初，張家父子乃整編殘部，率師再度入關。守關原「叛將」魏益三不支，率其「國民四軍」逃往保定。少帥精銳乃占領灤州，直指天津。

這時奉張父子對馮玉祥是必除之而後快。事隔六十餘年了，恢復自由了的張漢公在台北還向我說：「馮玉祥作假作了一輩子！」那時他父子對馮的辦法，除奉軍正面進攻之外，並檄調敗退山東的李景林和張宗昌的「直魯軍」攻其南；作霖更遣專使與吳佩孚釋嫌修好，約他自武漢北攻馮軍於信陽，並誘引閻錫山出娘子關取保定，使馮之「國民軍」四面受敵。

在馮氏四面楚歌之時，那位寄馮氏籬下，無兵無將而徒擁高位的段執政，處境就更為困難了。他深知他只能「執政」於張、馮、吳三派的均勢之下。一旦其中任何一派獨得其勢，武力失去平衡，他就要下野了。因此段執政在國民黨「北伐」前夕，實在是個三處磕頭、四面討好（三面之外再加一面便是原八國聯軍時帝國主義所組織的「公使團」）的一位最可憐可嫌的國家元首。

「三一八慘案」與天安門喋血

馮玉祥原是「北洋軍閥」集團中唯一的一個沒有固定地盤的主要軍閥。他游擊全國，四處依附、四處「倒戈」，竟成為民初全國知名的「倒戈將軍」。當然他倒戈最成功的一次便是一九二四年他叫做「首都革命」的「北京政變」了。這一下他忽然搞到個全國第一號大地盤——北京。但是北京太重要了。玉祥無意中得之，但是得到了，他又消化不了。只好捧出個老軍閥段祺瑞做幌子。可是段祺瑞的資格又太老了。他竟然要假戲真唱，不願做馮玉祥的傀儡，已如上述。馮既指揮不了他，而自己又不願做自己傀儡的嘍囉。因而這位「作假作了一輩子」的「倒戈將軍」對段執政呈請「辭職」又「辭職」；而段執政對他則「慰留」又「慰留」。二人心知肚明，都在唱戲。只是直至一九二六年春，這台假戲再也唱不下去了。——受他唆使向張家父子倒戈的郭松齡已兵敗身死。死敵奉軍已傾巢南下。而被他倒戈幾至身敗名裂的吳佩孚，又信誓旦旦必報此仇。玉祥處此逆境，唯一可以自保之道便是南交汪蔣，北靠蘇聯了。汪蔣對他自然是歡迎之不暇；而史達林、托洛斯基也早已看中了他。一九二六年初，他們之間的關係也索性公開化了。

俄人援馮既然公開了，則日本援張，英人援吳，也就更加積極了。一部中國近代史，原即是一部帝國主義列強在華角逐史。這次北洋軍閥的內戰，帝國主義的陣線也是十分明朗的。

因此在二月初旬當奉軍艦艇在大沽口外出現時，馮軍乃在大沽口沿海設防，並以俄製水雷封鎖大沽口，並一度與故意穿過封鎖線的日艦砲戰。如此一來，帝國主義就全部捲入中國內戰了。日本人就首先對馮軍布雷，提出抗議。

三月十六日，英、美、法、義、荷、比、西、日八大帝國主義，更聯合援引《辛丑條約》海口不得設防之條款，向北京政府外交部，提出四十四小時限期的「最後通牒」。

段政府怎敢得罪帝國主義呢？同時他也為討好奉張，並暗防赤俄，乃勸令馮部停止布雷。馮玉祥之是否接受段的勸告還是次要的，最重要的卻是段之向帝國主義低頭，大大地違反了全國的民意。這時「五卅慘案」的血猶未乾，而帝國主義氣燄又起，是可忍孰不可忍？加以這時「國共合作」情意方濃。國民黨（也就是共產黨）在華北的地下活動，正如火燎原。「五四運動」當年的激烈分子這時多半是國共兩黨的地下工作者，一聲呼嘯，則學運工運便一哄而起。

一九二六年（民國十五年）三月十八日（星期六），激於義憤的北京學生和市民數千人乃集合於天安門前開了個「國民大會」，聲言反抗「八國通牒」。要求把八國公使趕出中國，並撕毀《辛丑條約》。大會由徐謙、顧孟餘、李大釗（一八八八～一九二七，時任北大教授兼圖書館主任）等公開或暗中主持。一時群情激昂，呼嘯衝向國務院。這時執政府的衛兵慌了手腳，衛隊長乃下令開槍。槍聲驟起，群眾前逃後衝，秩序大亂。被擊斃的學生和市民達四十七人。傷者一百五十餘人。是為民國史上前所未有的政府屠殺徒手學生和平民最大的「三一八慘案」。

這一殺不得了，全國輿論為之沸騰。北京政府亦自知理屈，國務總理賈德耀引咎辭職。段執政亦明令對死者撫恤，傷者送醫。但是這批軍閥當局總以為這次群眾運動為國民黨（共產黨）地下煽動之所致，乃下令通緝徐謙、顧孟餘、李大釗、李石曾、易培基等。徐謙等乃避入俄國使館。這就伏下了後來張氏父子查抄俄使館的契機。

在中國近代史上，所有學運、民運，從政府的立場看，都是「壞人」煽動之所致。其實所有群眾運動都是激於義憤的；「壞人」只能推波助瀾而已。此時段政府之無力「撕毀辛丑條約」，無法「趕走八國公使」，是可以理解的。但是段政府之槍擊愛國學生與市民，死傷至二百餘人之多，那就混帳之極了。

鄧小平初出茅廬

這樁「三一八慘案」只是軍閥混戰史中一件「慘案」、一段「插曲」，無關乎大局。這時張吳聯合討馮，馮自知不敵，乃分飭所部自直隸與河南向北京撤退。北京如再不保，便北撤南口，準備向西北逃竄。馮的另一著棋便是乾脆把他與第三國際和國民黨的關係正規化。

三月二十日，當廣州的汪蔣正為「中山艦事件」，開始決裂時，馮卻應鮑羅廷之約自平地泉趕去庫倫。未幾鮑亦偕大批國民黨要人顧孟餘、陳友仁、譚平山、邵力子、于右任等抵庫。在諸人勸說之下，馮也就同意加入國民黨了。

在「近代中國」這座大舞台上表演出將入相的演員們，他們「才」、「德」和社會背景，基本上差別有限。只是一部「中國近代史」，卻是一部從「中古」逐漸進入「現代」的轉型史。在這蛻變期中，則有極明顯的「階段性」。表演後一階段的演員就要比前一階段的，更要「現代化」。前一階段的演員，如不把握時機教育自己（像孫中山那樣），當時代進入次一階段，你就要被時代所遺棄，變成新時代的「革命對象」了。像馮玉祥這樣的人，他自「灤州起義」（一九一一）的小革命黨轉變成民國初年的標準大軍閥。等到二〇年代中期這個軍閥階段漸成尾聲時，他如不有所轉變——不論是自動的或是被動的——就勢必和吳佩孚、孫傳芳等同舟共沉了。想不到在一九二六年初他因兵敗而走投無路之時，卻被第三國際看中而加入了國民黨。

國共合作和北伐是中國近代史上的一個新階段。在這「新階段」中，馮玉祥本是沒分的，但是三湊六合，使馮氏搭上這條新列車，便隨之進入次一階段了。

玉祥於四月中既與第三國際和國民黨洽談妥當，四月底他就接受蘇聯的邀請，偕徐謙等一行到世界革命的司令部莫斯科朝山去了。一朝四閱月，正趕上「國民革命軍」誓師北伐，一路勢如破竹，直下長沙、武漢。國內形勢大變。當這位老軍閥帶了一批鬥志昂揚、信心十足的小共產鄧小平等和大量俄援武器自蘇聯返國時，馮玉祥也就是另外一個馮玉祥了。

四大軍閥，各懷異志

話分兩頭，當馮玉祥得意洋洋地走向莫斯科之時，他留下的一批「國民一二三軍」的將領鹿鍾麟、孫岳、張之江、宋哲元、韓復榘等卻正被奉直二軍打得七零八落。這時無兵無將的段執政自然地就要拋棄馮系，而向爭奪北京城，來勢洶洶的奉直兩軍之間求其均勢了。但是張家父子這時的兵力遠在直系殘部之上，所以段執政在依違之間，難免就有「暗通奉系」之嫌。事為馮系守將、時任北京警衛司令的鹿鍾麟所悉，鹿乃於四月九日派兵圍執政府、繳衛隊械，舉行二次「北京政變」把段祺瑞趕入「東交民巷」。鹿為自保計乃釋放前總統曹錕，聲言願重隸麾下；並通過曹錕與吳佩孚釋嫌修好，希圖共拒奉張父子，然吳則與奉張另有密約，拒不接納。鹿自知獨力難以抗奉，便於四月十五日全師撤出北京，退守南口。馮軍既撤，那由張宗昌、張學良、李景林所率之奉軍及直魯聯軍乃長驅而入，占領了北京——也結束了為時一年有奇底段祺瑞「臨時執政」的鬧劇。段氏一去則中樞無主，由顏惠慶等暫時「攝閣」，勉維中央政府於不墜。至於政府前途，就要看張作霖、吳佩孚，尤其是前者決意如何安排了。

在雙方代表於五、六月間一再磋商之後，彼此決定對「顏閣」暫時維持；而對馮之「國民軍」則雙方合力加以解決。

此時馮的殘部顯然是根據馮發自莫斯科的密令，在奉直兩軍東南兩方夾擊之下，向西北轉移以求自保。馮軍西進則首攖其鋒者便是山西的閻錫山了。

閻氏自辛亥以後，盤據山西十餘年。自稱要把山西建成半個日本。對北京政潮，總是鼠首兩端以避禍。他甚至把山西鐵道系統建成「窄軌」，不讓外省軍車進入山西；他在山西非必要時亦不出省。

可是這時我不犯人，人卻要犯我。馮部國民軍石友三、韓復榘等部於五月下旬，以流寇姿態，侵入大同。眼看雁門關甚至太原都危在旦夕。久據穴中怡然自樂的閻老西，一時手忙腳亂，乃連電張吳兩帥告急。願率三晉健卒，同伐馮賊。

閻之伐馮，無他，拒賊自保也。

吳之伐馮者，誓報前年一箭之仇；並圖藉機重主中樞也。

張之伐馮者，入關為王，取而代之也。

因此，張、吳、閻、馮，四大軍閥，各懷異志；各軍將領，謀利求祿，各為其主。把整個華北打得煙霧彌漫、血肉模糊。可憐千萬生靈，被這批軍閥弄得屍填溝壑，家破人亡，慘不忍睹。

這時華南兩廣的國民黨也正在東征西討，槍聲遍地；汪、蔣二人為爭領導權，正彼此鉤心鬥角。湖南的趙恆惕、唐生智更打得頭破血流。驅汪以後的國民革命軍，也於此時乘湘亂而北伐。一時中華大地，南北東西，都砲聲隆隆。這時的中國，哪裡還是個國家啊?!

奉張統一華北的遠景

在這華北四大軍閥混戰之時，四人之中以吳佩孚比較空虛。他雖是百足之蟲，死而不僵，但畢竟是強弩之末，眾叛親離，兵力無多。加以他北至南口，南及衡陽，綿延千里，一字長蛇陣的戰線，進攻退守均屬不易，隨時有斬頭、除尾和斷腰的危險。事實上當他於一九二六年春應張作霖釋嫌修好，共除馮玉祥的密約（見蘇錫麟自述，載全國政協《文史資料選輯》第五十一輯，頁八二），計畫北上討馮時，他拖在南方的尾巴——趙恆惕的湖南地盤，就被唐生智吃掉了。唐自知無力抗吳，乃投向兩廣，這便引起了革命軍的「北伐」，吳佩孚也就首尾受敵了。

至於閻錫山，閻老西這位山西「土豪」（章太炎評語）原不是個雄才大略的野心家。他畢生的心願都集中於維持山西省這個大票號。這一點他也的確做到了。所以對付閻老西，除後來的共產黨以外，國民黨和日本人都趕他不走。但是為著保持山西這個老巢，合縱連橫對他都只是技術性的問題。閻錫山是沒有永久的敵人，也沒有永久的朋友的。北伐軍勢力大了，他也可追隨「煥章大哥」（馮玉祥字煥章）加入國民黨，受命為「第三集團軍總司令」的。大同雁門之爭，也就忘於腦後了。

馮玉祥在華北雖是個無根軍閥，但是他一旦發現了「聯俄容共」、「加入國民黨」這條新出路，思想搞通，樂不思蜀，南口彈丸之地的得失，對他也無關宏旨了。

至於長江流域那些小軍閥，處於四戰之區，北邊戰敗則投南（如唐生智）；南邊戰敗則投北（如孫傳芳）；南北相持則捨冷灶燒熱灶（如陳調元）。他們本不能掌握自己的命運。再看那些據守西南、西北的邊疆軍閥。在王綱解紐、中原無主之時，他們就你砍我殺，兼并邊陲，稱王稱霸。但是一旦中原一統，新朝崛起，他們自會奉表稱臣，甚至撤藩歸政，皆不是大問題。這一套樣板戲，已在我國歷史上演出了兩千餘年，此次不過是最後一場罷了。

所以我們民國史發展至一九二六年（民國十五年）初，局勢已十分明朗——南方已逐漸統一於「聯俄容共」，以蔣介石為首的國民黨政權；北方政權則漸次歸併於奉張父子。雙方「楚河漢界」，一南一北把神州中分為二。分久必合，要中國重歸一統，就看誰強誰弱，誰死誰活了。

「安國軍」成立始末

可是一九二六至一九二七年的中國政局的變動是太複雜了。以前美國哥倫比亞大學有位白裔中國史老教授，曾立志寫一本書叫「一九二七年之中國」。他老人家，無徵不信，把雞毛蒜皮弄得太仔細了，寫了二十餘年，還繳不了卷——其實他所寫只是南方的半個中國而已。

那時作為「革命對象」的北洋軍閥，和他們的北京政府，其複雜情況，亦不下於南部的國共兩黨。雖然如此，我們長話也不妨短說。

話說馮氏「國民軍」鹿鍾麟部，為直奉所逼，於一九二六年四月十五日撤出北京，退保南口之後，張學良隨即率張宗昌、李景林入駐北京。自此北京便是奉系的天下了。北京政權在軍閥時代之更迭，原是形同兒戲的。此去彼來，自有長樂老人隨時「勸進」。這次奉系當權，長住北京的一些官僚政客們，也就動腦筋，勸張作霖進駐中南海，出任民國大總統了。

可是張作霖卻不願率爾操觚。他雖然以統治者自居，於六月二十六日親蒞北京晤吳佩孚。當吳氏主動北上親自指揮討馮的南口之戰時，張亦於三日後離京。其後便往返於津奉之間，坐山觀虎鬥。吳佩孚攻南口逾月無功時，老帥始令少帥接手，以奉軍專長之重砲轟斃國民軍萬人以上，終於一九二六年八月十四日攻克南口。馮軍西遁。華北遂成張家天下。

當南口之戰正在高峰時，南方的北伐軍也正迭克名城，於七月一日頒布動員令，七月九日「誓師北伐」。八月二十六日與二十九日乃發生早期北伐戰史上最有名的「汀泗橋」與「賀勝橋」之戰。其慘烈情況，當時親臨前線的指揮官張發奎和李宗仁兩前輩，曾為余詳述之。

賀勝橋防禦戰的指揮官便是自南口戰場倉卒南下的吳佩孚本人。吳帥曾手刃退卻的旅團長數人，掛其頭於電線桿亦不能阻止吳軍敗卒的「反衝鋒」。

兩橋之敗，使吳軍喪失了全部精銳，也喪失了再戰的士氣。縱橫中原的吳大帥從此一蹶不振；最後還死硬地「不住租界」，就只好解甲歸田了。

吳佩孚既敗，革命軍乃兼程入贛入閩。在箬溪、德安、南昌、松口、漳州等一連串的決戰之後，也消滅了孫傳芳這位蘇浙皖贛閩「五省聯軍總司令」的主力。

吳佩孚、孫傳芳多少年來都是奉張父子的死敵，雙方鏖戰不停，有勝有敗，從無已時。孰知不出數月，這兩大死敵竟為蔣介石所徹底擊敗。這在奉系看來，正可坐收漁人之利。因此老少帥兩父子，便要以援孫援吳為藉口，揮軍南下，重掌蘇皖豫三省已失的地盤了。

此時孫傳芳率其殘部兩面受敵，自知非依附奉軍，絕難自保，乃於十一月下旬單車北上，在天津向張作霖乞援請罪。與少帥約為弟兄；以父禮事老帥。並領銜遍約原奉直皖晉各系舊軍閥閻錫山、張宗昌、商震、劉鎮華、張作相、吳俊陞等十六人，商組全部北洋軍閥之聯合武力，並名之曰「安國軍」，以對抗自南方新起的「革命軍」。同時向張作霖勸進，公推張為群帥之首出任「安國軍總司令」，而以孫傳芳（五省聯軍）、張宗昌（直魯軍）、閻錫山（晉軍）副之。

實至名歸，張作霖亦居之不疑，乃於十一月三十日在天津通電就職。十二月二十七日遂移節北京。作霖此次入京顯然以國家元首自居。扈從之盛、戒備之嚴，均前所未有。專車至前門站抵步時，自前門經正陽門、天安門、西長安街至張氏駐節的西城順承王府，沿街均用黃沙鋪地、淨水拂灑，儼然是前清帝王的鑾仗。此時筆者先父與諸叔均隨祖父小住北京，目睹其盛況。諸叔均為在學青年，歸來繪影繪聲為我輩孩提言之，至今不忘也。

「安國軍」、「革命軍」短兵相接

「安國軍總司令」的名義給予張作霖無限便利：

第一，他於一九二七年（民國十六年）初便名正言順地發重兵南下。東路由張宗昌指揮「直魯軍」循津浦線前進，於三月間進占南京入駐上海。孫傳芳軍撤往江北。當革命軍在白崇禧、何應欽、程潛等指揮之下，於同時進入滬杭寧三角地區時，「安國軍」和「革命軍」就短兵相接了。

「安國軍」西路則由張學良於二、三月間指揮奉軍主力率重砲七十餘尊，循京漢線南下，進占鄭州，沿途有零星直系部隊不聽命歸附者，則予以繳械。吳佩孚兩面受敵，不得已西竄四川，依附楊森，京漢線上的奉軍與革命軍也就正面接觸了。

在奉軍（包括「直魯軍」）於東西兩線代替了孫吳兩軍之後，乃與北伐的「革命軍」兩面作戰。在滬寧，以及津浦線上的張宗昌，雖不戰而走，在西線上的張學良、唐生智、張發奎的爭奪戰，卻是十分激烈的。

一九二七年五月，兩軍相遇於豫南之駐馬店、郾城、周家口一線。奉軍以其國際馳名的「七十尊重砲」，排轟張發奎。六十餘年過去了，去年張漢公與筆者談及此役猶眉飛色舞不止；而小子何幸，三十年前亦嘗與張大王（張發奎在軍中的綽號）詳談駐馬店之戰。大王深許奉軍重砲為其「鐵軍」北伐中第一號勁敵。然大王也告我說：「他們那時簡直不敢開砲！」為什麼呢？張說：「那時我們革命軍士氣最旺。——我們在前線，敵方哪個地方砲聲最隆、機槍最密，哪個地方就是我們衝鋒的對象，所以他們不敢開砲。」

總之駐馬店和郾城之戰，奉軍吃了敗仗。當張發奎乘勝攻入鄭州張學良的司令部時，在學良辦公桌上發現有敵將「留交張發奎將軍」一封親筆信。大意說，英雄識英雄，是好漢，將來「抗日戰場」上再見。向華（張發奎字）莞爾納之。去歲漢公與我談及，也證實有此「留函」。這也可看出他們那時內戰雙方的心境。

五〇年代中，張發奎數訪台灣，曾違禁約訪幽居中之張少帥。二人互道仰慕之忱。杯酒聯歡，一笑泯恩仇。當年駐馬店一帶的數萬冤魂就算是白死了。

老帥升級爲國家元首

安國軍總司令的名義給予張作霖的第二項便利，就是他不必再「挾天子、令諸侯」了。他已是事實上的「天子」。只要把名位稍作調整，再做點姿態以贏得列強駐華「公使團」的承認（這是那時軍閥政府的必要條件），他就可正位做「天子」了。一九二七年四月六日，也是南方國民黨「清共」運動蓄勢待發之時，張家父子在北京也取得了「公使團」的支持，一舉包圍蘇聯駐華大使館。搜查之後，逮捕了國共兩黨地下領袖六十餘人。略經審判，竟將李大釗等中共黨員二十餘人判處「絞刑」，並將所搜得的中俄文資料編纂成《蘇聯侵華陰謀文證彙編》的巨帙，公諸世界，贏得蘇聯以外各帝國主義駐華公使的一致喝采。在各公使支持之下，張作霖便正位為中華民國的正式元首了。

六月十八日，在原「勸進」人士繼續勸進之下，張作霖公布《軍政府組織令》，成立「中華民國軍政府」，並出任軍政府「陸海軍大元帥」。原攝政內閣總理顧維鈞呈請辭職，由潘復繼組「軍政府內閣」，昭告世界。

張作霖以中國元首之尊，在就職之日亦循古帝王及近總統舊例駕蒞「天壇」祭天。正當大元帥手捧金爵向蒼天喃喃祝禱之時，不意失手，金爵墜地，爵扁酒流。聞者咸認為是不祥之兆；至少也是美中不足。——此一小插曲為當時卸任總理的顧維鈞先生六〇年代初在紐約告我者，當非虛語。

國共兩黨的內訌

在張作霖出任「大元帥」之後，北方的軍閥中國，尚能粗安，而同一時期長江流域和華南的國民黨統治區，則天翻地覆。

原來國民黨在北伐初期占領武漢取得相當勝利之後，黨中部分軍政領袖便認為革命軍總司令蔣中正權力過重，為防止軍人獨裁，應設法加以抑制，乃發生了「倒蔣」的暗潮。迨革命軍於一九二七年初底定滬寧以後，此一暗潮則逐漸蛻變成國共之爭。蓋共產黨原亦在「倒蔣」陣營之中，而上海一帶之金融界所謂「江浙財團」者，則由於社會性質上之反共，乃轉而「擁蔣」。致使國民黨分成左右兩派，勢成水火。而共產黨乃成為左派之左派；蔣氏則成為右派之右派。你死我活乃勢所難免。迨汪精衛於四月初自蘇聯歸來——汪蔣原有「中山艦事件」之宿怨，至此舊恨新仇，一時俱發。加以蘇聯之第三國際及上海的江浙財團各自暗中助陣，乃演成「寧漢分立」。蔣氏在右翼軍頭桂系將領公開協助之下，一不做，二不休，乃發動「四一二事變」之「清共運動」。一時人頭滾滾，國共合作期中之「跨黨」精英，一時俱盡。即上海一地跨黨分子之死難者即不下萬人。共黨高級領導人周恩來，在上海亦幾遭不測。因此國共第一次合作五年之成績，至此全付東流。

南京「清共」不及三月，武漢以汪精衛為首之左派國民黨，為爭奪上海財源，亦繼之以「分共」（見陳公博自述）。國民黨既全部右轉，而共產黨亦一不做，二不休，索性向極左發展，乃有八一之「南昌暴動」和繼之而來的「秋收起義」，乃至一九二七年底之「廣州公社」。卒使廣州鬧市，頓成灰燼，死人如麻。

中國革命之流產亦導致蘇聯史達林與托洛斯基之爭。於「一九二七年之中國」，擺在讀者面前的有「國共之爭」；亦有國民黨內汪蔣桂唐之內爭；更有共產黨斯派、托派之內爭。黨綱解紐，則槍桿至上。在國民黨統治區內，吾見桂系「逼宮」、蔣介石「下野」、龍潭血戰、李宗仁討唐、張發奎討桂、李濟琛討張、「鐵軍」自殺、汪精衛逃亡……一連串數不盡的事變。國共兩黨皆自顧不暇，「北伐」也就無形中斷了。北伐中斷，也使北京的張作霖做了半年的太平大元帥。

閻錫山估計錯誤，傅作義死守涿州

但是一九二七年的國民黨雖自戕太過，畢竟改組未幾、黨員年輕，腐化未透而衝勁猶存。它經過半年的折騰，至一九二八年初蔣中正又偕新婚夫人宋美齡回到南京，復任國民革命軍總司令，實行二次北伐。

在二次北伐中他雖失去猛將張發奎、唐生智、賀龍和葉挺，但是卻增加兩支北洋軍——馮玉祥和閻錫山。

玉祥於一九二六年九月自蘇聯返國後乃整飭舊部國民一二三軍為「國民聯軍」，自任總司令，於九月十七日「誓師」五原，宣言接受三民主義，效忠國民黨；旋即率部入陝。一九二七年夏當奉軍戰敗撤出河南，武漢部隊亦自鄭州班師企圖「東征」蔣介石之時，馮軍乃重入河南。六月十日，馮氏與汪精衛、唐生智等開「鄭州會議」，接防鄭州。旋即奉蔣總司令電召，於六月十九日東去徐州與蔣中正、李宗仁等舉行「徐州會議」。斯時寧漢之戰已箭在弦上，雙方班師，無暇北顧，隴海西段乃重入馮軍掌握。至一九二八年初，蔣總司令復職，北伐軍改組時，馮已擁眾四十萬，虎踞中原，乃受命改稱「國民革命軍第二集團軍」，遵命北上討奉。

至於閻錫山，他原為安國軍中勸進分子之一，並榮任安國軍副司令，然見北伐軍勢盛，閻亦於一九二六年底遣密使趙戴文往南昌見蔣，願加入革命軍。惟遲至一九二七年春閻氏仍不敢表態，以南蔣北張，勝負莫卜也。迨張學良敗於郾城，撤出鄭州，革命軍北伐勢如破竹，閻錫山迫不及待，乃易幟自稱「國民革命軍北方軍總司令」，遣猛將商震北入綏遠，進據張家口；傅作義東進直隸，占領涿州。閻氏原來腹案是配合北伐軍，抄奉軍後路，先入關者為王，乘機占領北京，而國民黨內訌，革命軍兩路班師，回長江兩岸，另打內戰，則非閻氏始料所及也。

張學良斯時雖敗於革命軍，而晉軍則遠非其敵手。學良乃回師圍傅作義於涿州；邀擊商震於察綏之間。商震敗績，奉軍尾追入晉。閻老西偷雞不著蝕把米，一時救援無人，全省大震。所幸傅作義堅守涿州為三晉屏障。涿州不失則山西可保無恙。學良乃調集重砲，誓拔涿州。一時彈下如雨，全城盡毀。古人所謂「負戶而汲，掘鼠煮筋」，莫過於此。守城晉軍與涿州居民，傷亡幾盡，而作義堅守不降。奉軍積憤乃至動用毒瓦斯砲彈，亦不能奏效。自一九二七年十月十五日至一九二八年一月六日，傅作義一守三閱月，實是今之所無，古之鮮有。作義一戰成名，中外輿論均為之喝采。迨彈盡援絕，最後接受奉軍和平條件時，國內政局已面目全非——蔣總司令復職，二次北伐正整軍待發。未幾閻錫山便受命為「國民革命軍第三集團軍總司令」，與白崇禧、馮玉祥兩軍比翼前進。奉張以寡敵眾，力有不勝，老少帥便要考慮退路了。

皇姑屯事變

國民革命軍於一九二八年春繼續北伐時，原分四路出師直指京津。何應欽率「第一集團軍」循津浦路北上。除在濟南為日軍所阻，引發「濟南慘案」之外，「直魯聯軍」未多抵抗便退往直隸（旋改名「河北」）。馮玉祥的「第二集團軍」則於津浦、平漢兩鐵路之間自新鄉向北推進。白崇禧則率「第四集團軍」之一部（原唐生智舊部，經桂系收編者），循津浦線北上。直迫保定、北京（北伐後改名「北平」）。閻錫山之「第三集團軍」則循年前舊路，東出娘子關，北出大同，拊奉軍之背，向北京作大包圍。在此軍力懸殊，大勢已去的情況之下，奉張父子唯一的出路便是在北京遜位讓賢，回師東北，再作打算了。

據張學良將軍近年告我，他在一九二七年夏季自鄭州班師時，便決定力諫老帥，停止內戰。蓋連年殺伐，他耳濡目染，覺得內爭太無意義而老百姓受禍也太深了。尤其是他在鄭州登車返京時，在車站上遇一家破人亡的老者，少帥細詢之下，竟與之相對流涕。張學良那時不過二十七歲，還是個血性青年。這位老人的故事，觸發了他潛在的良心——他自覺不能再做個禍國殃民的青年軍閥。回到北京之後，乃泣諫老父全師出關，內戰是絕對不能再打了。至於後來的涿州之圍，也實在是晉閻投機所惹出來的，也是他奉父命的結果。

在學良力勸之下，老帥也迫於現實，他父子乃於一九二八年五月決定全師出關。可是他父子這一決策，卻忽視了那把他們家鄉早已視作禁臠的日本帝國主義了。

當時日本田中內閣對我東北的侵略設計，則為增建五條有戰略價值和經濟利益的鐵路。為此「五路建設權」，日政府一直在逼迫張作霖正式簽約，而張是個愛國的硬漢子，對日本這項要求，始終「軟磨、硬泡、死拖」，永不立於文字。

可是日本在華的「關東駐屯軍」對我東北的陰謀那就更進一步了——他們要設立個傀儡政權，使東北永遠脫離中國。如果張作霖不是個適當的傀儡，那就殺張而另選之。所以在張作霖出關之前，媒體中已有日本要扶持張作霖做「大遼帝國皇帝」的傳聞。不幸的是我們這對父子檔老少帥，都是雄才有餘而大略不足的英雄。他二人始終不把日本陰謀看得太嚴重，並有一種「諒他不敢」的糊塗自信心——皇姑屯如此；「九一八」亦然。因此當老帥於六月三日在北京專車返奉時，竟坐上前西太后的御用專列，堂而皇之，浩浩蕩蕩地開往奉天。如此，日本人若有意殺他，那就是插標賣首了。果然於六月四日清晨五時三十分，皇姑屯一聲爆炸，張老帥就應聲殉國了。

從以美為師到以俄為師

張作霖之死，不用說在近代中國也寫完軍閥混戰史的最後一頁。筆者作此長文底目的，也是想把皇姑屯事變前三四年之間，最複雜的軍閥混戰的故事清釐一番。如此，不特使一般讀者對軍閥故事略知始末，也可為「九一八事變」鋪陳點歷史的背景，以乞教於方家。

拙篇若有餘事足紀者，則是對「軍閥」這一萬惡名詞，亦未始不可略作反思。

張作霖，「軍閥」也，然作霖竟以拒簽「五路」條約而死國。吳佩孚，亦軍閥也，然其「不住租界」，狷介一生。據說，最後亦以誓不事敵而招殺身之禍。張宗昌，軍閥中之最下陳者，然濟南慘案前，亦嘗堅拒日軍化裝直魯軍以抗南軍之要求。大節無虧，均足垂名青史。

以故所謂「軍閥」者，固不可一概而論。蓋我國近代史的發展，從中古社會走向現代社會實有其極顯著的「階段性」。舜猶人也，各階段的英雄豪傑，都是各該階段的特殊產品。各階段有各階段的通性，各階段亦各有其賢與不肖。非此階段人物多屬聖賢，而彼階段（如軍閥時代）所產者，盡屬不肖也。治史者「秉筆直書」，決不可先有成見而一竿打翻一條船也。

再者，各民族國家（尤其古老文化如中國者），均各有其不同的歷史發展之背景。「特性」往往大於「通性」。我國所特有的「國家強於社會」和「中央集權」的帝王專政制度，自秦漢以降，雖算不得是個「好」制度，然亦不失為農業社會中「有效用」（Functional）的制度，故能一拖兩千年，至今不衰。然此一制度在現代化的工商業社會中則失其「效用」。以故我國近百年來現代化運動的主要目標，一言以蔽之，便是在尋找另一個「有效用」的新制度，為長治久安之策，如此而已。

自中山革命之初，由「同盟會」至民初「國民黨」，吾民族所嚮往之新制度，實為「議會政治」、「三權分立」、「司法獨立」、「總統制」等等之美國模式也。一切以美國為師。然二十世紀初年（甚至中期以後）之中國，卻無實行「美國模式」的任何條件。因此「總統」也，「國會」也，搞了十來年，至張作霖組織「軍政府」，即證明早年「美國模式」在中國的徹底破產。「軍閥政治」（Warlordism）者，此一美國模式破產後之併發症也。

孫中山先生，聖之時者也。一九一七年（民國六年）以後，見列寧革命成功之新經驗而「頓悟」，而「大徹大悟」。他深知「中國革命若不以俄為師，斷無成就」！自此我們尋找新制度的方向就轉向「俄國模式」了。

長話短說，中山逝世後的六十年來，「中國革命」，若有若干「成就」，均中山遺教，「以俄為師」之結果也。然前段已言之，中國現代化運動之發展，是有其顯明的「階段性」。各階段有各階段的貢獻，各階段亦有各階段的極限，不可畢其功於一役也。「以俄為師」，一重要「階段」也；但是也只是一個「重要階段」而已。此一「階段」一過，若吾人但知墨守「舊師」、「先師」，而不諳「出師」、「求師」之道，則在下一「階段」中，就必然要落伍了；要做「新階段」的「革命對象」了。

然「出師」之後，何擇何從？今後「求師」之山門又在何方？事屬「未來」，治史者則不願多言矣！

＊一九九一年七月二十九日於北美洲

原載於台北《傳記文學》第五十九卷第三期

國家圖書館出版品預行編目(CIP)資料

民國史軍閥篇 ： 段祺瑞政權 / 唐德剛作 ； 中國近代口述史學會編譯 . -- 初版 . -- 臺北市 : 遠流， 2012. 01

面; 公分 . -- (唐德剛作品集)

ISBN 978-957-32-6925-0(平裝)

1. 段祺瑞 2. 北洋軍閥 3. 民國史

628.291 100027275